사회학적 상상력을
통해서 보는
사회학

김은정

박영사

사회학을 가르치고 있는 필자가 가장 많이 받는 질문은 "사회학이란 어떤 학문인가요?", "무엇을 배우는 학문인가요?" 또는 조금 더 직접적으로, "사회학을 배워서 뭐 하고 사나요?" 등이다. 경영학, 심리학, 통계학에 대해서는 무엇을 연구하고 배우는 학문인지, 그리고 그 쓸모와 유용성에 대해 의문과 반론의 여지가 별로 없는 반면, 사회학은 그렇지 않은가 보다. 그래서 "사회학이 도대체 무엇을 배우는 학문인지 그 실체에 대해서 설명해 달라."라는 질문이 많이 나오게 되는 것이라 짐작해 본다. 이런 질문들에 대해서 나는 짐짓 폼을 잡으면서 "어떤 사회현상을 볼 때, 그 사회현상에만 집중하는 것이 아니라 그 사회현상이 나오게 되는 사회적 맥락/환경을 보는 것이 사회학적 접근이다."라고 이야기하며, 덧붙여 '거기로부터 사회학의 쓸모를 찾을 수 있을 것'이라는 나 자신도 잘 이해할 수 없는 답을 하곤 했다. 이러한 대답에 대해 사람들은 불만스러운 표정을 보였지만, 더이상의 질문을 하지 않았다. 나는 그 표정들 속에서 "결국 큰 그림을 보라는 이야기이군. 그런 이야기를 왜 저렇게 알아들을 수 없게 하지. 더구나 살아가는 데 하나 쓸모도 없구만…."이라는 속내를 읽을 수 있었다. 더이상의 질문을 하지 않은 것은 더 질문을 해봐도 별다른 답을 얻을 수 없겠다고 생각했기 때문이었으리라. 나도 내심 제대로 된 답을 하지 못했구나 후회하면서도, 나서서 다시 설명하거나 설득하려는 시도를 하지 않았다. 그 이유는 결국 나도 사회학이 무엇인지, 도대체 왜 배워야 하는지, 살아가는 데 사회학의 쓸모란 무엇인지에 대해서 자신 있게 설명하기 어렵기 때문이었다.

그러다가 몇 년 전에 근무하고 있는 학교의 교과과정이 학부제로 바꿔면서 이 답변을 해야만 하는 상황에 놓이게 되었다. 개편된 학부제에서는 1학년 과정의 1년 동안 각 전공의 특징과 성격을 알아보는 시간을 갖게 된다. 이를 위해 학교에서는 다양한 전공탐색 과목을 개설하는데, 1학년 학생들은 이를 수강하면서 각 전공에 대한 이해를 심화하게 된다. 이런 상황에서 필자도 사회학이란 무엇인가를 설명하는 '전공탐색: 사회학'이라는 과목을 맡아서 가르치게 되었다. 이제는 꼼짝없이 사회학이란 어떤 학문인가, 또는 사회학의 쓸모란 무엇인가에 대해서 이야기해야만 했다. 고민하지 않을 수 없었다.

첫 강의에 들어갈 때까지 이러한 고민을 하다가 혼자서 걱정할 일이 아니라 학생들에게 물어보고 함께 답을 찾아봐야겠다는 생각을 하게 되었다. 그래서 학생들에게 "여러분은 사회학이 어떤 학문이라고 생각하는지, 자신의 느낌과 생각을 솔직하게 써서 전달해 달라."라고 요청하였다. 학생들의 제출문을 읽어본 결과, 그들의 이야기는 크게 세 가지로 요약할 수 있었다. 첫째, "사회학이 도대체 어떤 학문인지 도대체 모르겠다."라는 것이다. 그 이유로 사회학이란 학문은 뭔가 뜬구름 잡는 것처럼 느껴지고, 그래서 굉장히 어렵게 생각되기 때문이라는 부연 설명이 따랐다. 둘째, "나는 대학에 들어와서 내가 누구인지, 어떻게 살아야 하는지 고민이 많다. 그런데 사회학이 나의 이러한 고민을 해소하는 데 도움이 될 수 있는지 확신이 서지 않는다."라고 했다. 마지막으로 가장 많이 나온 이야기는 사회학의 쓸모에 관한 것으로 "사회학을 공부하면 어떤 직종에 진출하게 되는지 막연하고, 그래서 진로를 모색하는 데 도움이 되는지 잘 모르겠다."라는 답변이었다.

학생들의 반응을 읽고 들었던 생각은 '하나같이 쉽지 않고 대답하기 어려운 문제들'이라는 것이었다. 그러나 피할 수 없었다. 어쨌든 내가 답변해야 하는 문제들이었다. 그렇다면 딱 떨어지는 정답이나 해답을 얻지 못할 수도 있겠지만, 답을 찾는 시도를 열심히 해보고 그것을 학생들과 공유해야겠다는 다짐을 하게 되었다. 이러한 다짐을 가지고, 학생들이 말한 이야기들을 염두에 두면서 관련 자료를 찾고 분석하면서 생각을 정리해 나갔다. 이 책은 이러한 과정의 결과물이다.

이 책은 총 4개의 부로 구성된다. 제1부는 "사회학이란 무엇인가?"라는 주제를 다룬다. 사회학이 어떤 학문인가를 설명하기 위해 '사회학적 상상력'이라는 개념을 소개하면서 '사회학적 상상력을 배양하는 학문으로서의 사회학'을 설명한다. 또한 사회학의 의의와 함께 사회학에 대한 부정적인 시선을 살펴봄으로써, 사회학에 대해서 사람들이 갖고 있는 다양한 생각과 평가를 성찰하고, 그로부터 시사점을 찾고자 하였다. 이를 통해 미력하게나마 학생들이 갖는 의문인 "사회학이 도대체 무엇을 하는 학문인지 모르겠다."에 답하고자 하였다.

제2부에서는 사회학의 대표적인 고전 사회학자인 마르크스, 베버, 뒤르켐에 대해서 설명하였다. 이들의 이론과 개념을 살펴보는 한편, 그것을 기반으로 우리 사회의 문제들을 어떻게 접근하고 이해할 것인가에 중점을 두면서 논의를 진행하였다. 즉 사회학 이론이 추상적이고 현실과 유리된 것이 아니라, 우리가 살고 있는 사회를 분석하고 이해하는 유용한 도구일 수 있음을 설명하려고 한 것이다. 이를 통해 학생들의 생각, "사회학이란 학문은 뭔가 뜬구름 잡는 것처럼 느껴지고, 또 굉장히 어렵게 생각된다."에 대해 "그렇지 않다."라는 것을 이야기하고자 하였다.

제3부에서는 사회학 연구 방법에 대해서 이야기하였다. 양적, 질적 연구 패러다임을 소개하고, 패러다임에 따른 연구 방법에 대해서 알아보았다. 또한 질적 연구 방법에 보다 중점을 두고 설명함으로써, 지금까지 양적 연구 방법에 비해 다소 소홀하게 다루어졌던 질적 연구의 중요성을 알리고자 하였다. 한편, 사회과학 방법론의 이해는 우리가 살고 있는 사회를 체계적으로 분석하는 데 도움을 주며, 이것은 결국 사회적 맥락 안에 있는 나를 제대로 성찰하는 것으로 연결된다는 점을 강조하였다.

제4부에서는 사회학적 상상력을 가지고 '인구', '자아정체성', '생애발달' 그리고 '소설과 사회학'을 이해해 보는 작업을 시도하였다. 이들은 일반적으로 사회학을 설명하는 개론서에서 잘 포함되지 않는 주제들이다. 그러나 고령화가 진전되는 지금의 상황(인구문제)에서, 생애발달이 과거와 어떻게 다른 양상을 띄며(생애발달), 그 안에서 개인은 어떻게 살아가야 하는가(자아정체성)를 설명하기 위해서는 이 주제들을 반드시 짚어봐야 한다고 생각했다. 또한 이러한 주제들을 살펴봄으로써, 학생들의 질문, 즉 나는 누구이며, 나를 알아가는 데 사회학의 역할은 무엇인가에 대한 답을 할 수 있을 것이라고 보았다. 그 답을 할 수 있을 때 사회학은 뜬구름 잡는 소리가 아니게 될 것이다. 마지막 장에서는 가장 어려운 질문인 사회학의 쓸모, 즉 "사회학을 공부하면 진로를 모색하는 데 도움이 될까?"에 대한 답을 해보고자 하였다. 이에 대해서는 지금의 시대는 모든 것이 불확실하면서 불안한 시대라는 것을 지적하고, 사회학적 상상력이 이 불안한 시대를 살아가는 데 도움이 될 수 있다는 것을 언급하였다.

이상을 통해 학생들이 가졌던 의문과 질문, 문제의식에 답하고자 하였다. 혹자는 그 답이 적절하지 않거나 충분하지 않다고 생각할 수도 있다. 사회학적 상상력을 이해하고 설명하는 필자의 역량이 부족한 탓이다. 그런데 그중 한 사람이 불충한 답에 불만을 갖고, "내가 한번 그 답을 해보겠어!"라고 하면서 스스로 답 찾기를 시도하게 된다면, 그것으로 내가 할 수 있는 일은 다한 것이 아닌가 하고 안심할 수 있을 듯하다.

2024년 11월
김은정

차례 ────────────────────────────

제1부

사회학은 어떤 학문인가?

제1장

사회학이란 어떤 학문인가?
사회학적 상상력으로 답하기

드론, 멀리서 바라보기

사회학이란 어떤 학문인가? 이 질문에 대한 답을 찾아가는 것으로 이 책을 시작하고자 한다. 그런데 이 질문에 대해서 한마디로 대답하기는 힘들다. 설명하기가 어려울 때 시도하면 좋은 방법은 비교를 통해 에둘러서 답을 찾는 것이다. 그렇다면 이러한 질문은 어떨까? "사회학은 심리학과 어떻게 다른가?"라는 질문이다. 이 질문에 대해 누군가는 "심리학에서는 어떤 문제가 있으면, 그 문제에 대해 집중해서 깊이 들어가는 반면, 사회학에서는 좀 멀리보면서 그 문제를 살펴보고자 한다."라는 답변을 할 수 있다. 맞는 말이다. 그렇다면 그가 말하는 그 '문제'를 "나란 누구인가?"에 관한 문제라고 해보자. 이 문제에 대해서, 심리학에서는 '나/개인'에 집중하여, 나/개인의 깊숙한 내면 속 감정, 인지, 또는 생애 발달이 어떠한지를 살피고 연구한다. 반면, 사회학에서는 나/개인 자체에 집중하기 보다는 나/개인이 지금 어떠한 상황에 놓여있는가를 살피면서 상황 속의 나를 이해하고자 한다. 즉, 심리학에서는 연구자가 연구대상에 가까이 다가가서 이해하려고 한다면, 이와는 반대로 사회학에서는 연구대상에서 멀찍이 떨어져서 그 연구대상이 지금 어떤 맥락에 있는지를 살피면서, 사안을 분석한다고 볼 수 있다. 비유적으로 이야기하면, 심리학이 현미경과 같은 방법으로 연구를 시도한다면, 사회학은 드론을 타고 문제를 분석하는 학문인 것이다. 그런데 드론을 타고 연구를 진행한다는 것을 무슨 의미일까? 우리는 비행기에서 이륙을 하거나 착륙을 할 때 아래에 있는 도시/지역을 조감할 수 있다. 상공에서 아래쪽을 보면, 이쪽은 숲이다. 저쪽은 아파트네, 그리고 아파트 옆에 강이 흐르네 하면서 전체 풍경을 한 눈에 파악할 수 있다. 사회에서 일어나는 일들, 사람들이 어떻게 살고 있는가를 마치 드론에서 내려다보는 것처럼, 멀리서 조감하면서 이해하는 방법이 사회학적 접근법이다.

다음 [표 1-1]은 사회학과 심리학을 간략히 비교해 본 것이다. 사회학은 맥락과 상황을 염두에 두고 거시적인 접근을 우선시하는 한편, 심리학은 사안에 집중하여 그 안에서 어떤 일들이 일어나는가에 중점을 두는 미시적인 접근이 좀 더 중요하다고 본다. 한편, 집단과 개인 간의 관계에서 사회학에서는 그 개인이 속한 집단에 좀 더 주목하는 반면, 심리학에서는 집단보다는 그 개인 자체에 좀 더 관심을 기울인다.[1]

[표 1-1] 사회학적 시각과 심리학적 시각 비교

구분	사회학적 시각	심리학적 시각
관점	거시적	미시적
집단과 개인	집단>개인	개인>집단
비유	드론	현미경

아이스크림 판매량과 강간 발생률

심리학과 사회학을 비교하면서 두 학문이 어떠한 차이가 있는가에 대해 간략하게 알아보았다. 여기서는 사회학으로 다시 돌아와서, 사회학이란 무엇인가, 사회학에서는 어떠한 접근 방법을 가지고 연구를 진행하는가에 대해서 좀 더 설명해 볼 것이다. 다음의 글을 살펴보도록 하자.

> "사회학적 탐구가 의미 있는 것이 되려면 사회학적 상상력의 동원 그리고 사회학적 개념을 자신의 삶의 상황과 연관지키려는 노력을 요한다. 그럼으로써 사회학은 자기 이해와 발전의 계기가 된다(밀즈)."[2]

위의 글에서, '사회학적 상상력'이라고 하는 다소 생소한 개념이 나온다. 사회학적 상상력이란 무엇일까? 밀즈(2004)라는 사회학자에 의해 소개된 이 개념은 '세상에서 일어나고 있는 것들 그리고 자기들 속에서 일어날지도 모를 그 어떤 것들을 선명하게 요약하기 위해 스스로 정보를 이용하고 사유를 개발하도록 할 수 있는 마음의 자질'로 정의된다. 밀즈는 '사회학적 상상력'이라는 그의 저서에서 '사회학적 상상력이란 어떤 사회현상에 대해 원인 규명 혹은 다양하고 중층적인 관계 특성들을 조망하기 위해 지향하는 초기적 연구사고'라고 밝히면서, 사회학자는 이 '사회학적 상상력을 통해 자신이 살고 있는 사회에 대해서 보다 심도있게 관찰하고 이해할 수 있다'라고 말했다. 거기에 덧붙여, '이는 연구자가 개인적인 상황에서 벗어나 더 큰 문맥에서 사물을 바라보는 것으로 일상생활의 타성에서 벗어나고자 하는 시도'라고 하였다. 뭔가 알 듯 말 듯하다. 사회학이 추상적이고 어렵다는 평가를 받기 딱 좋은 말투이다. 이를 통해서 '사회학적 상상력'이 무엇인가가 전달되기 쉽지 않다. 그렇다면, 다음의 이야기를 통해서 사회학적 상상력에 대한 이해를 시도해 보도록 하자.

대학에 다닐 때 사회통계학이라는 과목을 들었다. 수학을 잘 못했기 때문에 되도록이면, (수학과 관련이 있다고 지레 짐작한) 통계 분야 수업을 피하고 싶었지만, 이 수업은 수강하지 않으면 졸업이 불가한 '전공 필수 과목'이었기 때문에 할 수 없이 수업에 참여하였다. 수업 첫 시간에 교수님은 '사회통계학'이라는 과목에 대해 지레 겁먹고 있거나 별 흥미가 없는 학생들에게 '겁내지 마라. 사회통계학은 정말 재미있고, 흥미롭고 놀라운 학문이야'라고 이야기하셨다. 별 반응이 없자, 얼마나 재미있고, 흥미롭고, 놀라운 학문인지를 예를 들어 설명해 주신다고 하면서 다음의 이야기를 해 주셨다. 어느날 갑자기 아이스크림 판매량이 늘어나는데, 동시에 강간 발생률도 늘어난다. 이를 보면서 사람들은 추정을 한다. '아이스크림 판매량이 증가하니까 강간 발생률이 증가하는구나. 아이스크림과 강간 사이에 뭔가 인과성이 있구나'라고. 이 말씀을 하시면서 칠판에 다음 [그림 1-1]과 같이 판서를 하셨다.

[그림 1-1] 허구적 인과관계

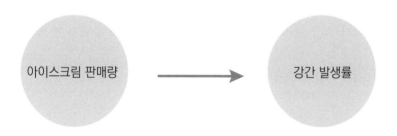

판서를 하신 후 교수님은 사람들이 생각하는 추론을 정리하면 위 [그림 1-1]과 같은데, 그것은 아이스크림 판매량을 원인이 되는 변수(독립변수)로 보고, '강간 발생률'을 결과가 되는 변수(종속변수)로 보면서 두 변수 사이에 인과관계가 있다고 보는 것이라고 설명하셨다. 그런데 이것은

잘못된 추정으로, 아이스크림 판매량의 증가가 강간 발생률을 높일 수는 없기 때문이라고 덧붙이셨다. 그러나 사람들은 종종 이러한 잘못된 추정을 하게 되는데, 이를 실제적으로 증명하여 그 추정이 틀렸음을 보여주는 것이 사회통계학이라고 강조하셨다.

그렇다면 이 추정이 틀리다는 것을 어떻게 보여주어야 하는가? 큰 소리로 이 질문을 하시면서 교수님은 두 변수들 간에 인과관계가 없는데도 불구하고 마치 관련이 있는 것처럼 보일 때, 우리는 이 두 변수를 둘러싼 맥락을 살펴볼 필요가 있다고 하셨다. 그러면서 위의 두 변수, 아이스크림 판매량과 강간 발생률 두 변수들에 모두 영향을 미치는 맥락은 '여름'이며, 이에 주목하여야 한다고 설명하셨다. "여름에는 온도가 올라간다. 기온이 높아지면, 아이스크림이 잘 팔리게 된다. 또한 여름에는 여성들의 노출이 많아지게 된다, 그래서 강간 발생률이 높아진다. 따라서 여름이라고 하는 계절적 변수가 이 두 변수들 모두에게 각각 영향을 미치게 되는데 이러한 맥락과 상황을 염두에 두지 못할 때, 마치 아이스크림과 강간 사이에 인과관계가 있다고 보는 잘못된 추정을 하게 된다. 이와 같은 잘못된 추정을 밝혀내는 것이 사회통계학이다."라고 설명하셨다. 즉 '여름'이라는 잘 보이지 않는, 너무 당연해서 지나치게 되는 전체 맥락을

[그림 1-2]   사회학적 상상력을 통해서 보는 인과관계

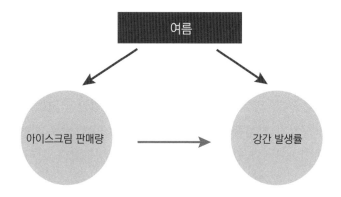

간파하고, 이를 통해 잘못된 인과관계를 밝혀 내는 것이 사회통계학의 재미있고, 흥미로우며 놀라운 점이라는 것이었다.

　교수님이 말씀하신 사회통계학의 재미있고, 흥미로우며 놀라운 지점을 '사회학적 상상력'으로 대체해서 생각해 볼 수 있다. 우리는 때때로 어떤 사회현상에 부딪혀서 그것을 이해하고자 할 때, 그 사안 자체에만 집중하여, 그것이 다른 요소들과 맺는 관련성을 제대로 파악하지 못하는 오류를 범하곤 한다. '사회학적 상상력'을 가진다는 것은 이러한 오류를 넘어서기 위해서 주어진 사실을 그 사실 자체로 받아들이는 것이 아니라, 그 사실이 왜 발생하게 되었을까를 이쪽에서도 보고, 저쪽에서도 보면서 그 맥락을 추적하는 일이다. 그냥 지나칠 수 있는 것, 당연하다고 생각해서 문제를 제기하지 않고 그냥 넘어가는 것에 대해서 다시 짚어 보고 다각적으로 접근하는 것이다. 이처럼 당연해 보이는 것은 당연하지 않게 보고, 그에 대해 문제 제기를 하는 것이 사회학적 상상력이다. 거칠게 표현하면 이는 '삐딱이'가 되기 위한 자질이라고도 할 수 있다. 사회학적 상상력이란 '단정한 모범생'이 아니라 때로는 말썽을 일으키는 '삐딱이'가 되는 데 필요한 자질이다. 조금 삐딱하게, 남들이 보지 않는 각도에서 사회현상을 볼 때 비로소 보이는 것들이 있다, 아니 많다.

　한편, 교수님의 강의로 다시 돌아가서 그분의 이야기를 또 다른 차원에서 삐딱하게 보도록 하자. 30년 전 당시에 교수님은 '여름에는 여성의 노출이 많아지고, 그로 인해 강간이 발생하게 된다'라는 이야기를 하셨다. 그 자리에 있던 모두가 거기에 대해 별다른 문제 제기를 하지 않았다. 여성의 노출과 강간을 연계시키는 말도 안되는 잘못된 추론에 대해서 그 문제점을 인식하지 못했던 것이다. 그러나 이제는 다르다. 여성의 노출과 강간을 연계시킨다는 것은 성 인지적 시각이 부족함을 드러내는 일이며, 더 나아가 여성 혐오적 시선으로 사안을 잘못 이해하는 일이라는 것을 많은 사람들이 알고 있다. 따라서 그런 이야기가 강의실에서,

더구나 사회학적 시각과 관련되어 언급된다는 것은 생각할 수도 없는 일이다. 이처럼 사회는 변화해 가고, 그 변화에 의해 새로운 사회학적 상상력이 만들어진다. 사회학적 상상력은 기존의 생각과 관습, 행동들에 도전하면서 변화를 일으키고, 그것은 또한 그 사회를 살아가는 개인들에게 영향을 미치면서 또 다른 변화와 발전을 가져오는 동력이 된다.

무자식이 상팔자?

이처럼 사회학적 상상력이란 우리가 미처 알지 못했던, 너무 사소하거나 당연하게 생각해서 지나쳤던 일들을 다시 한번 되돌아봄으로써 그 의미를 재해석하는 자질이다. 다음의 신문기사를 가지고, 사회학적 상상력을 가지고 사회에서 일어나고 있는 일들을 본다는 것이 무엇인가를 살펴보도록 하자.

■■■ 무자식이 상팔자? 정신건강엔 아니올시다[3]

한국인 정신건강지수 '눈길'

갈수록 아이를 키우기가 어려워지고 있다. 교육비 등 경제적 부담 때문에 육아와 직장 일을 병행해야 하는 여성에게 자녀를 많이 갖는다는 것은 쉽게 내리기 어려운 결정이다. '무자식이 상팔자'라는 속담이 맞는 듯이 보이기도 한다. 그러나 이는 통념에 불과할 뿐 사실과는 다르다는 연구 결과가 나왔다. 한국심리학회의 정신건강지수 개발위원회가 지난 19~21일 서울대에서 열린 한국심리학회 연차학술대회에서 발표한 '한국인의 정신건강' 내용을 보면, 자식을 3명 이상 둔 다자녀 여성의 정신건강이 자녀 수가 2명 이하인 여성보다 훨씬 나았다. 다자녀 노인들도 그렇지 않은 경우보다 정신적 웰빙 점수가 높았다.

다자녀는 정신건강 증거 연구팀이 정신건강 척도를 백분율로 변환해 정신적 웰빙 점수를 산출한 결과, 조사 대상자의 학력이 높을수록 또 소득이 많을수록 점수가 높았다. 나이별로는 60살 이상 노인들의 점수가 낮게 나왔으나, 이 집단이 교육과 소득 수준이 낮은 것을 고려하면 연령별 차이는 없는 것으로 분석됐다. 자녀 수는 정신적 웰빙을 가르는 중요한 요소인 것으로 조사됐다. 자녀 수가 3명 이상인 집단이 2명 이하인 집단보다 웰빙 점수가 높게 나타났다. 특히 다자녀를 둔 여성의 정신적 웰빙 점수(47.4점)는 평균(44.5점)보다 높은 반면 자녀가 2명 이하인 여성(43.5점)은 낮았다. 그러나 두 집단은 정신적 웰빙을 구성하는 정서적 웰빙, 심리적 웰빙, 사회적 웰빙 가운데 정서적 웰빙 점수에서는 차이가 거의 없었다. 자녀를 많이 두는 것이 '행복'과는 관련이 없다는 말이다. 임영진 서울대 자유전공학부 교수는 "많은 자녀를 갖는 이유가 즐겁고 유쾌한 정서적 경험을 얻기 위한 것이라기보다는 사회에 기여하고 타인과 유대감을 가지며 외부와 연결돼 있다는 것을 느끼기 위한 것"이라고 해석했다. 자녀 수에 따른 웰빙 점수의 차이는 노인들에게서도 나타났다. 60살 이상 노인 가운데 세 자녀 이상을 둔 사람의 웰빙 점수(43.5점)는 2명 이하의 자녀를 둔 노인(37.2점)보다 현저하게 높았다.

이 기사는 한국인의 정신건강에 대한 연구 프로젝트의 결과를 소개하고 있다. 이 연구에 따르면, 자식을 3명 이상 둔 다자녀 여성의 정신건강이 자녀 수가 2명 이하인 여성보다 훨씬 높다고 한다. 즉, 자녀가 많을수록 여성의 삶에 대한 만족도, 행복감이 높아진다는 것을 검증해서 보여주는 연구이다. 기사의 제목 '무자식이 상팔자, 건강엔 아니올시다'는 "다자녀 가정은 화목하고 행복하며, 따라서 자식이 없으면 행복해지기 힘들다. 무자식이 상팔자라는 것은 결국 옛말이다."라는 뉘앙스를 전달한다. 이러한 결과에 대해 '이상하다. 지금같이 힘든 시기에 애들이 많으면 걱정과 근심이 더 많아질 것 같은데, 그래서 많은 사람들이 아이 낳기를 피하고 있는데 왜 이런 연구 결과가 나왔지?' 하는 합리적인 의심이

든다. 그러면서 이 기사가 나온 시기를 살펴보면, 이 연구가 2010년에 수행되었다는 것이 확인된다. 2010년은 저출산에 대한 우려의 목소리가 나타나고 정부의 저출산 대책 방안이 본격적으로 나오기 시작한 때이다. 이러한 사실을 상기하면서, 이 연구 프로젝트의 속내가 따로 있을지 모른다는 생각을 해본다. 그러면서 연구 결과를, 이번에는 앞에서 이야기한 사회학적 상상력을 가지고 꼼꼼히 살펴보도록 한다. 기사 내용을 '이리저리 굴려가면서 그 원인과 상황, 그리고 맥락' 등을 함께 고려하면서 접근하는 것이다.

먼저 연구 결과를 원인과 결과로 나누어서 접근해 보자. "자녀 수가 많아질수록 정신건강 점수(행복감)가 높아진다"에서 원인은 '자녀 수가 많다'는 것이고, 결과는 '정신건강 점수(행복감)가 높아진다'는 것이다.

[그림 1-3]   자녀 수와 여성의 정신건강

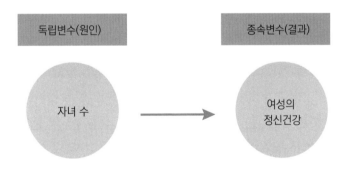

사회과학 연구 방법에서는 '원인'을 '독립변수', 그리고 '결과'를 '종속변수'라고 한다. 독립변수란, 원인적인 변수, 실험요인으로 예언할 수 있는 변인이고, '종속변수'란 원인에 대한 결과적인 변수, 실험요인의 영향을 받아서 나타나는 결과 변인을 뜻한다. 그런데, 여기서 사회학적 상상력을 발휘하여 독립변수와 종속변수를 둘러싼 다양한 요인을 함께 살

펴보도록 하자. 예를 들어, '다자녀 가정'이라는 독립변수를 사회계층적 요인과 연관하여 생각해 봄으로써, "한국사회에서 누가 자녀를 많이 낳을 수 있는가?"라는 질문을 할 수 있다. 현재 한국사회에서 저출산이 문제가 되고 있는데, 그 이유가 집값의 상승, 자녀 양육/교육비 부담 때문이라는 것은 잘 알려진 사실이다. 이렇게 볼 때, 높은 경제적 부담에도 불구하고 자녀가 많은 집은 가계 소득이 높은 집일 가능성이 높다. '높은 가계 소득'은 그 가정의 '경제적 안정감'에 영향을 미치고, 더 나아가서는 정서적 안정감, 그리고 위에서 언급한 가족 구성원의 만족감과 행복감에 긍정적인 영향을 줄 수 있다. 물론, 소득이 높다는 것이 행복감을 설명하는 충분조건이 될 수는 없다. 돈이 많다고 반드시 행복해지지는 않기 때문이다. 그러나 경제적으로 불안정한 상황에서 사람들은 보다 큰 스트레스를 느끼게 되고, 그 결과 갈등, 불화, 분쟁은 더 빈번하게 일어날 수 있다. 이렇게 보면, 자녀 수가 직접적으로 긍정적 정신건강, 행복감에 영향을 미쳤다는 기사의 내용을, 경제적 안정성과 관련지어 생각해볼 필요가 있다는 것을 알게 된다.

[그림 1-4] 큰 그림을 보면서 생각해 보기

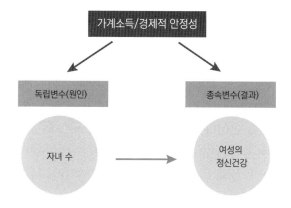

자녀 수 자체가 여성의 정신건강에 영향을 주었다기보다는, 자녀를 많이 낳을 수 있었던 가정의 경제적 안정성이 가족 구성원의 스트레스를 감소시키는 데 중요한 역할을 했고, 결과적으로 정신건강 점수를 높인 것이다. 그러나 위의 연구결과에서 이 부분에 대한 언급은 없으며, 따라서 가정의 경제소득과 관련된 요인은 접어둔 채 자녀 수가 많으면 저절로 행복해진다고 하는 내용만이 부각되고 있다.

　사회학적 상상력을 발휘해서 "누가 자녀를 많이 낳는가?"를 또 다른 각도에서 생각해 보자. 아이가 많은 집은 애초에 부부 사이가 좋은 가정일 가능성이 높지 않을까. 내가 사랑하는 사람을 닮은 아이를 가지고 싶다라는 생각을 하는 사람들은 그렇지 않은 사람들보다 아이를 많이 낳는다고 하면, 이 사람들은 자녀 수에 상관없이 처음부터 행복했던 사람들일 수 있다. 자신의 배우자를 사랑하는 사람들이 아이를 낳는 결정을 그렇지 않은 사람보다 더 적극적으로 한다면, 자녀 수에만 주목해서는 그 행복감(높은 정신건강 점수)을 충분히 설명하기 힘들다. 그럼에도 불구하고 이 기사에서는 자녀 수가 많아지면(원인), 행복감이 높아진다(결과)라는 관계성만을 선별적으로 보여주고 있다.

　2002년 초저출산 세대가 등장하자 저출산에 대한 정부의 위기의식이 높아졌고, 2005년 「저출산-고령사회기본법」이 제정되면서 저출산고령사회위원회가 만들어졌다. 신문기사에서 언급된 연구는 이러한 분위기 속에서 저출산의 반등 기회를 모색하기 위해 수행된 프로젝트성 연구가 아니었을까? 이렇게 생각해 보면, '아이를 낳으면 여성은 행복해진다'라는 결론을 제공할 프로젝트가 미리 기획되고, 그 결과가 언론을 통해 홍보되었을지도 모를 일이다. 이처럼 드론을 타고 사안을 보면, 안 보이던 것이 보이기도 한다. 이것이 '사회학적 상상력'의 힘이다.

처녀 귀신과 사또

우리가 잘 알고 있는 귀신설화를 사회학적 상상력을 이용해서 살펴보면 어떨까. 귀신 설화를 비롯한 많은 옛날 이야기들은 과거 사람들이 즐겼던 문화 콘텐츠들이다. 옛날에는 지금처럼 영화나 드라마, 유튜브 같은 것을 즐길 수 있는 기술이 없었다. 그 대신에 사람들은 모여서 서로 이야기를 하면서 즐거움을 찾으려고 했다. 그냥 소소하게 잡담을 나누거나 화투 등의 게임을 했을 수도 있지만, 때로는 누군가 글을 읽을 수 있는 사람이 재미있는 이야기를 읽어주면, 거기에 모인 사람들은 그것을 들으면서 즐거운 시간을 보내기도 했을 것이다. 또한 그 이야기를 들은 사람들은 친구나 이웃에게 그것을 전해주기도 했을 것이다. 이런 식으로 이야기책의 내용이 사람들에게 퍼져 나갔을 것으로 짐작된다. 이런 식의 흐름(누군가가 쓴 이야기를, 누군가가 읽고, 그것을 들은 사람들이 또 다른 사람에게 전달하는)을 보면, 이러한 설화/이야기가 바로 당대 사람들이 만들고, 즐기고, 또 전파했던 문화 콘텐츠였구나 하는 생각을 하게 된다. 그런데 많은 사람이 즐기는 문화 콘텐츠라고 하는 것은 그 사회에서 호응을 얻고 폭넓게 수용된 생각, 행동양식을 반영한다. 그러므로 문화 콘텐츠의 내용을 통해 당시 사회가 어떠했는가를 미루어 짐작할 수 있다. 이렇게 볼 때, 조선시대에 인기가 있었던 귀신 이야기/설화를 통해 우리는 과거에 사람들이 어떻게 생각하고, 느끼면서 살아갔는가를 가늠해 볼 수 있다. 대표적인 귀신 이야기, '아랑전설'(阿娘傳說)'을 살펴보도록 하자.

'아랑전설'은 억울하게 죽은 아랑이 원령이 되어 자신의 원한을 푼 뒤 변고가 없어졌다는 이야기이다. 아랑은 경상도 밀양부사의 딸로, 이름은 윤동옥(尹東玉)이다. 어려서 어머니를 여의고 유모에게서 자랐는데, 어느 날 밤 통인(通引)과 작당한 유모의 꼬임에 빠져 달구경을 나갔다. 통인 주기가 아랑을 겁간하려 했고, 아랑은 끝까지 항거하다가 끝내는 칼에 맞아 죽고, 대숲에 버려졌다. 부사는 아랑이 외간 남자와 내통하다 함께 달아난 것으로 알고 벼슬을 사직하였다. 이 일이 있은 후부터 밀양에 오는 신임 부사마다 부임하는 첫날 밤 의문의 주검으로 발견되어 모두 그 자리를 꺼리게 되었다. 이때 이상사(李上舍)라는 담이 큰 사람이 밀양부사를 자원하여 왔다. 부임 첫날밤에 나타난 아랑의 원혼에게서 억울한 죽음을 들은 그는 원한을 풀어주기로 약속하였다. 이상사는 곧 주기를 잡아 처형하고 아랑의 주검을 찾아 장사를 지내주니 그 뒤로는 원혼이 나타나지 않았다고 한다.[4]

'아랑전설' 이외에도 많은 귀신 이야기가 있지만, 그 줄거리와 구조는 유사하다. 이들 이야기에서 귀신은 억울하게 죽임을 당한 후 저승에도 가지 못하고, 이승을 배회한다. 귀신은 자신을 겁탈하고 죽인 살인자에게 복수하고 오명을 벗고 싶지만, 자신의 힘으로는 그것을 할 수 없다. 왜 그럴까? 아랑이 약하고 힘없는 처녀/여성이기 때문이다. '아랑전설'이 만들어지고 전해지던 조선시대는 보수적이고 위계적인 성리학이 지배 이데올로기로 채택되어 큰 영향을 끼쳤던 시대이다. 성리학에서는 매우 차별적이고 위계적인 관계가 강조되었다. 특히 남녀 관계에서 그 위계구조를 문제시한다거나 도전하는 것에 대해서 가차없는 처벌과 낙인이 가해졌다. 이 위계체계에서 여성은, 그중에서도 '결혼도 하지 못한' 여성은 가장 낮은 서열에 있는 존재였다. 따라서 여성, 더구나 결혼도 하지 못한 '처녀' 귀신인 아랑은 자신에게 위해를 가한 존재를 처벌하거나 복수할 수 있는 능력이 없다. 그녀가 할 수 있는 일은 힘과 권력을 가진 남성/부사/사또 앞에 나타나 호소하는 것 뿐이다.

한편, 또 다른 귀신 이야기로 '장화홍련전'을 떠올려 보자. 이 이야기 속에서 아내를 잃은 남편은 새로운 아내를 들이는데, 그 아내는 전처의 자식인 장화와 홍련을 구박하다가 결국은 살해하고 만다. 억울한 죽임을 당한 두 딸은 귀신이 되었고, 자신들의 억울함을 사또(관리)에게 전했으며 결국 그 사또는 억울함을 풀어준다. 여기에서 (그리고 위의 아랑귀신 이야기에서도) 남성 관리의 모습은 아주 멋지게 그려지고 있다. 남성 관리는 정의의 사도로서 귀신을 두려워하지 않고, 이야기를 침착하게 잘 들어주며, 그 원한을 풀어주는 데 주저함이 없다. 공명정대, 용감무쌍, 사리분별의 아이콘이 바로 남성 관리의 모습이다. 반대로 여성들은 자신의 일을 스스로 해결할 수 없는 무능한 존재로 그려진다. 그들은 귀신이지만 여성이므로 할 수 있는 일이 없고 고작 남성 관리 앞에 나와 자신의 억울함을 호소할 뿐이다. 또 다른 여성 캐릭터인 계모는 어떠한가? 그녀는 모든 문제를 일으키는 장본인이다. 사악하고, 포악한 이 여인은 전처의 딸들을 죽음으로 내모는 악녀이다. 이처럼 이야기 속의 여성들은 무능하거나 사악한 존재로 그려진다. 그런데 이 이야기에서 존재가 희미한 캐릭터가 하나 있다. 장화/홍련의 아버지이다. 그는 자신의 아내가 딸들에게 위해를 가하고, 심지어 죽이기까지 할 때, 도대체 무엇을 하고 있었던 걸까? 왜 사전에 딸들을 보호하여 죽음을 막지 못했을까? 사실 딸들이 억울한 누명을 쓰고 죽임을 당하는데도 그것에 대해 아무런 조치를 취하지 않은 아버지는 사악함을 실행한 계모만큼이나 나쁜 존재이다. 그럼에도 불구하고, 이 이야기에서는 아버지에 대해서는 언급이 없다. 모든 잘못은 계모(여성)가 한 것으로 퉁쳐지고, 아버지(남성)의 책임에 대해서는 별다른 판단을 하지 않는다. 대신, 공명정대하게 문제를 해결하는 또 다른 남성(사또)의 모습을 부각시키면서, 귀신이 되어서도 복수를 할 힘이 없는 여성(장화/홍련), 또는 사악한 여성(계모)와 대조시킨다.

이를 보면서 문득 드는 생각은 과연 이 이야기는 누가 지어냈을까 하는 것이다. 잘 알려져 있다시피, 조선시대에 글을 쓰고 책을 펴낼 수 있었던 사람들은 배움의 기회를 독점했던 지배층 사대부 남성들이었다. 그들이 믿고 신봉했던 것은 성리학의 위계구조였으며, 그중 중요한 한 축이 남성과 여성의 서로 다른 역할과 위치에 관한 가르침이었다. 사대부 남성들은 사명감을 가지고, 자신이 믿는 남성과 여성의 위계구조를 무지몽매한 사람들에게 널리 퍼뜨리고자 하였다. 책을 써서 남성의 위대함과 여성의 열등함을 강조하여, 남녀 간 위계구조가 얼마나 올바르고 타당한가에 대해서 알리고 가르치고자 하였다. 그 결과 이야기 속 남성은 강하고, 선하며, 현명한 존재이고, 여성은 약하고, 악하며, 어리석은 존재로 그려졌다. 또한 그들은 이 이야기 속 '사또'에 자신들의 모습을 투영하였다. 귀신을 보아도 놀라지 않을 정도로 담력이 세고, 억울한 사연을 듣고 그것을 풀어주려고 노력하는 공명정대한 사또는 바로 양반 남성들이 사람들에게 심어주고자 했던 자신들의 모습이었던 것이다.

그런데 책 속의 사또/계모/귀신 캐릭터는 단순히 책 속에 머물고 사라지는 것이 아니다. 용감한 사또/사악한 계모/무력한 처녀귀신의 모습을 담은 이야기들은 사람들이 방에 모여 귀신 이야기를 들으면서 여름밤의 더위를 식히는 가운데, 또는 길고 긴 겨울밤의 추위를 견디는 가운데 널리널리 퍼져나간다. 남성과 여성의 위계구조는 삼강오륜을 바탕으로 하는 딱딱하고 어려운 성리학 이론이 아니라 재미있는 이야기 속에 녹아들어 쉽게 받아들여지고, 또 뇌리에 깊이 새겨지게 된다. 그런데 여기서 잠깐 생각해 보자. 이러한 이야기들이 사람들 사이에서 퍼져 나간 것은 과연 조선시대에만 해당되는 것이었을까? 우리가 즐기는 현대의 미디어에서 각각의 캐릭터들은, 여성들은, 그리고 남성들은 어떠한 식으로 설명되고 묘사되고 있는가? 사회학적 상상력을 가지고 주변을 살펴보면서 우리가 대답해야 하는 질문이다.

1. 사회학적 상상력이란 당연한 것을 당연하지 않게 보는 것, 즉 주어진 대로가 아니라 좀 다르게, 삐딱하게 보면서 가려져 있거나 보이지 않았던 부분을 드러내는 작업을 말한다. 사회학을 공부한다는 것은, 이러한 사회학적 상상력을 통해서 우리가 잘 알고 있는 이야기를 뒤집어 보고, 그 속내에 무엇이 있는가를 점검하는 눈을 기르는 일이다. 거창하게 생각할 것 없이 주위를 살펴보자. 그리고 사람들이 하는 이야기, 신문기사, SNS의 피드를 보면서 이를 남들과 다른 각도에서, 또한 큰 맥락을 염두에 두면서 다양하게 살피고 분석하는 작업을 시도해 보자. 그것이 사회학적 상상력을 펼치는 첫 번째 걸음이다.

2. 전래동화 한 가지를 선택해서 사회학적 상상력을 통해 살펴보도록 하자. '선녀와 나뭇꾼', '흥부놀부전', '심청전' 또는 '헨젤과 그레텔', '신데렐라' 등의 이야기에서 각 인물과 캐릭터, 이야기의 흐름을 새로운 시각으로 분석해 보자. 또한 이러한 이야기들이 왜 만들어졌을까에 대해서 생각해 보자.

라이트 밀즈(2004). 강희경, 이해찬 역. 〈사회학적 상상력〉. 돌베개.
'사회학적 상상력'이란 개념을 처음으로 소개한 책으로, 사회학을 공부한다는 것이 과연 무엇이고 그 의미란 어떤 것인가를 생각하는 데 많은 도움을 준다. 사회학적 상상력에 대해서 들어봤고, 의미를 안다고 하더라도, 이 책을 꼼꼼히 읽으면서 과연 사회학적 상상력이란 무엇인가에 대해서 정의 내려보자.

실비아 페데리치(2011). 성원, 김민철 역. <캘리건과 마녀: 여성, 신체, 그리고 시초 축적>. 갈무리.
이 책에서는 중세에서 근대로 넘어오는 시기 자본주의 체제의 확립을 위해서 수많은 여성들이 마녀라는 이름으로 죽임을 당했다고 밝히면서, '마녀사냥'에 대한 새로운 시각을 제공한다. 자본주의 체제가 마련되기 위해서는 먼저 임금노동자 남성과 집에서 가사노동을 맡는 여성을 기반으로 한 핵가족이 구성되어야 하는데, 이를 위해서는 무엇보다도 여성들을 집에 들이고 길들일 필요가 있었다. 이를 위해 길들이기 힘든 힘 있는 여성, 지혜로운 여성, 공동체로부터 신임을 받는 여성들은 마녀라는 이름으로 처단되었다. 그 결과 여성은 집에서 머물면서 남성을 보조하는 사람으로 길들여졌고, 이를 기반으로 자본주의 체제는 굳건히 건립될 수 있었다. 남성인 마르크스가 이야기하는 것과는 다른 방식으로, 보이지 않았던 여성의 모습을 전면에 내세우면서 자본주의 체제의 역사를 새롭게 해석한 저작이다.

최기숙(2010). <처녀귀신>. 문학동네.
처녀 귀신 설화를 다각도를 분석하면서 이를 통해서 힘없는 약자, 소수자로 살았던 조선 여성의 한과 억울함을 포착한다. 여성은 죽어서 구천을 떠돌면서 방황하는 원귀가 될 수밖에 없는 반면, 남성은 귀신이 되어서도 관리직을 맡는(저승사자, 염라대왕, 옥황상제) 모습을 보여주고 있다는 점을 지적한다.

제2장

사회학의 의의란 무엇인가?[1]

    제2장에서는 사회학의 의의란 무엇인가에 대해서 논의해 본다. 사회학이란 학문이 가지는 중요성은 무엇이고, 함의란 도대체 어디에 있는 것일까? 제1장에서 우리는 사회학적 상상력에 대해서 설명했다. 이와 연관하여, 사회학의 의의란 당연한 것을 낯설게 보기, 즉 삐딱하게 보는 사회학적 상상력을 갖는 데에 있다고 말할 수 있다. 이러한 사회학의 의의에 대해, '혈액형과 성격' 담론을 사례로 이야기해 보도록 하자. 요즘은 인기가 덜하지만, 2010년대 초중반까지도 많은 사람들이 혈액형과 성격, 혈액형에 따른 인간 유형 분류에 대해 높은 관심을 가졌었다. 잡지나 신문에서 혈액형별 성격과 운세를 점치는 코너가 큰 인기를 끌었고, TV 프로그램, 영화 등이 잇달아 만들어졌다. 그중 <B형 남자친구>[2]라는 영화는 공전의 히트를 기록하기도 했다. 지금에 와서는 좀 이상하게도 느껴지는 이러한 현상에 대해서 다음의 질문을 해 보자. 혈액형으로 사람을 이해하고 판단하는 것은 근거가 있는 것일까? 근거가 있다면 그것은 과학적으로 검증된 것일까? 근거가 없다면, 왜 그러한 생각이 그토록 오

랫동안 한국사회에서 인기를 누리고 상업적 성공까지 이끌었을까?[3]

사실 이 담론은 일본에서 처음 만들어진 것인데, 그 역사적 배경을 이해하기 위해서는 먼 과거로 돌아가서 이야기를 시작해야 한다. 혈액형에 대한 연구가 본격화된 것은 제1차 세계대전의 발발과 확산에 의해서이니, 19세말, 20세기 초라 할 수 있다. 큰 전쟁이 일어나게 되면서 중상을 입고 수술을 받아야 하는 사람들이 폭발적으로 증가하게 되었다. 또한 수술 중에 수혈을 받아야 하는 사례도 급격히 늘어나게 되었다. 그런데 당시에는 혈액형에 대한 생각과 연구가 부족했기 때문에 수혈과정에서 많은 문제가 일어났다고 한다. 이러한 상황은 혈액형에 대한 연구를 촉진시키는 계기가 되었다. 유럽/서구의 국가들은 패권을 강화하고 지속시키기 위해서는 전쟁을 계속해야 했고, 또 전쟁에서 이겨야 했다. 그러므로 중상을 입은 군인들을 치료하기 위한 혈액형 연구는 절대적으로 필요한 것이었다.

당시 일본은 서구 유럽 국가들처럼 세계 패권을 장악하고자 하는 야망을 가지고 있었지만, 후발주자의 약점을 가지고 있었다. 따라서 서구 유럽에서 진행되는 연구와 담론에 매우 민감했고 그것을 빨리 소화하고 따라잡아야 한다는 조급함을 가지고 있었다. 일본에서 혈액형 연구가 본격적으로 시작된 것도 이와 관련된 것이었다. 일본에서 혈액형 연구를 처음 시작한 사람은 후루카와 다케치라고 하는 의사/의학자이다. 그는 1927년에 독일로 유학을 가서 혈액형에 관한 연구를 하였다. 당시 독일에서는 혈액형 연구 역시 인종주의를 기반으로 한 우생학과 연계되어 있었다. 앵글로 색슨 종족의 인종적 우월성을 확증하기 위한 '과학적' 데이터 자료로 혈액형 연구가 진행되었던 것이다. 실제로 인종과 혈액형사이에는 별다른 상관관계가 없음에도 불구하고 20세기 초반 당시의 패권주의, 제국주의의 영향 아래, 과학이라는 이름으로 이러한 연구들이 진행되었다.[4]

한편, 후루카와 다케치는 이러한 유럽의 분위기 속에서 혈액형에 대한 연구를 마치고, 일본으로 귀국하여 자신의 학문적 성과를 펼치고자 하였다. 그러나 일본은 아시아인이 절대 다수인 사회로, 유럽인의 인종적 우월성을 설명하는 것은 별 의미가 없는 일이었다. 그는 자신이 배운 지식이 일본 사회에서 별 설득력이 없는 상황에서 어떻게 하면 이를 파급력 있게 전달할 수 있을까를 고민하게 된다. 이러한 고민 끝에 그는 혈액형을 인종이 아닌 '성격'이라는 요소와 관련하여 담론을 만들고 이를 확산시키는 전략을 짜게 된다. 그의 논문 '혈액형을 통한 기질 연구'는 혈액형과 성격 간의 관련성을 설명한 연구로 1927년에 발표되었다. 이 논문은 큰 반향을 일으켰고, 널리 확산되었다.[5]

　　제2차 세계대전이 끝난 후 그 간의 인종주의, 패권주의, 제국주의에 대한 반성과 성찰이 시작되면서 서구에서는 인종주의적 우생학적 기반을 둔 연구들이 더 이상 진행될 수 없게 된다. 물론 인종주의적 색채를 띤 혈액형 연구도 종적을 감추게 되었다. 그러나 일본에서는 여전히 혈액형과 성격에 대한 담론이 별 문제나 도전 없이 남아 있게 되었다. 그 이유 중 하나는 '혈액형과 성격'은 우생학 또는 인종주의와 별다른 연관이 없는 것으로 비쳐졌기 때문이다. 그냥 '재미'로, '위험하지 않은 놀이' 정도로 여겨졌고, 따라서 별다른 제재를 받지 않았다. 한편, 그럭저럭 명맥을 유지하던 혈액형과 성격 간의 상관관계가 폭발적으로 인기를 끌게 된 것은 1971년에 들어서이다. 1971년 일본의 방송작가 노미 마사히코가 <혈액형 인간학>[6]이라는 책을 썼는데, 이 책이 베스트셀러가 되면서 대중적 관심을 모으게 되었다. 이 책에서는 혈액형이 당신의 모든 것을 결정한다는 캐치프레이즈를 걸고, 이것을 다양한 데이터를 통해 증명하였다. 이 책이 발간된 이후 혈액형과 성격 간의 관계는 마치 정설인 것처럼 인식되기 시작하였다. 한편, 1970년대 한국에서는 일본의 잡지나 책, 방송 내용이 별다른 검증이나 판권계약 없이 마구잡이로 들어올 수 있었다. 이러한 분위기 속에서 한국의 잡지, 책 등에서는 일본에서 유행하는 혈액형과 성격 간의 관계에 대한 꼭지들을 날림 번역하여 퍼 날랐다. 일본문화 자체가 금지된 상황에서, 저작권의 문제도 없었고, 내용을 검증하는 절차조차도 존재하지 않았기 때문에 오히려 아무런 규제없이 이러한 일들이 행해질 수 있었다. 한국에서도 큰 인기를 모았고, 그 인기는 2010년대 초중반까지 계속되었다. 비교적 최근인 2010년대 초중반까지 그 인기가 지속될 수 있었던 것은 1970년대 이후 오랜 세월에 걸쳐 혈액형-성격의 관련성에 대해 많은 사람들이 수긍하고 수용한 상태였기 때문이었다. 이러 상황에서 새 시대의 감성으로 멋지게 포장한 혈액형 관련 문화콘텐츠들은 크게 환영을 받을 수 있었다.

놀랍지 않은가? 우리가 별생각 없이 재미로, 심심풀이로 하는 일들 뒤에 예상치 못한 뒷 이야기와 그들 둘러싼 역사, 사회적 맥락이 있다는 것이 말이다. 다행스럽게도 사람들은 이제 혈액형과 성격의 관련성에 대해 전처럼 믿고 신뢰하지 않는다. 인기도 많이 사라졌다. 그러한 담론이 어떻게 만들어졌는가에 대한 많은 분석과 자료가 제공되었고,[7] 그에 대한 성찰이 이루어졌기 때문이다. 이처럼 사람들은 친숙하고 일상적인 일들을 낯설게 보면서 그 안의 사안과 배경이 무엇이었는가를 분석하여 잘못된 신화와 믿음을 깨뜨려 나간다. 이것이 바로 사회학적 상상력의 힘이다. 또한 이러한 사회학적 상상력을 배양하여 사회현상을 꼼꼼히 살피는 일이 사회학의 의의이다.

밀즈가 말하는 사회학의 의의

사회학의 의의에 대해서 많은 사회학자들이 한 마디씩 했다. 그중에서 밀즈[8]의 이야기를 살펴보자. 그는 사회학의 의의를 다음과 같이 정의하였다. "사회학을 배운다는 것은 단지 지식 습득 과정에 머무는 것이 아니라 자신에게 친숙한 개인적인 상황에서 한 발 더 나아가 보다 큰 맥락에서 바라보는 것이다." 알 듯 말 듯하다. 알 듯 말 듯한 이 이야기를 이해하기 위해 예시를 들어서 생각해 보도록 한다. 이를 위해 펜을 들어(또는 컴퓨터나 휴대폰의 자판을 이용하여) 국제 우편을 보낸다고 생각하고 '자기 집 주소 쓰기'를 해 보자. 제일 먼저 오는 단어는 무엇인가? '대한민국'이다. 그다음은? OO시, 그리고는 OO구, OO동, 그리고 번지수, 그리고 자신의 이름이 나온다. 즉 자신이 속해 있는 가장 큰 카테고리가 제일 앞에 나오고, 그다음에는 그보다 작은, 두 번째로 큰 카테고리가 나오고, 그다음에는 세 번째로 큰 카테고리, 그다음… 하는 식으로 나열되고, 가장 나중에 나오는 것은 자신의 이름이다. 이러한 순서로 자신의 주소를 쓰는 것은 한국뿐 아니라, 일본, 중국에서도 그렇다.

같은 작업을 다시 한번, 그러나 이번에는 영어로 시도해 보자. 영어로 자신의 주소를 쓴다고 한다면, 가장 먼저 나오게 되는 것은 자신의 이름이다. 자신의 이름, 번지수, OOdong, OO-gu, OO City, South Korea의 순서로 제시된다. 이 경우에는 나의 이름이 가장 앞에 나오고, 그다음에 나를 설명하는 카테고리들 중 내게 가장 밀접한 카테고리, 그다음으로 밀접한 카테고리, 맨 마지막에는 나와 가장 먼 카테고리의 순으로 열거되고 있음을 알 수 있다. 영어뿐 아니라, 프랑스어, 독일어가 사용되는 서구 사회에서 주소를 표기하는 방식이다. 이를 통해 서구와 동양의 언어구조와 사고의 구조는 다르다는 것을 알 수 있다. 개인이 중심이 되는 서구 사회에서는 개인이 가장 먼저 제시되는 언어 구조와 사고 체계를 가지고 있다. 반면, 한국이나 일본, 중국 등 동양 사회에서는 내가 어떤 집단에 속했는가를 통해 나를 정의하고 설명하려는 경향이 크다. 이러한 생각의 차이는 언어에 잘 반영되어 있다.

이제, 밀즈가 이야기한 사회학의 의의로 돌아가 보자. 그에 따르면

"사회학을 배운다는 것은 단지 지식 습득 과정에 머무는 것이 아니라 자신에게 친숙한 개인적인 상황에서 한 발 더 나아가 보다 큰 맥락에서 바라보는 것이다."라고 했다. 또한 그는 어떤 사안을 멀리서 바라보면서 맥락을 짚어가면 더 잘, 더 많이 볼 수 있다는 것을 강조하면서 그것을 시도하는 것이 바로 사회학의 역할이라고 설명하였다. 앞에서 예시를 든 '국제 우편을 부칠 때 자신의 주소를 쓰는 일'과 같은 어떻게 보면 사사로운 행동 안에도 그 사회의 사고체계, 그리고 행동양식과 문화가 담겨 있다. 한국 사람들은 주소를 쓸 때 제일 앞 머리에 '대한민국'을 두는데, 서구인은 왜 자신의 이름을 가장 먼저 쓸까라는 작은 질문들로부터 시작해서 각각의 언어가 사용되는 사회의 가치관을 이해하고자 노력하는 것, 그것이 바로 밀즈가 이야기하는 '사회학의 의의'이다.

콜린스가 이야기하는 사회학의 의의

또 다른 사회학자인 랜달 콜린스(2005)는 자신의 저서 <상식을 넘어선 사회학: 사회학적 통찰력>[9]에서 "왜 세상사가 다른 방식이 아닌 어떤 특정한 방식으로 일어나는지, 겉으로 보이는 일상의 믿음의 밑바닥에는 무엇이 있는지를 들여다보는 것"이 사회학의 의의라고 설명한다. 즉, 주어진 사실과 현상을 문제 제기 없이 그냥 받아들이는 것이 아니라 왜 이런 일들이 일어났을까를 다양한 각도에서 본다는 것이 사회학이 갖는 중요한 점이라고 본다. 콜린스가 이야기하는 사회학의 의의를 이해하기 위해, 다시 한번 언어와 관련한 예시를 가지고 접근해 보자. 언어학자인 레라 보로디스키와 동료들(2003)은 우리가 무심코 사용하는 단어, 표현 등에 편견이나 고정관념이 자리잡고 있음을 지적한다.[10] 그녀는 이를 독일어와 스페인어, 또는 프랑스어처럼 명사 앞에 젠더 관련 정관사가 붙는 언어를 통해서 설명한다. 예를 들어, 프랑스어에서 태양은 남성명사(le soleil)이지만, 독일어에서는 여성명사(die Sonne)이다. 단어 앞에 붙는 서로 다른 정관사는 그 단어에 대한 서로 다른 이미지를 만든다. 프랑스 사람들에게 태양은 열정적이고, 강한 남성적 이미지로 인식되는 반면, 독일 사람들에게는 자애롭고 만물을 돌보는 여성적인 이미지로 각인된다고 한다. 이를 증명하기 위해 보로디스키는 독일인과 스페인 사람에게 다리(bridge)라는 단어를 가지고 짧은 글을 짓게 하는 실험을 했다. 흥미롭게도, 다리(die Brücke)를 여성명사로 사용하는 독일인들은 협소하고 작은 이미지의 다리를 묘사한 반면, 남성명사(el puente)로 쓰는 스페인 사람들은 거대하고 넓은 다리라는 이미지를 가지고 짧은 글을 썼다. 사실, 태양이나 다리 그 자체에는 성/젠더적인 의미가 내포되어 있지 않다. 그러나 이 실험은 각 언어권에서 어떤 정관사를 사용하느냐에 따라 사람들이 받아들이는 단어의 이미지가 달라진다는 것을 보여준다. 이처럼, 사람들은 언어를 구사하고 사용하면서 관련된 이미지를 받아들이게 되고, 그 이미지와 관련된 생각들을 자신 안에 수용하게 된다.

한국어는 어떠할까? 물론 한국어에는 젠더와 관련한 정관사가 존재하지 않는다. 그러나 어떤 단어들은 매우 가부장적이고, 성/젠더와 관련된, 더 나아가 성차별적인 의미를 내포하고 있다. 예를 들어, '집사람', '미망인'이라는 단어가 그러하다. 집사람의 경우는 아내, 부인, 즉 여성을 가리키는데, 이 단어는 여성은 집에 있는 존재로서 사회활동을 하지 않고 전적으로 가사 활동에 전념하는 사람이라는 뉘앙스를 갖는다. 사회활동을 하지 않고 집에 있는 사람이 남성일 수도 있지만, 남편을 집사람이라고는 지칭하지 않는다. 미망인이라는 단어는 또 어떠한가? 미(未, 아직), 망(亡, 죽다), 인(人, 사람)으로, '아직 죽지 않은 사람'을 의미한다. 과거에는 남편이 사망했을 때 가족 성원, 그중에서도 아내가 함께 순장되는 풍습이 있었다. 미망인은 그 풍습에서 나온 단어로 추정되며, 따라서 남편이 사망했는데도 불구하고 아내는 아직 살아있다는 것을 암시한다. 더 나아가 그녀로 하여금 부끄럽고, 죄스러운 마음이 들도록 만들기도 한다. 이러한 단어들을 통해 우리 사회에 존재하는 여성에 대한 편견과 고정관념을 확인할 수 있다, 그런데 요즘들어 '집사람', '미망인' 또는 '처녀작' 등 성 인지적 시각이 결여된 단어들에 대한 문제제기가 많이 나온다. 실제로도 그 사용이 이전에 비해 현저히 줄어들기도 했다. 정말 반가운 일이다. 사람들의 생각이 변하면서 편견을 가진 말들을 조심하고 경계하면서 점점 덜 쓰게 된다. 그리고 이 과정을 통해서 사람들의 생각은 더 많이 바뀌어 갈 것이다. 콜린스가 이야기한 것처럼, '겉으로 보이는 일상의 밑바닥에 무엇이 있는지를 들여다 보고', 거기에서 변화하고 바뀌어야 하는 것을 적극적으로 이야기하는 것, 그것이 바로 사회학의 의의이다.

버거가 이야기하는 사회학의 의의

마지막으로 피터 버거가 이야기하는 사회학의 의의를 살펴보도록 하자. 그에 따르면 '사회학은 전에는 당연시해 온 모든 것을 근본적으로 문제 삼는 통찰력을 제공한다. 사회학적 발견은 사회 속에서 인간의 삶의 생각지도 못했던 새로운 측면들을 갑자기 알게 되는 것이다'(피터 버거, 2023)[11]라고 이야기한다. 이를 이해하기 위해 우리가 사용하는 언어, 그중에서도 존댓말, 반말과 관련하여 생각해 보자. 새로운 단어가 유입되고, 축약어가 사용되면서 한국어에서 많은 것이 바뀌고 있지만, 그럼에도 불구하고 별로 변화하지 않는 한국어의 특징 중 하나가 존댓말, 반말이다. 존댓말, 반말의 사용은 단순히 언어의 사용에만 그치는 것이 아니라 우리 사회의 의식 및 생활 전반에 영향을 주고 있으며, 그 결과 사회 내의 위계구조를 지속시키는 데 큰 역할을 한다. 상호작용을 하기 위해서 우리는 서로 대화를 나누고 의사소통을 해야 한다. 그런데 한국어를 사용하여 대화를 할 때에는 누가 위에 있는가, 아래에 있는가를 미리 결정해야 한다. 존댓말을 써야 할지, 반말을 써야 할지를 정해야 이야기를 진행할 수 있기 때문이다. 그런데 이런 존댓말, 반말은 우리의 생각과 행동에 영향을 미친다. 그래서 존댓말을 사용해야 하는 사용자는 반말을 사용하는 상대에게 반대의견을 이야기하거나 문제제기하기가 매우 힘들다. 때로는 불가능하기도 하다. 한편, 서로 나누고 있는 내용에 상관없이 반말이나 존댓말의 사용 유무에 따라 감정이 상하게 되는 일도 자주 일어난다. 그 과정에서 사안을 둘러싼 토론이 아니라 감정 싸움이 되어 버리는 일이 많아진다. 이처럼 높임말/낮춤말은 다양한 의견이 활발하게 개진되어야 하는 상황에서 사안을 제대로 이야기하기 어렵게 만들거나, 대화를 자칫 감정적으로 흘러가게 하는 등의 문제를 발생시킨다.

그런데 요즘 이러한 우리말의 높낮이에 대해서 문제를 제기하고, 그를 변화시키기 위해서 노력하는 사람들이 점점 많아지고 있다. 이러한 시도 중의 하나는 '평어'라는 새로운 언어를 개발하고 이를 사용하자고 홍보하자는 캠페인이다. '예의 있는 반말', 또는 '평어쓰기'를 제시하면서, 생물학적 나이와 사회적 지위에 영향 받지 않는 상호 반말 속에서 각자의 우호관계와 위계 없음을 스스로 실현하고자 하는 목적을 갖는 운동이다. 여기에서 '평어'란 반말과는 달리, 우리 사회의 수직적인 관계를 바꾸기 위해 인공적으로 만들어진 언어로 '이름 호칭, 반말'로 이루어진다(이성민, 2023).[12] 예를 들어, "영희, 아침 먹고 왔어?"라는 질문에 나이, 직급에 상관없이 "아니, 안 먹었어. 철수는 먹었어?"라고 답하는 식의 대화가 평어이다. 반말과 다른 점은 반말에서는 '너', 또는 호칭 뒤에 '철수야', '영희야' 하면서 '야'를 붙이지만, 평어에서는 그러한 단어를 사용하지 않는다는 것이다. 반말을 기반으로 하되, 반말 속에 있는 낮춤의 정서를 완화시키면서 새롭게 개발된 언어체계가 평어이다. 평어쓰기를 하는 회사나 대학 강의가 있다는 소식을 듣는다. 처음에는 불편하다가 편해졌다는 의견도 있고, 아무리 해도 익숙해지지 않아서 중단했다는 이야기도 접할 수 있다. 쉽지 않은 일일 것이다. 우리는 아주 오랫동안 경어체계를 기반으로 한국어를 사용해 왔기 때문에, 이를 하루아침에 바꾸기는 정말 어렵다.[13] 그럼에도 불구하고, 피터 버거가 이야기한 것처럼, "당연시해 온 모든 것을 근본적으로 문제 삼는 통찰력"을 가지고, 힘들지만 조금씩의 변화를 시도해 나가는 것은 중요한 일이다. 적어도 그것을 통해서 '생각지도 못했던 새로운 측면들을 알게 되는(피터 버거, 2023)' 계기를 만들 수 있기 때문이다. 그것이 바로 사회학적 상상력의 역할이고, 사회학의 의의이다.

뜬구름 잡는 소리만 하는 사회학

지금까지 사회학의 의의를 살펴보았는데, 다음에서는 사회학에 대한 부정적인 시각에 대해서 알아보고자 한다. 사회학에 대한 좋지 못한 시선이 많이 있는데 그중에서도 자주 언급되는 것은 '사회학에서 이야기하는 것은 온통 뜬구름 잡는 소리일 뿐이라 뭔가 실체가 안 잡히고 이해하기 어렵다'는 지적이다. 사회학자들은 쉽게 말할 수 있는 내용도 일부러 어려운 용어를 써 가면서 설명하여 결국은 사람들이 잘 알아들 수 없게 만든다는 것이다. 사회학자들도 이러한 지적에 동의하면서 다음과 같이 이야기하였다.

"사회학은 우리의 일상생활에서 마주치는 일들을 탐구하기 때문에 대중이 사회학자의 연구주제에 감정이입을 하거나 가치판단을 개입시키기가 상대적으로 쉽다. 그 때문에 사회학이 뻔한 것을 어렵게 말한다는 선입

견 및 특정 주제를 연구하는 사회학자에 대한 곱지 않은 시선이 생기게 되는 것이다(조주은, 박한경(2019)).”[14]

　“사회학자는 모든 사람이 알고 있는 것을 현학적으로 재진술하는 사람이다. 대부분의 사회학은 조금만 노력해도 이해 가능한 언어로 제시될 수 있으며, 오늘날 많은 사회학 용어들은 의식적으로 신비화된 것이다(피터 버거(2023)).”

　“사회학은 추상적인 특수 용어로 악명 높다. 사회학자는 이미 모든 사람이 알고 있는 것을 이야기하거나 우리가 살고 있는 세상에 대해 자명한 사실을 기록하고 익숙한 것에 새 이름을 붙이는 것처럼 보인다(랜달 콜린스(2005)).”

　사회학자들 스스로도 알고 있다. 자기들끼리 이야기하면서 추상적이고 현학적인 용어와 개념을 남발하고, 그러면서 서서히 다른 사람들로부터 동떨어지면서 멀어지게 된다는 것을. 그러면서 자기들이 왕따를 당하게 된다는 것을 말이다. 그런데 그들은 이를 인정하고 고치려고 하기 보다는 자존심을 세우면서 말하곤 한다. “역시 대중은 우리를 이해하지 못해.”라면서 말이다. 그런 사회학자들의 자존심에 상관없이 이제 사람들은 사회학자들이 하는 말들, 일부러 어렵게 하는 이야기들에 더 이상 귀 기울이지 않는다. 재미없고, 고리타분하고, 무엇보다도 뭐라 하는지 잘 이해할 수 없다고 외면하는 것이다. 이제 사회학자들은 사람들을 탓할 것이 아니라 함께 이야기하고자 먼저 적극적으로 나서야 한다. 그러기 위해서는 우선 말하는 방식을 바꿔야 한다. 중요한 것은 사회학자들끼리 자신들의 용어로 이야기하면서 스스로 허세를 충족시키는 것이 아니라 더 많은 사람들과 소통하는 것이기 때문이다. 사회가 다양해 가면서 이해할 수 없는 많은 일들이 일어나고 있고, 사람들 간의 혐오와 갈등은 더욱 커져만 간다. 사회학에서 논의하고 대처해야 할 일들이 점점 더 많아지는 때이다. 이것에 대해서 많은 사람들과 소통하고 이야기하면서 지금의 이 상황에서 무엇을 해야 할 것인가에 대해서 함께 생각하고 방향을 찾아가야 한다.[15] 쉽지 않지만, 해야만 하는 일이다.

듣기 싫은 소리만 하고 아무 것도 하지 않는 게으름쟁이. 사회학

사회학에 대한 부정적인 시선은 또 있다. 다음을 보자.

> "사회학은 대중이 껄끄러워 하는 일, 외면하는 일, 묻어두고 싶은 일 등을 다루는 학문이다. 사회학자는 사회의 어두운 면만 들추거나, 심지어 반사회적인 주제를 다루는 사람이다(조주은, 박한경(2019))."

매일매일 일상을 살아가는 일은 지루하고 피곤하며 고달픈 일이다. 그래서 사람들은 자신의 삶 밖에서는 좀 즐거운, 재밌는, 그리고 편안한 이야기를 듣고 이에 대해서 말하고 싶어한다. 그런데 사회학의 중요한 의의는 사회학적 상상력을 가지고 상식을 뒤집는 것이다. 그러면서 "이런 것에 많은 문제가 있다, 이것이 잘못되었다."라는 소리를 한다. 이러한 사회학의 특징, 또는 장점이 어떻게 보면 '지적질', '꼰대질'로 들리게 되는 것이 문제이다. 세상을 바로 보자고 하면서 사회학에서 하는 비판은 그렇지 않아도 매일매일의 고달픈 일상을 살아가는 우리를 한층 더 피곤하고 지치게 하기도 한다.

이와 관련해서 MBTI 성격유형 검사에 대해서 생각해 보자. 이 검사는 두 개의 지표(외향-내향, 판단-인식)와 두 개의 기능지표(감각-직관, 사고-감정)에 대한 개인의 선호도를 밝혀서 4개의 선호문자로 구성된 개인의 성격유형을 알려주는 검사이다. 그런데 요즘 정말 많은 사람들이 이에 관심을 가지면서, MBTI 검사와 관련하여 자신과 타인의 성격, 진로 선택, 삶의 방향 등을 평가하고 판단하는 것을 발견할 수 있다. 몇몇 회사에서는 MBTI 성격유형 결과를 기반으로 합격자를 선발한다는 거짓말 같은 이야기가 돌기도 한다. 그런데 MBTI 성격유형 결과는 정말 신뢰할 수 있는 지표일까? 여기서 잠깐 개인적인 소견을 밝혀보면, 사실 나는 성격유형 검사와 그 결과를 별로 신뢰하지 않는다. 인간의 성격을 16가지 유형으로 단순화해서 구분한다는 것이 가능하지 않다고 생각하기 때문이다. 성격은 유형화되는 면도 물론 있지만 살면서 변화하는 일도 적지 않다. 내 개인의 삶만 보더라도 시기와 상황에 따라 나의 태도나 행동, 성격은 끊임없이 변화해 왔다. 주변 사람들도 그들의 성격이나 생각, 태도 등이 계속해서 변화하는 것을 보아왔다. 그렇기 때문에 어느 한 시점의 검사를 바탕으로 특정 카테고리로 분류하여 그 사람을 유형화하는 것을 신뢰하거나 동의하기 힘들다. 평소 이런 생각을 가졌던 바라, 지인들과의 모임에서 이에 대해서 이야기한 적이 있었다. 그런데 반응이 좋지 않았다. 왜 재미있고 즐거운 이야기를 하는데 저런 골치 아픈 잣대를 들이대지? 웃자고 하는 이야기에 죽자고 달려드는 그 심보는 뭐지? 하는 속내가 읽혀져서, 결국은 입을 다물고 말았다. 이처럼 주어진 사실을 그대로 보거나 받아들이기보다는 문제제기를 하는 일은 종종 사람들을 불편하게 만든다. 사람들은 보통 삐딱한 시선을 좋아하지 않는다. 그래서 많은 이들이 '삐딱한 시선'을 기반으로 하는 사회학을 불편해 하고, 사회학적 사고에 거리를 두면서 멀리하려고 하는 것인지 모른다. 그럼에도 불구하고 사회학적 사고와 삐딱이의 시각을 거둬들일 수 없는 것. 그것이 어쩌면 사회학적 사고, 사회학적 상상력이 아닐까 생각해 본다. 사회학의 단점이자, 또 의의라고.

한편, 삐딱한 시선을 갖고 비판은 하지만, 그 이후에 아무것도 하지 않는다는 것은 사회학이 갖는 맹점이다. 그래서 쟤들은 "맨날 비판만 해. 대안도 없이." 하는 욕을 먹는 것이다. 문제가 무엇인지에 대해서는 적절하고 때로는 날카롭게 사안을 포착하지만, 그 이후에 무엇을 할 것인가에 대해서는 별로 관심을 기울이지 않는다는 것이 사회학에 대한 비판의 핵심이다. 앞에서 사회학적 상상력을 이야기하면서, 사회현상을 다양한 각도로 볼 것을 강조하였다. 그러나 사회학적 상상력이란 문제를 보고 분석하는 것만 이야기하는 것이 아니다. 문제가 있다면 무엇을 바꿀 것인가 그리고 그것을 바꾸는 데 있어서 각자의 역할이란 무엇인가를 생각하고, 그 역할을 찾아서 실제 변화를 만드는 것까지 포함해야 제대로 된 사회학적 상상력이 아닐까 생각해 본다. 그러나 아직 그 부분에서 사회학이 기여하는 바가 별로 없다. 이 때문에 사회학에 대한 부정적인 인식을 불식시키기 어려운 것이리라 추측해 본다.

사회학의 부정적인 면을 해소할 수 있는 방법은 무엇일까?

지금까지 사회학의 부정적인 시선에 대해서 이야기하였다. 여기서 잠깐 논의를 멈추고, 앞에서 말한 MBTI 검사로 다시 돌아가 보자. 'MBTI 성격유형 검사는 신뢰할 수 없는 것'이라고 생각한다면, 먼저 그 검사가 왜 한국사회에서 이렇게 큰 인기를 끌게 되었을까에 대해서 면밀히 분석하여 그 맥락과 원인을 이해하는 일이 필요하다. 다음을 읽어보자.

> 사회생활을 해 나가는데, 즉 관계를 맺고, 일을 하고 이를 위해 소통을 하는 데 있어서 상대가 누구인지를 이해하고 자신이 누구인가를 설득시키는 일은 매우 중요하다. 문제는 지금 한국사회가 정신없이 바쁘게 돌아가고, 지나친 경쟁으로 인해 서로에 대해서 잘 알고 살필 시간이 없다는 것이다. 그럼에도 불구하고 사회생활에서 필요한 원활한 상호 소통을 위해 서로에 대한 이해는 중요하다. 그렇다면, 이를 빠르고 효율적으로 요약할 수 있는 방법은 무엇일까에 대해서 사람들이 고민하면서 찾아다니다가 발견한 도구가 MBTI 검사 아닐까. 상대와 나

를 유형별로 구분하여 이해하는 이 방법을 통해, 업무를 처리하고, 관계를 만들어가는 데 필요한 시간과 노력을 감소시키고자 한 것이 아닐까.

어디까지나 가설이지만, 이러한 가설을 토대로 왜 한국에서 유독 MBTI 검사가 이렇게 각광을 받는지를 사회학적 상상력을 발휘하여 밝히는 일이 이루어져야 한다. 무작정 MBTI의 무용성을 주장하는 것이 아니라, 한국사회라는 큰 그림을 보면서 그 인기와 관심의 맥락을 살피는 일이 사회학의 역할이다. 그리고 난 후에 비로소 MBTI 검사의 맹점을 제시하면서 사람들을 설득해 가는 것이 듣기 싫은 소리만 하고 별 대책은 없다는 사회학의 오명을 벗는 길일 것이다. 피터 버거는 앞에서 언급한 사회학의 의의에 대해서 다음과 같이 이야기했다. "충격적인 발견을 피하고자 하는 사람들, 당연시되는 세계(world-taken-for-granted)의 금언(金言)과 규칙의 안정성을 좋아하는 사람들은 사회학을 불쾌하게 여기거나 연구할 가치가 없는 것으로 생각할 것이다. 그러나 사회학의 가장 큰 의의는 '당연한 것을 낯설게 보기', 바로 그것이다(피터 버거, 2023)." 맞는 말이다. 그런데 사회학의 의의는 '낯설게 보기'에서 한 걸음 더 나아가야 한다. 우리가 살고 있는 사회에서 낯설게 하기를 '실천하고 동시에 그를 통해 변화를 만들어 가는 것', 불편하고 뜨악하고, 어렵다고 하더라도, 또는 그것이 비록 실패한다고 하더라도 어쨌든 '실천해 나가는 것'. 사회학의 의의란 이런 작은 조각들이 모여서 비로소 이루어질 수 있는 것이다.

1. 이 장에서는 사회학의 의의란 무엇인가에 대해서 다양한 각도에서 논의
   해 보았다. 자신은 이 사안에 대해서 어떠한 생각을 가지고 있는가? 다
   음의 세 가지 질문에 대해서 의견을 정리해 보자.
   1) 사회학에 대한 부정적인 시선은 무엇인가? 그 이유는 무엇이고 이에
      대해서 자신은 어떠한 생각을 가지고 있는가?
   2) 사회학을 공부하는데 있어서 힘든 점, 어려운 점은 무엇일까?
   3) 만약 사회학의 의의가 있다면, 자신이 생각하는 사회학의 의의란 어
      떤 것인가? 또는 사회학이 갖는 의미와 의의가 보잘 것 없다고 생각한
      다면, 이에 대해서도 자신의 의견을 제시해 보자.

🤔 함께 읽으면 좋을 책들

김현경(2019). <사람, 장소, 환대>. 문학과 지성사.

이 책은 사람, 장소, 환대라는 세 가지 개념을 기반으로 하여, 과연 인간이
자신이 속한 사회에서 어떻게 살아가야 하는가, 그리고 남들을 배제하지
않고, 또 배제당하지도 않고 함께 더불어 살아가기 위해서 무엇을 해야 하
는가에 대한 질문을 던진다.

릿터 편집부(2021). 릿터 34호 <예의 있는 반말>. 민음사.
릿터 편집부(2023). 릿터 39호 <예의있는 반말 2>. 민음사.

수직적이고 위계적인 인간관계를 기반으로 하는 한국어의 경어체계에 대
해서 문제를 제기하면서, 이를 변화시킬 수 있는 방향으로 '평어쓰기'가 제
안되고 있다. 평어쓰기란 연령이나 사회적 지위와 상관없이 서로 반말을
하면서 관계성을 새롭게 만들어가고자 하는 시도이다. 이 책의 저자들은
평어쓰기를 실천하면서 겪었던 즐거움과 해방감뿐 아니라, 낯선 언어사용
과정에서 느꼈던 황당함과 어려움을 이야기하면서 새로운 한국어 사용의
방향을 모색해나간다.

조주은, 박한경(2019). <소설에서 만난 사회학: 픽션보다 재미있는 사회학 이야기>. 경북대학교 편집부.

이 책에서는 소설과 사회학이라는 언뜻 보면 그 접점이 잘 연상되지 않는 두 분야를 연결시키면서, 허구인 소설을 통해 사실 세계인 사회를 분석하고 연구하는 방법을 제시한다. 저자들은 소설을 활용해서 보다 재미있고 흥미롭게, 사회분석에 필요한 사회학적 상상력을 확대해 갈 수 있다고 주장한다.

🌹 볼거리

달읽는밤. https://www.youtube.com/@moonRnight
팝콘사회학. https://www.youtube.com/@popcornsociology
사회학에 대해서 이야기할 때 기존의 인쇄매체뿐 아니라 다양한 매체를 활용해야 한다는 것을 알고 있지만, 한국사회학계에서는 이를 실천하는 시도가 아직은 부족하다. 이 두 유튜브는 이를 시도하면서 사회학이란 무엇이고, 어떻게 공부할 것인가에 대해서 영상을 통해 보여주면서 사람들에게 접근하고 있다. 이러한 시도를 통해 다양한 매체를 활용하여 사회학에 대해 이야기하는 방법을 제시한다.

EBS 다큐. "이게 교수와 학생의 대화 맞아? 50대 대학교수가 학생들과 '반말'로 수업하는 이유". https://www.youtube.com/watch?v=BCo-oNYXgWs&t=2s.
평어쓰기를 실제로 시도하고 있는 김진해 교수의 수업에 관한 다큐멘터리이다. 평어쓰기의 목적, 실천 과정에서의 어려움과 즐거움에 대해서 보여주면서, 기존의 틀을 깨뜨린다는 것의 어려움과 동시에 해방감에 대해 이야기한다.

제3장

사회학이라는 학문은
어떻게 시작되었을까?

지금까지 우리는 사회학적 상상력과 그것이 갖는 의의에 대해서 알아보았다. 제3장에서는 사회학적 상상력을 담고 있는 사회학/사회과학 이론들은 언제부터 나타나게 되었을까를 살펴볼 것이다. 먼저, 사회학적 상상력이란 뜬금없이 나타나는 것이 아니라 우리 앞에 있는 문제들을 생각하고 그에 대처하기 위해 출현한 것이라는 사실을 상기해 보자. 그렇다고 한다면 사회학적 상상력을 기반으로 하는 사회학 이론도 그 사회에서 일어나고 있는 문제들을 이해하기 위해 답을 찾는 과정에서 만들어졌을 것이라고 추측할 수 있다. 그렇다면, 사회학 이론이 처음으로 발생했었던 당시의 사회에서는 도대체 어떠한 문제들이 있었길래 사회학적 상상력을 발휘하는 사회학 이론이 필요하게 되었을까? 왜 당시 사람들은 굳이 사회학이라는 학문을 만들어내기까지 했을까? 이러한 질문에 답함으로써 사회학 이론의 시작, 태동에 대해서 이해해 보기로 한다.

신에서 인간으로

사회학 이론이 시작된 것은 18~19세기 서구 근대사회였다(리처, 2010).[1] 서구 근대사회에서는 그 이전의 시대에는 상상할 수 없었던 새로운 세상이 펼쳐졌고, 그 과정에서 발생하는 문제들을 이해하고 대처할 필요가 있었다. 그것이 사회학 이론의 시작점이다. 그렇다고 한다면 당시 서구의 근대사회란 어떠한 특징을 가지고 있었고, 또 어떤 문제를 가지고 있었기 때문에 새로운 학문인 사회학이 필요하게 되었을까? 서구 근대사회의 모습을 살펴보면서 사회학 이론의 발생에 대해서 살펴보기로 하자.

잘 알다시피 중세 시대까지는 인간이 아닌 신이 중심이 되는 시대였다. 따라서 문제나 어려움이 생기면 그것을 사람의 이성으로 해결하기보다는 신에게 기도를 올림으로써 문제를 풀려고 하였다. 문제가 있을 때마다 신께 기도를 하면서 근근히 살아오던 사람들이 이러한 기도의 힘에 의문을 갖고 문제를 제기하기 시작한 것은 유럽에서 흑사병이 돌면서부터일 것이다. 흑사병이 돌면서 인구의 50% 이상이 죽어가게 되자 사람들은 공포에 떨게 되었고, 병을 치료하고 죽음을 막기 위해 교회에 모여서 열심히 기도를 하였다. 성직자들이 사람들에게 '병이 낫게하기 위해서는 교회에 와서 하나님께 자비를 기원할 것'을 당부했기 때문이다. 그러나 좁고 밀폐된 장소에서 함께 기도를 하는 것은 오히려 병의 전염을 가속화시켰고, 죽음은 멈추지 않았다. 사람들은 죽음의 공포 앞에서 자신들의 기도에 대해 대답이 없는 신에 대해 원망하기 시작했다. "내가 이렇게 열심히 기도했는데 아무 소용이 없네. 신은 어디 있는 것인가. 과연 저기 있기는 한 것인가?" 하는 생각을 하면서 사람들은 서서히 신의 힘에 대한, 더 나아가서는 신의 존재에 대한 불신을 가지게 되었다.

한편, 다양한 약초나 광물들을 섞거나 끓이거나 말리거나 하면서 약을 만들고, 이를 통해 병을 고쳐보자 했던 사람들도 있었다. 그들은 마녀 또는 미치광이라는 이름으로 손가락질을 받기도 했지만, 굴하지 않고 다양한 실험을 끊임없이 계속해 나갔다. 이러한 사람들 중에는 약도 약이지만, 금을 만들어 보겠다는 욕망을 가진 사람들도 있었다. 그들은 비싼 금을 가지고는 싶지만 그것을 직접 캐는 것은 너무나 어렵다고 판단하여 직접 만들어 보겠다는 생각을 가지고 여러 가지 시도를 하였다. 주변에 있는 약초, 돌멩이, 나뭇가지, 기름 등을 넣거나 빼거나 태우거나 끓이면서 금을 만들려고 노력하였다. 천연광물인 금은 절대 이러한 실험 과정에서 만들어질 수 없다. 그러나 "금을 갖고 말겠어!" 하면서 끊임없이 다양한 시도를 해 가는 과정에서 그들은 '과학적 지식'을 쌓고, '자연과학의 원리'들을 발견하게 되었다. 이렇게 발견된 자연과학의 원리는 그냥 원리에서 그치는 것이 아니라, 사람들의 삶을 이전과 달리 보다 쉽고 편리하게 바꿀 수 있는 새로운 가능성과 연결되기 시작하였다. 예를 들어, 물을 100도까지 끓이면 증기가 발생하게 된다는 자연과학의 중요한 법칙을 발견한 사람들은 증기가 가지고 있는 폭발적인 힘에 대해 주목하게 되었다. 그러면서 이 대단한 힘을 잘 이용하면, 쉽게 물건을 들어올리거나 움직일 수도 있겠구나 하는 생각을 하게 된다. 이러한 생각들은 세월이 지나면서 인간이 수작업으로 해오던 일을 기계를 이용하여 대체하는 산업혁명의 기반이 되었다.

이전까지는 각자 자신이 만들 물건을 자기 손으로 만들어서 썼지만, 이제 사람들은 기계의 힘을 이용하여 짧은 시간 내에 물건을 아주 많이, 아주 쉽게 만들 수 있게 되었다. 대량 생산이 가능해진 것이다. 예를 들어, A라는 사람은 기계 발명 이전에는 의자 한 개를 만들어서 자신이 사용했었다. 그런데 이제 그는 몇십 개의 의자를 한꺼번에 만들 수 있다. 한편, 빵 만드는 것을 좋아하는 B는 빵을 많이 만들게 되었고, 옷 만들기를 좋아하는 C는 옷을 많이 만들게 되었다. A는 시장에서 자신의 의자를 판매하고, B가 만든 빵을 사서 먹고, C가 디자인한 옷을 구입해서 입는다. 과거 A는 의자, 빵, 옷, 자신이 필요한 것을 모두 다 스스로 만들어야 했지만, 이제는 그럴 필요가 없다. A뿐 아니라, B, C, 그리고 모든 사람들이 자신의 물건을 시장에 나가서 판매하고, 필요한 물건은 시장에서 구입하게 된다. 이제 사람들은 자신들의 물건을 시장에 내다 팔고, 필요한 물건을 시장에서 구입하는 행위를 적극적으로 하게 되었다. 이 과정을 통해 그들은 시장을 중심으로 생각하고 행동하기 시작했고, 시장은 경제생활과 삶의 중심이 되었다. 그 결과 시장을 기반으로 하는 자본주의 생산 양식이 본격적으로 발전하게 되었다. 한편, 직업의 분화도 일어나는데, 그 이유는 이전처럼 한 사람이 온갖 일을 다 할 필요가 없어졌기 때문이다. 이제 사람들은 자신의 일에 집중하면서 보다 큰 이득과 효율성을 얻을 수 있게 되었고, 이는 전문화된 직업군의 출현을 가져왔다. 다양한 직업군과 행동양식의 분화는 삶을 이전과 다른 방식으로 발전시키게 되었다. 과거에는 사람들이 모두 같은 일을 하고, 같은 생각을 하면서 살았으나, 이제는 다양한 직업이 생겨나고 살아가는 모습이 서로 다르게 되면서 지금까지 당연시하고 믿어왔던 것에 대해서 의문을 가지고 문제를 제기하기 시작하게 된다. 그중의 하나가 신에 대한 생각이 전과 달라진 것이었다.

사람들은 자신들이 겪는 문제를 해결하기 위해서 신께 기도를 올려왔다. 비가 오지 않고 가뭄이 들면, 비를 오게 해달라고 기도했었고, 병이 나서 고통을 겪게 되면 또 병을 낫게 해달라고 신에게 간청을 했었다. 그러나 이제 사람들은 신께 의탁하여 어려움을 해소하고 고통을 감소시키려고 하기보다는, 인간 자신의 힘으로, 스스로 문제를 어떻게 대처할 것인가에 대해서 생각하기 시작하였다. "비가 오지 않거나 가뭄이 드는 일은 언제든지 일어날 수 있다. 이는 신의 분노 때문이 아니라, 자연현상인 것이다. 그렇다면, 비가 오지 않을 때를 대비해서 지금, 비가 내리고 있을 때 물을 저장해서 나중에 사용할 수 있도록 준비해 둬야 할 것이다."라고. 이처럼 사람들은 신이 아니라 '인간'인 우리들이, 무엇을 할 것인가를 생각하고 그 해결방안을 스스로 찾게 되었다. 이렇게 되면서 사람들은 자신들의 힘, 이성의 힘에 대해 점차 자신감을 갖게 되었고, 그것을 통해 주어진 문제를 해결하고 삶을 개선시키는 방법을 적극적으로 모색하게 된다. 이 과정에서 인간은 신으로부터 점차 멀어지게 되고, 인간 자신의 존엄과 힘에 대해서 새로이 발견하게 되었다.

인간 이성에 대한 확신과 신에 대한 불신

자연과학의 발전 및 기계의 발명은 인간 이성에 대한 무한 신뢰를 가져왔다. 이제 인간은 어떤 문제도 스스로 해결할 수 있다는 확신을 하게 되었다. 확신에만 그치는 것이 아니었다. 더 나아가 근대 이전에 가지고 있던 신에 대한 존경과 두려움을 떨쳐버리고 인간 자신의 이성을 과신하고 맹신하게까지 되었다. 이렇게 되자, 인간의 자기 확신에 대해 비판하고 우려하는 목소리도 조금씩 나오기 시작했다. 즉, 인간의 자만과 오만함에 경고의 메시지를 던지면서 급격한 사회변화와 인간소외의 모습을 성찰한 작업들이 나오기 시작했는데, 이들 중 대표적인 작품이 메리 쉘리의 <프랑켄슈타인>[2]이다. 1818년에 출간된 이 책의 주인공인 프랑켄슈타인 박사는 신의 영역인 죽음에 도전하는 과학자이다. 죽은 생명체를 다시 살리는 실험에 성공한 프랑켄슈타인 박사는 죽음을 뛰어 넘는 '창조물'을 만들어내면서 감히 신의 자리에 도전하는 인물로 묘사된다. 인간이 '창조물'을 만들었다는 것은 다름아닌 창조주, 즉 신의 역할을 프랑켄슈타인 박사라는 인간이 맡게 되었다는 것을 의미한다. 그러나 그가 만든 창조물은 무섭고 혐오스러운 외모를 가졌고, 그 때문에 사람들은 그를 괴물이라고 여기면서 혐오하고 피하게 된다. 인간과 더불어 살기를 원했지만, 그럴 수 없었던 이 창조물은 결국 극도의 외로움을 느끼면서 자신을 만들어 낸 프랑켄슈타인 박사를 원망하게 된다. 그러면서 프랑켄슈타인 박사를 곤란하게 하는 일들, 즉 상해, 살인 등을 저지르면서 박사를 협박하고, 이를 통해 박사에게 자신의 요구를 들어줄 것을 강요한다. 그 요구란 자신과 함께 살 신부를 마련해 달라는 것이다. 인간들 속에서 외로왔던 창조물은 자신의 고독과 불안, 불행을 헤쳐나가기 위해서 신부가 꼭 필요하다고 애원한다. 또한, 창조물 자신이 인간들 속에서 소외되고 배제되어 힘들었기 때문에, 자신의 신부도 그냥 인간이 아니라 자신처럼 죽었다가 다시 살아난 창조물이어야 한다는 것을 박사에게 강조한다. 그러나 프랑켄슈타인 박사는 그 요청을 들어주지 않는다. 이에 화가 난 창조물은 박사에 대한 보복으로 박사의 결혼식 날에 박사의 신부를 죽여버리게 된다. 복수심에 불탄 프랑켄슈타인 박사가 창조물을 추적하여 북극까지 따라가지만, 결국 추위와 상황의 어려움 때문에 죽게 된다는 것이 이 책의 줄거리이다.

흔히 우리는 '프랑켄슈타인'이라는 이름을 들을 때, 과학자인 '프랑켄슈타인 박사'를 연상하기보다는 그가 만든 창조물, 즉 '괴물'의 이미지를 떠올린다. 따라서 이 이야기를 괴물과 관련한 호러 소설이라고 쉽게 생각하기도 한다. 물론 이 작품이 죽음을 뛰어넘는 새로운 생명체를 발명한 과학자의 이야기라는 점에서 SF 소설이며, 괴물로 여겨지는 창조물이 등장하며, 그로 인한 파국과 디스토피아를 그렸다는 점에서 일종의 호러소설이기도 하다. 그러나 여기서는 이 작품이 출판된 시대적 배경과 관련하여, 과학과 이성, 합리성에 대한 인간 자신의 맹신과 오만함에 대한 경고에 주목하여 이 책을 이해해 보고자 한다. 태어남과 죽음, 피조물의 창조라는 신의 영역에 도전했던 프랑켄슈타인 박사가 자신이 만든 창조물에 의해 어려운 상황에 봉착하게 되며, 결국은 삶이 파괴되고, 쓸쓸

하게 죽는다는 이야기. 이 이야기는 신에 대한 경외심을 잃어 버리고 오만에 빠진 인간 자신에 대한 경계와 성찰을 제공하고 있다. 그런 의미에서 보면, '프랑켄슈타인'이라는 이름을 괴물과 관련하여 연상시키는 것도 어느 정도 일리가 있는 것이 아닌가 하는 생각도 든다. 신의 영역에 도전했던 프랑켄슈타인 박사는 결국 인간의 오만과 자만을 생생히 보여주는 '괴물'이기 때문이다. 프랑켄슈타인 박사는 결국 쓸쓸한 죽음을 맞게 되는데(또는 그렇게 추정되는데), 이것이 바로 신이 괴물에게 내리는 처벌, 징벌일 수 있다는 점에서 더욱 그러하다.

[그림 3-1]　영화 '프랑켄슈타인(1931)'[3] 속 '창조물'의 이미지

　　한편, 신의 영역에 도전하는 인물을 징벌하는 이야기가 나왔다는 것은 18~19세기에 접어들면서 인간들이 얼마나 자신의 능력을 과신하고, 자연과학의 힘을 강하게 확신하게 되었는가를 역으로 보여주는 증명일 수 있다. 서구 근대사회는 신의 힘과 능력에 대한 불신이 커지고, 반대로 인간 자신의 능력에 대한 확신과 맹신이 커가던 시대였던 것이다. 그러나 동시에 이에 대한 우려와 비판이 나오는 시대이기도 했다. 이렇게 상

반된 생각과 태도가 나오게 됨에 따라 사람들은 앞으로 어떻게 생각하고 살아야 할 것인지 점점 혼란해질 수밖에 없었다. 그들은 혼란한 상태에서 방황하면서 답을 찾고자 하였는데, 그 답을 찾아가는 과정이 새로운 학문, 사회학의 시작점이 되었다고 할 수 있다.

착취당하는 아이들: 어린 올리버 트위스트의 슬픔

영국에서는 18세기 후반에서 19세기 초반에 걸쳐 산업혁명이 일어났다. 이를 계기로 하여 자연과학이 눈부시게 성장하였고, 교통과 통신도 비약적으로 발전하였다. 또한 인간의 노동에만 의존하던 생산량은 기계의 도입에 의해 크게 증가했다. 생산된 물품들은 발전된 교통과 통신에 힘입어 멀리 있는 장소까지 이동이 가능했고, 그에 따라 무역이 빠른 속도로 발전, 확대되었다. 한편, 자본주의 시스템이 본격적으로 가동되면서 공장이 많이 지어지게 되었다. 공장은 사람들의 마을에서 멀리 떨어진 도시에 주로 지어졌다. 자기 집 주변에서 농사를 짓던 사람들은 이제 집과 마을을 떠나 도시에 있는 공장에 나가서 돈을 받고 일을 하기 시작했다. 그런데 대도시로 삶의 근거지를 옮긴 사람들은 친구나 친척, 아는 사람이 없는 새롭고 낯선 장소에서 다양한 어려움을 겪게 된다. 일자리를 구하지 못해 배고픔과 불안에 시달리기도 하고, 그 와중에 사기를 당하기도 하며, 할 수 없이 범죄에 연루되기도 한다. 자신의 고향에서 공동체 생활을 하면서 살 때에는 한 번도 겪어보지 못했던 일들이다. 이처럼 완전히 변한 세상에서 사람들은 새롭고 낯선 '사회문제'에 맞닥뜨리게 된다.

이 중 심각한 문제는 아무런 보호 장치도 없이 열악한 상황에서 끊임없이 일을 해야만 하는 것이었다. 당시에는 임금노동자의 건강과 복지를 보호한다는 생각이 거의 없었기 때문에 매우 심각한 노동 착취가 행해졌다. 임금노동자들의 대다수가 열악한 노동현장에서 일하다가 다치거나 병들었고, 또 사망하기도 하였다. 그 과정에서 사람들은 그 이전에는 경험할 수 없었던 비루하고 비참한 삶을 경험하게 된다. 이러한 일들이 계속되자 열악한 환경과 조건에 대한 주의를 환기시키며, 변화를 촉구하는 움직임이 나타나기 시작했다. 이러한 움직임들 중의 하나가 시나 소설을 통해서 노동환경을 고발하여 사람들로 하여금 문제를 인식하게끔 독려하는 것이었다.

한 예로 시인 윌리엄 블레이크(William Blake, 1757~1827)의 시 '예루살렘'을 들 수 있다. 그는 이 시에서 '악마의 맷돌(Satanic mill)'이라는 표현을 사용하여 공장에서 일어나고 있는 비참한 상황을 고발하였다. 이 시에서 언급하고 있는 '악마의 맷돌'은 당시 밀가루를 생산했던 앨비언 제분소를 비유적으로 가리킨다. 시인은 제분소에서 일하는 사람들의 처지와 상황이 마치 악마가 돌리는 맷돌에서 조림질을 당하는 것과 다름없다고 생각하면서[4] 다음과 같은 시를 썼다.

아득한 옛날 저들의 발길은
잉글랜드의 푸른 산 위를 거닐고
신의 성스러운 양이
기쁨의 풀밭 위에 보였네
구름 낀 산 위로
성스러운 얼굴도 빛났을까
여기 이 어두운 악마의 맷돌 사이
예루살렘이 세워졌을까

이 시에서는 돈이 없고 먹고 살 길이 없어서 공장에서 일하는 사람들, 좀 더 나은 삶을 살아보려고 고군분투하는 사람들이 감당해야 했던 것은 결국 배고픔, 질병, 사고, 죽음 뿐이었음을 '악마의 맷돌질'로 묘사하고 있다. 사회변동을 통해서 이득을 취하는 사람들도 많았지만, 동시에 산업화의 폐해, 즉 노동착취와 불평등한 계층구조에 의해 열악한 삶을 감수하고 고통을 당하는 이들은 훨씬 더 많아졌다. 윌리엄 블레이크는 이들의 고통을 시와 그림을 통해서 알리고자 했던 것이다.

한편, 고통을 당했던 것은 성인뿐이 아니었다. 어리고 미숙한 아이들도, 부모의 손에 끌려와 함께 일하면서 열악한 상황에서 어려움을 겪었다. 당시에는 아동 노동에 대해 지금과 같은 생각이나 관련 법규, 보호정책이 전무했다. 어른에 비해 신체적으로나 정신적으로 약하고 미숙했던 아이들은 춥고, 배고프고, 위생적이지 못한 상황에서 일하면서 더 많이 아팠고, 더 많이 다쳤고, 더 많이 죽었다. 이러한 아동 노동의 상황을 설명한 문학 작품 중에 우리에게도 친숙한 작품이 '올리버 트위스트'[5]이다. 찰스 디킨스가 1837년에서 1839년까지 2년 동안 벤틀리 미셀러니(Bentley's Miscellany)라는 잡지에 연재했던 소설이다. 이 소설은 올리버 트위스트라는 소년을 중심으로 이야기를 전개하면서 산업혁명과 자본주의 시스템의 본격적인 도입과 함께 나타난 사회변화와 당시 사람들의 생활상, 그리고 열악한 '아동노동'에 주목하면서 그 비참함을 생생히 묘사한다.

한편, 소설 '올리버 트위스트'는 각종 뮤지컬이나 영화로 각색되어 만들어졌는데, 그중 로만 폴란스키의 2005년 영화 '올리버 트위스트'는 당시 아동노동의 상황을 잘 재현하였다. 첫 번째 사진을 보자. 올리버 트위스트는 공장에 취직하여 일을 시작하려고 하는데, 작업실에 들어가보니 모두 자기처럼 어린 아이들이 모여서 고된 일을 하고 있다. 올리버 트위스트는 일을 어떻게 해야 할지 몰라 감독자에게 물어보지만, 감독자는

'옆의 아이를 보고 해라'라는 퉁명스러운 답변을 할 뿐이다. 당황하여 다시 질문하지만, '입 다물고 잠자코 일해라. 다 국가를 위한 것이다'라는 짜증 어린 핀잔을 받게 되고, 일 자체에 대한 설명과 지도는 여전히 주어지지 않는다. 즉, 아이들은 무엇을, 왜 어떻게 일을 해야 하는가에 대한 아무런 지도와 감독 없이 그냥 일을 해야만 했던 것이다. 그런 상황에서 약하고 취약한 그들이 다치고, 병들고 죽는 것은 놀라운 일이 아니었다.

이 영화의 또 다른 장면도 올리버 트위스트의 고된 삶을 잘 표현하고 있다. 일은 매우 고된 반면에 음식은 제대로 제공되지 않아서 아이들은 모두 배고픔에 고통을 당하면서 하루하루를 보내고 있는 상태였다. 견디지 못한 아이들은 '밥을 좀 더 달라는 이야기를 하자'라고 의견을 모은다. 그런데 문제는 그 이야기를 하는 것이 아이들에게 결코 쉽지 않은 일이라는 것이다. 매질과 해고가 두렵기 때문이다. 할 수 없이 제비뽑기를 해서 이야기할 사람을 정하는데, 결국 우리의 주인공 올리버 트위스트가 뽑히고 만다. 식사 시간이 되고, 모두 모이게 되자 올리버 트위스트는 자리에서 일어나 앞으로 나가서 음식을 더 달라고 이야기한다. 그러나 돌아오는 것은 공장주의 분노와 매질뿐이다.

[그림 3-2] '올리버 트위스트' 관련 장면들[6]

공장에서 일하는 아이들   배가 고픈 나머지 밥을 더 달라고
요구하는 올리버 트위스트

이러한 장면들을 통해서 우리는 당시의 열악했던 '아동노동'의 상황에 대해서 이해할 수 있다. 19세기에서 20세기 초반에 걸쳐 유럽 및 미국, 그리고 유럽 식민지 국가들에서 5세에서 14세 사이의 아이들 중 많은 수가 공장, 농장, 광산 및 서비스 영역에 걸쳐 일하고 있었다. 아동 노동자들은 공장주로부터 선호되었다. 그 이유는 산업혁명과 자본주의 시스템의 도입에 따라 값싼 노동력이 많이 필요하게 되었고, 임금을 적게 주어도 되며(어른 임금의 10~20%), 부모와 함께 일하는 경우 별도의 감독이 필요하지 않았기 때문이었다.[7] 이들은 일주일에 64시간이라는 긴 시간 동안 일해야 했으며, 때로는 밤 근무까지 하도록 요구되었다. 아이들은 학교에도 다니지 않은 채, 가계를 돕기 위해서 그리고 살아남기 위해서 열악한 상황에서도 일할 수밖에 없었다. 이러한 상황 하에서 다치고, 병나고, 죽는 것은 조금도 이상한 일이 아닌, 너무나 당연하고 자연스러운 일이었다. 디킨스는 올리버 트위스트의 이야기를 통해서 당시 아동노동의 실상을 고발함으로써 사람들이 이 문제에 관심을 가지고 변화를 가져 올 것을 기대하였다.[8]

18~19세기 서구유럽에서는 새로운 시대가 열렸다. 기계가 도입되고 생산량이 증가하며 생활이 편해졌다. 그러나 대다수의 사람들은 어른, 어린이 할 것 없이 이전보다 훨씬 힘들고 어려운 상황을 마주하며 고통을 받을 수 밖에 없었다. 고통스러운 세상에서 어떻게 살아야 하는가에 대한 질문을 했지만, 해답은 쉽게 얻을 수 없었다. 사람들은 이에 대한 해결책을 간절히 원하게 되었다.

어떻게 대처할 것인가에 대한 해답 찾기

　　사람들은 빈곤, 범죄, 노동착취, 계급 격차 그리고 신을 대체할 만한 새로운 가치관의 부재 등과 같은 새로운 사회문제를 경험하면서 어찌할 바를 몰랐다. 그 이전과 달리 완전히 변화해 버린 새로운 사회에서 자신들이 겪는 어려움은 너무나 생소하고 낯선 것이었기 때문이다. 따라서 이들은 이러한 어려움의 원인이 무엇인지, 그리고 이러한 문제들은 어떻게 해결해야 하는 것인지에 대해서 고민하고 성찰하기 시작하였다. 문제를 해결하는 방법을 찾던 사람들 중에는 책을 통해서 뭔가 해결의 실마리를 찾을 수 있지 않을까 하고 생각한 이들도 적지 않았을 것이다. 아마 그들은 이러한 문제에 대한 해법을 찾아야지 하는 생각을 하면서 도서관에 가서 책을 열심히 뒤졌을지 모른다. 그러나 그들이 도서관에서 찾을 수 있는 책들은 오직 신에 대한 이야기, 신의 말씀을 재해석한 책들 뿐이었다. 중세는 신이 중심이 되는 시대였고, 연구와 저서는 모두 신에 대한 경외, 신과 신의 말씀에 대한 분석과 관련된 것이었기 때문이다. 따라서 인간에 주목하여 삶과 사회, 그리고 그 안에서 사람들이 직면하고 힘들어하는 문제들에 대한 설명과 그에 대한 지침을 찾기는 힘들었다. 사람들은 적잖히 실망했지만, 그래도 좌절하지 않았다. 그리고는 생각하기 시작했다. 우리가 누구야? 인간이잖아. 증기기관차를 만들고, 약을 만들어서 사람을 살리고, 기계를 만들고 하는 이 모든 멋진 일을 한 인간이잖아? 문제가 있다면 해결하면 되지, 해결 방법에 대해서 아직 나와 있지 않다면 우리가, 우리 인간이 새롭게 시도해 보겠다고. 이러한 생각을 바탕으로 그들은 근대사회에서 그들이 경험하는 문제와 어려움을 이해하고, 그것을 해결할 수 있는 방안을 모색하기 시작하였다. 이러한 모색의 과정에서 만들어진 새로운 학문 영역이 사회과학, 그중에서도 사회를 거시적으로 보고 문제의 사안을 파악하고자 하는 사회학이다.

'사회학'이라는 이름을 붙인 콩트의 목적

사회학의 등장 배경에 대해서 아주 거칠게나마 알아보았다. 그렇다면, 사회에서 일어나는 문제들에 대해서 그 해결방안을 찾는 학문이 필요하다는 사실을 처음으로 인식하고 그 작업을 시작한 사람은 누구였을까? 또한 이렇게 시작된 학문 영역에 '사회학'이라는 명칭을 붙인 사람은 누구였을까? 즉 사회학이라는 학문의 (좀 거창하게 이야기해서) 창시자는 누구였을까? 독자들도 그 이름을 한 번은 들어봤을 '콩트(1798~1857)'라는 사람이 바로 그 사람이다. 그는 당시 사회에서 일어나고 있는 빈곤, 범죄, 소외 문제를 해결하기 위해서 새로운 학문이 필요함을 절실히 깨달았고, 이후 사회학이라는 새로운 학문의 영역을 개척하였다. 그런데 의사이고 생물학자였던, 다시 말하면 자연과학 훈련을 받았던 콩트는 '인간사회를 이해하기 위해서는 자연계를 연구하는 것과 꼭 같은 과학적 방법에 의해 연구(코저, 2003)'[9]해야 한다고 믿었다. 콩트가 살았던 당시 자연과학의 발달은 눈부셨다. 돌이 떨어지는 것이 신의 장난이 아니라 중력의 힘 때문이라는 것이 밝혀졌고, 별이 빛나고 움직이는 것도 예측 불가능하고 변덕스러운 신의 장난 때문이 아니라 일정한 천체의 법칙에 따라 일어난다는 것이 검증되었다. 인간은 자연 현상에서 일어나는 일들은 관찰하고, 분석하면서 자연 현상의 법칙들을 밝혀내었고, 이러한 법칙을 기반으로 하여 삶을 개선하고 발전시켜 나갔다, 콩트는 자연과학의 발전이 이루어 낸 위대한 성과를 보면서, 사물의 법칙을 찾는 것은 자연과학에서만 가능한 것이 아니라 사회과학에서도 가능하리라 생각하였다. 또한 자연과학과 마찬가지로 사회과학에서도 법칙을 찾을 수 있다면, 이를 기반으로 하여 사회문제를 해결하고, 삶의 조건을 개설시킬 수 있을 것이라고(코저, 2003; 2) 믿었다. 그것이 바로 그가 새로운 사회의 문제들을 대처할 수 있는 사회학이라는 학문 분야를 개척하고 제창한 이유였다.

자연과학의 방법론과 유사한 방식으로 사회를 이해할 수 있다고 생각한 콩트는 사회학에서도 자료수집을 통해서 검증될 수 있는 '법칙'을 발견하는 것이 중요하다고 주장하였다. 이를 위해 그는 자료를 '관찰'하고, '실험'하며, '비교'하고, 그 결과를 철저히 '검증'해야 한다고 이야기하였다. 이러한 생각을 가진 그는 자신이 구상하는 학문을 '사회물리학(이후 사회학으로 개정했지만)'이라고 이름 붙였다. 이 명칭은 그가 얼마나 물리학(자연과학)적인 접근이 중요하다고 생각했는지를 잘 보여준다. 콩트는 자연과학적 방법을 통해 사회를 이해하고자 했으며, 자연과학에서의 연구 방법론을 기반으로 사회와 인간을 해석하는 것이 사회학의 본질이라는 생각을 했기 때문에 그러한 작명을 한 것이다. 이와 같은 그의 생각은 이후 증명하고 검증하는 것을 중시하는 실증주의적 패러다임으로 발전하게 된다.[10]

이제, 콩트가 사회학이라는 학문을 왜 시작하게 되었는가에 대해서 다시 한번 짚어 보면서 이 장을 마칠 것이다. 콩트가 사회학이라는 새로운 학문을 개척한 이유는 근대사회의 사람들이 겪는 어려움과 고통에 대처하고 그 해결 방법을 찾는 데 사회학이 역할을 할 수 있으리라 믿었기 때문이었다. 이처럼 사회학은 태생적으로 당대 사람들이 겪고 있는 사회문제들에 대하여 그 원인을 탐구하고, 해결책을 찾는 것을 목적으로 출현한 학문이다. 따라서 사회학은 추상적이고 사변적인 개념을 제시하는 것이 아니라 사람들이 살고 있는 사회를 분석하고, 이를 좀 더 나은 방향으로 개선시키기 위한 구체적이고 실질적인 제안을 하는 학문일 수 밖에 없다. 지금 우리가 살아가고 있는 현대사회에서 사회학이 갖는 의미도 바로 여기에 있을 것이다.

1. 이 장에서는 사회학이라는 학문이 사람들이 맞닥뜨리는 문제를 이해하고, 그 문제를 개선하기 위해 시작되었으며, 그것이 사회학의 중요한 목적이라고 설명하였다. 그렇다면 지금 한국사회에서 사회학은 이러한 역할을 제대로 하고 있는가? 한국사회는 어떤 문제를 겪고 있으며, 사회학은 이 문제에 대해 어떻게 대처하고 있는가를 생각해 보고, 사회학의 역할에 대해서 비판적으로 평가해 보자.

🎓 함께 읽으면 좋을 책들

조지 리처(2010). <현대사회이론의 고전적 뿌리>. 박영사.
이 책은 다양한 사회학의 이론을 다루면서 각 이론의 내용을 요약하고, 이를 서로 비교, 고찰하는 형식을 취한다. 따라서 사회학이론을 별로 접해보지 않은 독자도 여러 이론을 동시에 비교하고 조망하면서 각 이론의 위치를 정리하고 이해할 수 있다.

루이스 코저(2018). 신용하, 박명규 역. <사회사상사>. 한길사.
이 책은 콩트, 마르크스, 뒤르켐, 짐멜, 베버 등 모두 12인의 사회학자들을 소개한다. 각 사회학자에 대해서는 그의 사상/이론뿐 아니라 생애, 그리고 그가 살았던 사회의 배경에 대한 설명이 제공된다. 이를 통해서 독자들은 사회학 이론 자체만이 아니라 그 이론이 어떠한 사회적, 역사적 맥락속에서 형성되고 발전했는가를 함께 이해할 수 있다.

🎓 볼거리

올리버 트위스트(2005). 로만 폴란스키.
이 영화에서는 사회적 약자인 올리버 트위스트의 눈을 통해서 산업혁명 이후 19세기 근대 영국사회의 다양한 문제를 포착한다. 급격한 사회변동을 겪었던 영국의 도시 하층계급 사람들이 직면했던 빈곤, 노동 착취, 불평등한 계급구조, 도시화/산업화로 인한 소외 및 갈등, 그리고 범죄증가에 대한 생생한 고발이 담겨있는 작품이다.

제2부

사회학적 상상력을
발휘한 사회학자들

마르크스: 희망 고문의
사회학적 상상력

근대사회의 급격한 변화를 이해하기 위해서 새로운 학문이 필요했고, 이러한 필요에 따라 사회변화를 총체적으로 이해할 수 있는 사회학이라는 학문이 등장하였다. 신생 학문인 사회학 이론을 발전시킨 대표적인 사회학자 세 사람을 꼽으라면, 마르크스, 뒤르켐 그리고 베버를 들 수 있을 것이다. 이들은 근대사회의 변화를 이해하기 위한 접근 방법이 각기 달랐으나. 서로 다른 사회학적 상상력을 기반으로 사회변동의 문제를 이해하고 대처하고자 하였다. 제4장에서는 먼저 마르크스의 사상에 대해서 살펴보고자 한다.

마르크스에 대해서 여전히 이야기하는 이유는?

마르크스는 자본주의 사회를 비판하고 사회혁명을 호소한 학자이자 액티비스트로, 대표적인 저서로 <자본론>이 있다. 그의 생각과 논의를 한마디로 요약하고 설명하는 것은 어렵지만, 억지로라도 그것을 시도해 보면 다음과 같다.

> 마르크스는 근대사회의 변화를 산업혁명 이후 나타난 새로운 경제 시스템, 즉 자본주의의 등장과 그 폐해에 주목하면서 자신의 이론을 발전시켰다. 자본주의 체제하에서 자본가에게 착취당할 수 밖에 없는 노동자의 상황에 주목하면서 불평등한 계급관계에 대한 분석을 제공하였다. 또한 그는 이러한 불평등하고 착취적인 계급관계는 자본주의 체제 하에서는 해소될 수 없다고 주장하면서 이러한 종속 관계를 종식시키기 위해서는 혁명을 일으켜서 사회주의 사회로 변화되어야 함을 강조하였다.

그의 사상은 위에서처럼 요약이 되고, 그 다음 수순은 이 요약문을 잘 풀어서 그의 이론에 대해서 자세히 알아보는 것이 될 것이다. 그런데 그 전에 먼저 해야 할 일이 있다. 그것은 현재 21세기 한국사회에서 마르크스의 개념과 이론을 설명하고 이해하는 것이 도대체 어떤 의미가 있는가에 대해서 생각해 보는 것이다. 이것이 필요한 이유는 그의 이론과 예측이 빗나갔다는 것을 우리가 잘 알고 있기 때문이다. 마르크스는 '자본주의는 철폐될 것이고, 변화된 사회주의 사회에서 살아가게 될 것'이라고 예측했지만, 그의 예측은 보기 좋게 빗나갔다. 1990년에 베를린 장벽이 무너지고, 자본주의 체제가 아닌 공산주의 체제가 붕괴되었다. 이를 통해 자본주의 시스템이 아무리 사악한 시스템이라고 하더라고, 사회주의/공산주의는 이를 대체할 수 없다는 것이 증명되었다. 그 결과 많은 사람들이 그의 주장에 반하여, '자본주의 시스템은 사회주의 시스템에 비해 상대적으로 우월한 것이야'라고 생각하게 되었다.

이렇게 보았을 때, 자본주의의 종식과 사회주의로의 도래를 주장한 마르크스의 이론은 틀린, 잘못된 이론이 된다. 그렇다면 마르크스의 이론은 지금 우리가 살고 있는 사회를 설명하는 데 아무 소용이 없다는 것인데, 그렇다면 우리가 지금 시점에서 마르크스의 개념과 이론을 새로이 배우고 이해하는 것이 무슨 의미가 있는가? 왜 우리는 여기서 마르크스를 다시 한번 언급하면서 그의 이론을 이해하려는 시도를 하는가? 하는 질문을 할 수 있다. 이에 대한 답은 여러 가지가 있을 수 있겠지만, 여기서는 무엇보다 마르크스가 인간에 대해서, 그리고 인간의 능력과 잠재력에 대해서 가지고 있었던 신뢰와 믿음에 주목하면서 그 답을 시도해보고자 한다. 우리는 문득문득 인간이란 것이 도대체 무엇인가에 대해서 회의를 갖기도 하고, 인간이란 것이 아무 의미도 없는 존재라고 생각하기도 한다. 그런데 마르크스는 인간이 가지는 의미에 대해서 확신하면서 '인간은 정말 대단한 존재'라고 강조하였다. 그는 '인간은 능력과 잠재력을 가진 존재이고, 그 능력과 잠재력은 정말로 가치 있고 귀중한 것'이라고 하면서 인간에 대한 깊은 신뢰를 보낸다. 마르크스는 인간의 잠재력을 여러 번 강조하는데, 그가 이야기하는 인간의 잠재력이란 "인간은 자신의 욕구를 충족하기 위해 계획을 세우고, 그 계획을 기반으로 하여 행동을 하면서 그 행동을 진행할 능력이 있다."라는 점에 기초를 둔 것이다. 그는 이를 '인간이 집을 짓는 행위'를 동물/곤충(인간 이외의 생물체)과 비교하면서 설명한다. 인간도 집을 짓고, 꿀벌도 집을 짓는다. 집을 짓는 행위 자체만을 보면, 자신들이 살기 위한 공간을 만든다는 점에서 인간과 꿀벌의 행위는 차이가 없다.

그러나 마르크스는 인간이 집을 짓는 행동을 하는 것, 즉 집을 짓기 위해 '노동'을 한다는 것은 인간의 잠재력을 발휘하는 행위로, 유전자에 의해서 아무 생각 없이, 계획없이 집을 짓는 꿀벌의 행동과 다르다고 하였다. 인간은 '의식'을 기반으로 하여 계획을 세우고 성찰하면서 행동하는 '노동'을 한다. 즉 인간이 집을 지을 때는 내가 어떤 집을 지을까를 먼저 생각한다. 예를 들어서 "나는 추위를 좀 잘 타니까, 추위를 막을 수 있는 집이 중요해."라는 생각으로 벽을 두껍게 한다든지, 통풍이 중요하니까 창문을 크게 내야지 하는 생각을 하면서 집을 짓게 된다. 이처럼 인간은 집을 지을 때 그냥 아무 생각없이, 기계적으로 또는 본능에 따라 짓는 것이 아니다. 인간은 '내가 무엇을 원하는지 내 욕구가 무엇인지를 기반으로 해서 내가 계획을 세우고 어떤 집을 지어야 할 것인가'를 생각하고, 그러고 나서 비로소 집을 짓게 된다. 하지만, 꿀벌은 유전자의 명령에 의해 기계적으로 일할 뿐으로, 이러한 생각과 계획을 하지 않는다. 그러나 인간은 동물과는 달리 자신이 원하는 것을 노동으로 연결하여 그를 실현할 수 있는 능력, 즉 의식과 노동을 연결시킬 수 있는 탁월한 능력을 가지고 있다.[1]

이 점이 마르크스가 주목한 인간의 잠재력이다. 이런 점에서 그는 인간의 위대함을 강조했다. 그러면서 이처럼 위대하고, 귀하고 중요한 존재인 인간은 잠재력이 발휘되는 노동을 하면서 행복할 권리가 있다고 강조하였다. 또한 인간의 잠재력을 실현시키고 확장 시킬 수 있는 사회를 만드는 것이 중요한데, 인간의 잠재력을 하찮게 여기고 무시하는 자본주의 사회에서는 그것이 가능하지 않다고 설명하였다. 따라서 자본주의 사회가 아니라 사회주의 사회에서만이 비로소 그것이 가능하기 때문에 사회주의 사회로의 전환해야 됨을 주장하였다.

마르크스는 인간 잠재력이 발휘될 수 있다는 사회로 사회주의를 제시했지만, 그의 예측은 빗나갔다. 그러나 그의 예측이 틀린 것과는 별개로, 인간의 잠재력과 능력을 믿고 그것을 어떻게 실현할 것인가를 고민했다는 차원에서 본다면 그의 이야기는 여전히 귀하고 다시 한번 생각해 볼 만한 가치가 충분히 있다. (인간인) 우리에게 인간 고유의 본성과 잠재력에 대한 자부심과 자존감을 제공하고 있기 때문이다. 인간성이 말살되고, 인간/인류에 대한 회의와 불안이 팽배한 지금의 상황에서 우리는 인간이 무엇인가, 과연 인간이란 의미가 있는 존재인가라는 질문에 대해서 선뜻 '예'라고 대답하기 힘들다. 그러나 변함없이 인간 잠재력을 믿고 인간이 가지는 존재의 의미를 확신하는 마르크스를 보면, 혹시 우리가 그래도 좀 괜찮은 존재이지 않을까. 그렇다면 좀 더 나은 존재로 살 수 있도록 뭐라도 해야 하고, 그것을 통해서 우리 스스로 의미를 만들어 가야 하지 않겠나? 하는 생각이 드는 것이다. 물론 사회주의 혁명을 통해 모든 문제를 해결할 수 있다고 본 그의 한계를 부인할 수는 없다.[2] 그럼에도 불구하고 불안과 회의의 시대를 살아가는 우리에게 마르크스는 용기와 격려를 준다. 그러한 점에서 마르크스를 다시 읽고 이해하고자 하는 시도는 여전히 필요하고 의미가 있다. 이러한 전제를 기반으로 하여 다음에서는 마르크스가 과연 무엇을 이야기했는가를 좀 더 살펴보도록 한다.

마르크스의 '소외'를 연기한 찰리 채플린

마르크스가 논의한 의식이란 사회적인 산물이고, 노동을 하기 위해 인간이 하는 중요하고 고유한 능력이다. 그렇다면 의식을 통해서, 그리고 의식과 연결되는 '노동'이란 무엇인가? 그에 따르면 노동이란 '인간이 자신의 의식을 사용하여 물질적인 생산을 하는 구체적인 행동과 과정'을 의미한다. 의자를 만드는 과정을 생각해 보자. 내가 쓸 의자를 만드는 행동을 할 때, 나는 내가 어떤 의자가 필요한가에 대해서 먼저 생각한다. 나는 키가 크니까 이 정도 높이의 의자를 만들어야지 아니면 나는 엉덩이가 아프니까 푹신한 의자를 만들어야지 등의 생각을 하고, 그 생각이 실현될 수 있도록 계획을 세워서 일을 진행한다. 이 전체 과정, 즉 나의 필요에 따라 미리 계획을 하고, 점검하며, 그 과정에서 다른 사람들에게 의견을 물어보기도 하면서, 내 손을 움직여서 내가 필요한 물건을 생산해 내는 과정 전체가 마르크스가 이야기하는 노동이다.

이처럼 인간은 일을 하면서 의식을 기반으로 한 자신의 창조성을 발휘하게 된다. 그러므로 노동은 인간이 인간임을 증명하는 행위이다. 그런데 근대사회에 들어와서 기계의 발명에 의해 생산력이 폭발적으로 증가하게 되고, 기계가 인간의 힘과 노동을 대체하게 되면서 인간의 노동은 그 가치를 점차 잃게 되었다. 더구나 대량생산과 시장을 중심으로 하는 경제시스템, 자본주의 체제하에서 노동가치는 형편 없이 떨어지게 되고, 그 결과 더 이상 인간은 노동을 통해서 자신의 잠재력을 발휘할 수 없게 되었다. 이제 인간의 노동이란, 자신의 창조성과는 무관하게, 기계적/수동적인 행동을 반복하는 행위로, 단순히 임금을 받기 위한 행위로 전락하게 되었다. 따라서 자본주의 사회에서의 인간의 노동은, 꿀벌이나 다른 동물들의 행위와 별다른 차이가 없다. 이 과정을 마르크스는 '소외'라고 표현하면서 자본주의 사회에서 인간이 어떻게 자신의 잠재력을 잃어가면서 결국은 무시되고 착취당하는지에 대해서 설명한다.

'소외'라는 단어를 들으면 우리는 일반적으로 심리적인 차원에서의 배제됨, 외로움 등을 연상하지만, 마르크스가 말하는 소외는 이와는 다르다. 그가 말하는 소외란 자본주의 사회에서 노동하는 인간이 자신의 창조성을 발휘하지 못한 채, 노동을 하면서 느끼는 기쁨을 더 이상 누릴 수 없게 된 상태를 말한다. 따라서 그는 소외를 '자본주의 사회에서 인간의 잠재력이 말살되고 인간이 체제 내에서 그 자리를 잃고 배제되어 가는 과정'으로 정의한다(리처, 2010).[3] 그러면서 다음의 네 가지 차원에서의 소외를 설명하였다.

첫째, 노동자들은 생산활동으로부터 소외된다. 생산활동이란 '노동을 하는 행동'을 말하며 인간은 노동을 통해서 자신의 창조성을 발휘하고 능력을 드러내게 된다. 그러나 자본주의 사회에서는 이러한 여지와 기회가 박탈된다. 자본주의 사회에서 인간은 주어진 일을 기계적, 수동적으로 하는 존재 이상이 될 수 없으므로, 창의성과 잠재력은 무용지물이 된다. 따라서 생산활동으로부터 배제되고 소외될 수밖에 없다.

둘째, 노동자들은 생산물로부터 소외된다. 노동자들이 공장에서 일을 한다고 했을 때, 그들은 자신들이 사용할 물건을 만드는 것이 아니다. 노동자와 생산물은 아무런 관련이 없다. 한편, 노동자들은 자본가가 시키는 대로 공정에 참여하게 되는데, 그 공정은 작게 세분화되어 각자에게 맡겨진다. 노동자들은 자신이 지금 무엇을 만들고 있는 것인지, 전체 과정에서 자신이 도대체 어떠한 역할을 맡고 있는지에 대해서 전혀 알 수 없다. 이 상태에서는 창조적인 생산활동이란 불가능하고, 그냥 지루하고 무의미한 작업만 반복할 뿐이다. 이것이 바로 생산물로부터의 소외이다.

셋째, 노동자들은 동료 노동자들로부터 소외된다. 마르크스에게 의식이란 사람들이 서로 이야기를 하고, 생각을 주고받으면서 함께 만들어가는 사회적 산물이다. 노동을 하면서 내 옆에 있는 나의 동료들과 대화를 나누면서 "지금 내가 만들고 있는 의자 어때?"라고 하면 내 동료가 그것을 보고 "이거 예쁘긴 한데 다리를 더 좀 굵게 하면 좀 더 튼튼할 것 같아. 그리고 여기 모서리를 조금 둥글게 하면 더 편안하지 않을까?"등의 품평을 하면서 모두가 즐거운 시간을 갖게 된다. 이 과정에서 서로를 돌보고 응원하는 동료의식과 유대감이 만들어진다. 그러나 자본주의 사회에서는 이것이 가능하지 않다. 노동자들은 그냥 시키는 대로 자신의 일만 하면 되기 때문에, 다른 사람과 이야기하면서 작업과정에 대한 정보를 나누고 유대감을 만들어 나갈 필요가 없다. 각자는 고립되어 자신의 일만 하면 된다. 이 과정에서 노동자들은 다른 노동자들로부터 점점 멀어지고 소외되어 간다.

마지막으로, 소외의 차원은 지금까지 논의한 세 가지를 종합하는 것이다. 노동자들은 인간 잠재력을 가지고 있지만, 자본주의 사회 시스템은 이를 발휘할 기회를 주지 않는다. 노동자들은 자신이 무엇을 만들고 있는지도 모른다. 그렇기 때문에 열의를 가지고 노동에 임할 필요가 없다. 따라서 그들은 '생산활동'으로부터 소외되고, 무엇을 만드는지도 알수 없기 때문에 '생산물로부터도 소외'되며, 또한 옆에 있는 사람들과 생각을 나누는 기회를 가질 수 없기 때문에 '동료 노동자들로부터 소외'된다. 그 결과 노동을 하면서 발휘할 수 있는 창조성을 잃게 되고, 인간을 인간이게끔 만드는 인간 잠재력으로부터 소외되는 것이다. 그러므로 자본주의 사회에서 노동이란 인간 잠재력을 발휘하는 행위가 아니라 그냥 돈을 벌기 위한 수단이다. 이 과정에서 결국 인간의 의식은 그 소용을 잃은 채 마비되고 만다.

찰리 채플린을 잘 알고 있을 것이다. 우스꽝스러운 몸짓으로, 무성영화 시대에 스타 배우인 그를 떠오려 보면, 저절로 웃음이 나곤 한다. 그런데 마르크스 이야기를 하다가 왜 갑자기 찰리 채플린이냐고? 코메디언이나 영화배우, 감독이었던 찰리 채플린(1899~1977)은 마르크스를 추앙하고, 그의 생각에 경도되었던 사람이었다. 영국의 빈민가에서 태어나서 갖은 고생을 했던 그는 마르크스가 이야기하는 노동자의 현실, 자본가의 착취 및 계급 불평등의 폐해 등에 대해서 잘 알고 있었다. 자신의 이야기였기 때문이다. 마르크스의 생각에 격하게 동감했던 그는 자신의 영화 여러 곳에서 마르크스의 사상을 생생하게 담아냈다. 그중에서도 그의 대표작 중 하나인 '모던 타임즈(1936)'는 마르크스가 이야기했던 소외의 다양한 차원을 흥미롭게 풀어낸 영화이다.

이 영화에서 찰리 채플린이 맡은 캐릭터 '리틀 트램프'는 공장에서 일하는 노동자이다. 그는 공장의 컨베이어 벤트에서 끊임없이 나사 조이는 일을 한다. 잠깐 쉬고자 해도 감시자와 사장(자본가)은 언제 어디서나 나타나 그의 휴식을 방해하면서 작업 공정으로 돌아갈 것을 명령한다. 영화에서 리틀 트램프는 계속해서 나사를 조이는 일을 하지만, 나사 조이기를 통해서 어떤 물품이 생산되는지에 대해서 아무 것도 알지 못한다. 아무 생각없이 계속해서 나사 조이기를 반복할 뿐이다. 영화에서는 정신없이 나사를 조이던 찰리 채플린이 기계 속으로 빨려 들어가는 장면이 나오는데, 찰리 채플린은 이 장면을 통해서 인간이 아닌 기계로 전락해 가는 노동자의 모습을 표현하고 있다. 한편, 리틀 트램프를 비롯한 노동자들은 각기 자신의 일에 바빠서 대화를 나눌 시간조차 없다. 서로 협동하면서 즐겁게 작업을 하는 것이 아니라 각자 자신에게 할당된 일을 빨리 마치기 위해 외로이 홀로 반복적인 수행을 할 뿐이다. 또한 일을 하다가 오류를 낸 트램프를 동료들이 성가셔한다거나 리틀 트램프 또한 게으른 동료 노동자를 작업반장에게 일러바치는 모습을 보여주면서, 노동자들이 서로에게 소외되고 있음을 묘사하고 있다.

[그림 4-1] 찰리 채플린의 '모던 타임즈' 포스터[4]

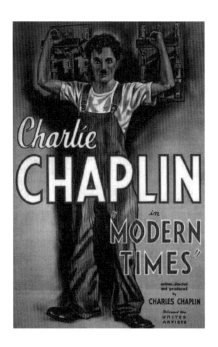

이 영화는 100년 전의 대공황 시대를 배경으로, 자본주의 사회에서 착취당하는 노동자의 모습을 보여주면서 마르크스가 논의한 소외의 다

양한 차원들을 생생하게 고발한다. 그런데 오늘날 한국의 노동현실을 떠올려보면, 이 영화에서 나타나는 노동과정의 소외를 단순히 100년 전의 일, 먼 옛날의 일이라고 치부할 수만은 없다. 아직도 산업 현장에 존재하고 있는 열악한 환경과 노동 조건은 노동자들을 배제하고 소외시키고 있기 때문이다. 비유적으로 소외되고 배제되는 것이 아니라 실제로 병들고, 다치고, 사망하는 일이 빈번하게 일어난다.[5] 영화 '모던 타임즈'의 장면을 떠올리면서 노동자의 소외와 배제에 관한 마르크스의 논의를 다시 한번 되새겨 보아야 하는 대목이 아닐 수 없다.

당신의 노동은 얼마입니까?

마르크스는 노동자의 노동이란 정말 귀중하고 소중한, 인간의 잠재력을 발휘하는 행위라고 하였다. 그는 이렇게 귀중한 노동의 가치가 자본주의 체제하에서 어떻게 무시되고, 묵살되는가를 꼼꼼하게 설명하였다. 그의 설명을 가상의 '책상 만드는 공장'으로 재현하여 따라가 보도록 하자(그림 4-2에서 제시되는 가격표는 가상으로 정한 값이다).

[그림 4-2] 책상을 만드는 공장에서 소요되는 비용 일람표

나무 가격	노동자 임금	기계설비	책상 가격	이윤(잉여가치)
100	100	350	350	50

이 공장에서는 나무 책상을 만들어서 시장에 납품한다. 위의 [그림 4-2]에서는 공장주인 자본가가 원자재인 나무를 구입하고, 노동자를 고용해서 책상을 만들고 시장에 납품하게 되는 과정에서 지불하는 비용이 제시되고 있다. 먼저, 책상 한 개를 만드는 데 드는 나무의 가격은 100원이다. 자본가는 원자재 구입 가격으로 이 100원을 지불한다. 그리고서는 노동자들을 고용해서 책상을 생산하게 되는데, (책상 한 개를 생산하는 데 필요한) 노동자 한 명의 임금은 100원이다. 다음은 기계설비 및 운영 관련 소요비용이다. 공장도 돌리고, 기계도 설치하고, 운영 관련 계획도 세우고 하는 데 치르는 비용으로 책상 한 개당 100원이 지불된다. 책상이 다 만들어지면 이것을 시장에 나가서 팔게 되는데, 시장에서 팔리는 책상 한 개당 가격은 350원이다. 그런데 나무가격 100원, 노동자임금 100원, 설비/운영비 100원 전부를 합하면 300원으로, 시장에서 책상 한 개가 350원에 판매되면, 50원이 남는다. 이 50원이 책상 한 개당 발생하는 이윤인 것이다. 그런데 이 이윤을 공장주인 자본가가 전부 다 가져간다. 그의 논리는 "내가 공장도 짓고, 나무도 사고, 노동자에게 임금도 다 줬으니, 이 50원은 오롯이 나의 몫"이라는 것이다.

마르크스는 이에 대해 동의하지 않는다. 그에 의하면, 생산품의 가치를 만드는 것은 노동자의 '노동력'이다. 인간의 잠재력을 발휘하는 행위인 노동을 통해서만이 생산품의 가치를 만들 수 있다(추나라, 2010).[6] 이처럼 노동자는 자신의 노동을 통해서 '상품의 가치'를 만들어내지만, 이윤 50원에 대해서 아무런 보상을 받지 못한다. 자본가가 이 50원은 오롯이 자신이 만들어낸 가치라고 주장하면서 노동자의 '노동가치'를 인정하지 않기 때문이다. 그리고는 이 50원을 '잉여가치'라고 명명하며, 자기 것으로 만든다. 따라서 상품이 많이 팔릴수록 자본가는 이 잉여가치를 가져가서 부자가 된다. 그런데 자본가와는 달리, 이윤에 대한 자신의 기여분, 즉 노동가치를 인정받지 못하는 노동자는 상품이 팔리면 팔릴수록 점점 더 가난해진다. 그 결과 자본가와 노동자 사이의 격차는 점점 더 벌어지게 된다.

그런데 노동자는 노동가치를 인정받지 못한채 손해를 떠 안고 있음을 깨닫지 못한다. 그 상황에서 계속 죽도록 일만 하게 되는데, 마르크스는 그 이유를 노동자들이 자본가의 거짓 주장을 그대로 받아들인 채 상황을 제대로 파악하고 있지 못하기 때문, 즉 노동자들이 잘못된 '허위의식(코저, 2018)'[7]에 사로잡혀 있기 때문이라고 설명한다. 허위의식이란 노동자 자신이 "아, 그래.. 이윤을 저쪽에서 가져가는 것이 당연한 것이지. 나는 약속받은 임금만 받으면 돼."라고 생각하는 상태를 말한다. 즉, 자신이 하고 있는 일의 가치를 깨닫지 못하고, 시장에서의 이윤은 자본가의 몫이라는 거짓 주장을 그대로 받아들이는 상태인 것이다. 이러한 허위의식은 자본가로 하여금 노동자를 가스라이팅하면서 착취를 지속시키는데 중요한 역할을 한다.

여기에 대해서 마르크스는 "우리 노동자들이 일을 해서 상품의 가치를 만들어내는 것이기 때문에, 우리가 그 이윤에 대한 권리가 있다라는 것을 깨달아야 한다."라고 주장한다. 그는 이것을 노동자들 스스로가 허위의식을 깨고 계급의식을 갖는 것이라고 이야기하며, 이러한 계급의식을 가질 때 노동자들은 비로소 자본가들의 착취에 대항할 수 있다고 설명한다. 또한 자본가의 착취에 대항하는 혁명을 통해서만이 노동자의 노동 가치를 말살하는 자본주의 시스템을 철폐하고, 인간의 잠재력이 존중되는 사회주의 사회가 건설될 수 있다고 역설하였다. 마르크스는 인간에 대한 무한한 신뢰를 가졌던 사람이었고, 이러한 인간의 가치, 잠재력이 인정되는 사회가 도래할 것을 믿어 의심치 않았다. 따라서 노동자들을 독려하면서 자신들의 존재가치가 인정되는 사회를 스스로 건설할 것을 그토록 강조했던 것이었다.

자본주의는 필요악이다!

　인간은 자신의 행동을 의식과 연결시킬 수 있는 능력이 있다는 점에서 다른 동물들과 다르며 그 점에서 인간은 위대하다는 것이 마르크스의 생각이었다. 여러 번 강조했듯이, 마르크스는 인간은 위대하다는 사실을 있는 힘껏 믿었던 사람이었다. 그런데 그의 믿음과 생각에 대해 한 가지 의문이 생긴다. "인간이 그토록 성찰적이고 사려가 깊은 '위대한' 존재라면, 왜 스스로를 말살시키는 자본주의 시스템을 만들어냈을까? 그렇게 똑똑한 인간이라면 자본주의의 폐해를 미리 예측하고 이를 미리 방지해야 했던 것이 아니었을까? 그렇다면 마르크스가 이야기한 인간의 잠재력과 자본주의의 도래는 서로 모순되는 것은 아닐까?"라는 의문이다. 이러한 의문을 가지고 인간의 역사를 살펴보면, 원시 사회에서 중세 봉권 사회로, 그리고 그다음에 자본주의가 도래하는 변화를 거쳤다는 것을 알 수 있다. 의문은 계속된다. 중세 이후 왜 자본주의 시스템으로 경제 체제가 변화했는가? 그토록 위대하고 우월한 인간이 왜 스스로를 억압하는 자본주의 시스템을 만드는 잘못을 저질렀는가?

　이 질문에 대해 마르크스는, '인간은 의식을 가지고 행동을 하게 되지만, 이를 위해서는 우선은 먹고 사는 문제를 해결해야 하는 존재'였기 때문이라고 대답한다. 인간은 의식과 노동을 연결킬 수 있는 잠재력을 발휘하기 위해서는 먼저 '생존'이 필요하며, 그 생존을 위해서는 먹고사는 문제를 해결할 필요가 있었다. 그러나 자본주의 이전의 사회에서는 그것이 불가능했다. 먹고사는 문제를 해결하는 데 너무나 큰 에너지를 써서 오히려 의식을 발전시킬 만한 기회와 여력을 갖추기 힘들었기 때문이다. 그런데 자본주의 사회에 들어와 생산이 급격히 늘어나고 생존을 위한 물적 조건이 갖추어지게 되었다. 따라서 그 이전처럼 생존의 문제를 해결하는데 불필요한 에너지를 쓸 필요가 없게 되었다. 그렇다면 이제 바야

흐로 인간이 자신의 의식과 행동을 연결시키면서 잠재력을 발휘해야 하지만, 불행하게도 자본주의 시스템은 노동자를 소외시키면서 이를 허락하지 않는다.

여기서 위의 질문, "왜 인간은 자신들 스스로가 소외되는 자본주의 시스템을 만들어냈는가?"로 돌아가 보도록 하자. 이 질문에 대한 마르크스의 답변은 자본주의 사회의 도래는 인간 역사의 "의도하지 않은 결과"라는 것이다. 그는 인간이 계획을 가지고 일을 하는 것은 사실이지만 그 결과가 반드시 예상대로 나오는 것은 아니며, 불행하게도 의도가 좋다고 해도 최선의 결과가 나오는 것은 아니라고 설명한다. 따라서 생산성을 높여서 먹고 사는 문제를 해결해야겠다는 의도를 가지고 경제적 생산성을 높이는 쾌거를 이루어냈으나, 이를 가능케 하는 자본주의 시스템은 인간의 잠재력을 말살시키는 "의도하지 않은 결과"를 가져왔다고 본다. 그 결과 불충분한 물적 조건에 의해 인간의 잠재력을 발휘할 수 없었던 그 이전의 사회와는 또 다른 차원에서 자본주의 사회에서도 인간은 노동을 통해서 자신의 잠재력을 발휘할 수 없게 되었다.

그렇다면 이 문제를 어떻게 해결할 수 있을까? 그에 따르면 소외의 문제, 즉 인간 잠재력 말살의 문제를 해결하기 위해 노동자들은 자신들의 사회적 위치에 대한 의식, 즉 계급의식을 가지고 사회를 변혁시켜서 자본주의 체제를 폐지하고 공산주의 시스템을 도입해야 한다고 주장한다. 공산주의 사회에서는 원시사회와는 다르게 자본주의 사회에서 축적된 물적 조건을 기반으로 하여 생존의 문제를 해결할 수 있다. 그러므로 공산주의 사회에서 비로소 인간은 자신의 의식과 노동을 연결시킬 수 있고, 인간의 잠재력을 발휘할 수 있는 기회를 갖게 될 것이다. 이렇게 보았을 때, 자본주의 사회는 사회주의 사회가 만들어지기 위해 반드시 거쳐야 하는 '필요악'인 것이다. 즉 공산주의 시스템에서 노동과 의식을 연결시킬 수 있도록, 인간 잠재력을 발휘할 수 있도록 하는 물적 조건이 갖추어져야 하는데, 이를 위해서 인류는 자본주의 사회라는 통과의례를 거쳐야 하는 것이다. 이렇게 보면, 자본주의 사회는 의도치 않게 만들어진 역사적 결과인 동시에, 사회주의로 나아가기 위해 필연적으로 통과해야 하는 중요한 역사적 시작점이 된다. 이러한 관점을 통해 마르크스는 자본주의의 도래와 극복을 설명하며, 사회주의로의 변혁을 강조하고 있다.

다시, 우리가 여전히 마르크스를 이야기하는 이유

주지하다시피 마르크스의 예측은 빗나갔다. 사회주의 사회의 건설과 이상향의 도래는 한낱 꿈이었다는 것이 역사적으로 증명되었다. 자본주의는 철폐되기는커녕, 눈부시게 발전된 형태로 승승장구하고 있다. 어떻게 된 일일까? 왜 인간은 자신의 능력이 인정되는 사회로 나아갈 것을 포기하고, 대신 자신을 핍박하고 착취하는 자본주의를 선택하고 지지하는 것일까? 어쩌면 그것은 인간이란 마르크스가 생각한 것처럼 위대한 존재가 아니기 때문이 아닐까 생각해본다. 인간이란 자기 개인의 치졸한 욕망, 이기심을 추구하는 매우 탐욕스러운, 그리고 매우 나약한 존재이기 때문에 각자 자신의 이익을 챙기는 데 급급하여, 그 판을 깔아주는 자본주의 체제를 선택하게 되는 것은 아닐른지. 그렇게 본다면, 마르크스의 전제, 즉 인간은 서로를 위하고, 창의성을 가지고 노동을 하면서 잠재력을 발휘하는 위대한 존재라는 그의 전제는 잘못된, 틀린 전제가 된다. 전제가 잘못된 것이었기 때문에 결국 그의 예측도 빗나갈 수밖에 없었을 것이라는 비관에 빠지기도 한다.

그러나 한편, 신자유주의 시대에, 누구도 돌보지 말고 그냥 자신만 챙기자는 생각이 조금의 사양함도 없이 마구잡이로 펼쳐지고 있는 지금 시점에서 마르크스가 다시 읽혀지고 평가되어야 하는 것은 아닐까 하는 생각을 동시에 한다. 이렇게 살다가는 우리 모두가 파괴될 수밖에 없는 상황에서 인간에 대한 신뢰를 기반으로 하는 마르크스의 이론은 함께 더불어 살아가는 것이 물론 힘들고 어렵겠지만, 지금 매우 필요한 것이라는 것을 이야기하고 있다. 어쩌면 그것이 지금의 시대를 살아가는데 위로를 주고 힘을 내게 하는 실마리일지도 모른다. 희망고문일 수도 있겠지만, 희망없이는 살 수 없는 것이 또 인간이니까 말이다. 마르크스를 다시 읽어야 하는 이유이다.

1. 마르크스가 논의한 자본주의 분석에 대해 간략하게 설명해 보자. 이를 바탕으로 하여 현재 한국 자본주의 사회에서 나타나고 있는 구체적인 문제들(예를 들어, 양극화, 노동의 소외, 비정규직 차별, 청년 실업, 금융위기, 또는 지구온난화 등)을 설명하는 데 그의 논의는 어떠한 함의와 한계점이 있는지를 분석해 보자.

2. 찰리 채플린의 영화 '모던 타임즈(1936)'을 보고, 이 장에서 논의한 소외의 다양한 차원이 이 영화에서 어떻게 묘사되고 있는지에 대해서 이야기해 보자.

🏵️ 함께 읽으면 좋을 책

김수행(2014). <자본론 공부>. 돌베개.

한국의 대표적인 마르크스 경제학자인 김수행 교수의 <자본론> 특강을 정리한 책이다. 이 책에서 저자는 읽기 어렵고 난해한 마르크스의 <자본론>을 되도록 많은 사람들이 접근하고 이해할 수 있도록 요약하여 해설하였다. 그러나 이 책은 단순히 마르크스의 사상을 요약 정리하는 데 그치는 것이 아니다. 마르크스를 이론을 통해 지금 현대 자본주의 시스템의 문제들을 살펴봄으로써, 그의 사상이 여전히 우리가 살고 있는 사회를 이해하는 데 중요하다는 것을 보여준다.

조셉 추나라(2010). 차승일 역. <마르크스, 자본주의의 비밀을 밝히다>. 책갈피.

마르크스 <자본론>의 해설서 중 하나이다. 어렵고 읽기 힘든 자본론의 내용을 이해하기 쉬운 예시와 에피소드를 제하시면서 설명함으로써 독자가 마르크스의 사상을 좀 더 쉽게 접근할 수 있도록 도와준다.

모던 타임즈(1936) 찰리 채플린.

대공황 시대 하층계급 노동자의 노동환경과 피폐한 삶을 묘사하면서 인간을 통제하고 억압하는 자본주의의 시스템을 비판하는 영화이다. 그러나 그 비판이 유머와 함께, 그리고 비유적으로 잘 짜여진 영화장면 속에 잘 녹여져 전달되고 있어서, 영화를 보는 다양한 즐거움도 함께 누릴 수 있는 명작이다. 유튜브에서 시청할 수 있다.

https://www.youtube.com/watch?v=3UKt4mUBGTI&t=134s

태일이(2021). 홍준표.

전태일 열사의 삶을 조명한 애니메이션 영화이다. 전태일은 평화시장의 봉제공장에 취직하여 재단사로 일하면서 노동자의 권리를 위해 노력하다가 1970년 「근로기준법」의 준수를 요구하며 분신자살하였다. 이 영화에서는 당시 한국 빈민층과 노동자들이 처한 열악한 현실과 이들에 대한 정부와 기업의 가혹한 탄압을 생생하게 보여줌으로써 전태일이 왜 그러한 결단을 할 수 밖에 없었는가를 꼼꼼히 살핀다.

막스 베버 : 이해할 수 없는 세상을 이해하는 데 필요한 사회학적 상상력

고전사회학자 세 사람을 꼽으라면, 마르크스, 뒤르켐, 그리고 막스 베버를 들 수 있다. 제4장에서는 마르크스에 대해서 알아보았는데, 제5장에서는 베버에 대해서 이야기해 보기로 한다. 베버는 1864년에 태어나서 1920년에 사망을 했는데, 마르크스(1818~1883)에 비해 몇십 년 늦게 태어난 학자이다. 그런 점에서 후발주자로서 마르크스의 논의를 비판하고 통합하여 자신의 이론을 확장시킬 수 있는 기회를 가졌다고 할 수 있다. 이런 점에서 제5장에서는 먼저 문화와 경제체제에 대한 베버의 생각을 마르크스의 견해와 비교해 보고자 한다. 이를 통해 우리는 베버가 어떻게 마르크스의 생각을 비판하고 발전시켰는가를 짐작할 수 있을 것이다. 한편, 베버의 사회과학 방법론에 대해서도 살펴봄으로써, 사회과학이 사회현상을 분석할 때 무엇을 할 수 있고, 해야 하는가에 대한 그의 생각을 알아보려고 한다.

1. 문화에 대한 막스 베버의 생각

막스 베버와 마르크스의 공방전: 문화는 얼마나 힘이 셀까?

문화와 종교에 대한 막스 베버의 생각을 논의하기에 앞서, 마르크스의 관점에 대해서 알아보기로 한다. 마르크스는 그 무엇보다 '경제적 토대'가 우선한다는 생각을 가졌던 학자이다(박홍원, 2006).[1] 그에 따르면 문화구조는 경제구조에 의해 결정되는 것이기 때문에 문화는 경제적 영역과 별개의 독자적인 힘을 가질 수 없다고 설명하였다. 따라서 문화는 경제적 토대에 비해 별로 중요하지 않은 것이라고 보았다. 그러나 베버의 생각은 달랐다. 그는 문화가 경제적 토대로부터 독립적인 자체의 힘과 통제력이 있다고 생각했다. 또한 마르크스가 생각한 것처럼, 경제적 토대에 의해 결정되는 것이 아니며, 때로는 경제적 토대를 변화시킬 수 있는 영향력이 있기 때문에 그 중요성을 간과해서는 안된다고 주장했다.

베버는 이러한 생각을 그의 저서 <프로테스탄트 윤리와 자본주의 정신(2018)>[2]에서 적극적으로 피력하였다. 이 책에서 그는 '자본주의 경제 체제'에 주목하면서, 이 체제를 탄생시키는 데 기여한 문화(종교)의 힘을 보여주고자 하였다. 이 책에서 베버는 다음의 질문을 던진다. "자본주의 경제 체제는 왜 유럽에서 가장 먼저 나타났는가? 그 이전에 훨씬 더 화려하고 발전된 문명들, 즉 인도, 중국, 이집트 문명들이 있었는데 왜 그 지역에서는 현대적인 경제시스템인 자본주의 생산양식이 나타나지 못했는가?" 다음에서는 그가 어떻게 이 질문에 대해 답을 하면서 문화, 종교의 힘을 증명했는가를 살펴보기로 할 것이다.

자본주의 시스템은 시장을 중심으로 한 경제체제로, 자본주의 경제 체제는 산업혁명 이후 기계에 의한 대량생산이 가능해지면서 본격화되었다. 기계를 이용한 대량의 물건들이 만들어지게 되면서 자급자족 형태의 생산과 소비가 아니라 시장을 중심으로 한 생산이 이루어지게 된 것이다. 그런데 시장을 염두에 두고 생산할 때 중요한 것은 시장에서 일어나는 수요와 공급에 대해서 미리 숙지하고 그에 대한 계획을 세우는 것이다. 그래야 손해를 보지 않기 때문이다. 예를 들어, 내가 빵을 생산하는 베이커로, 오늘 빵을 천 개를 만들었다고 하자. 이것을 시장에 내다 팔아야 하는데, 시장에서 빵을 원하는 사람은 500명 밖에 안 되어 빵이 500개밖에 팔리지 않으면, 나머지 500개는 아무 소용이 없는 쓰레기로 나는 그 손해를 떠안아야 한다. 그래서 나는 베이커로서 손해를 보지 않고 이득을 취하기 위해 사전에 준비하고 계획을 세워야 한다. 예를 들어, 시장을 조사하고 난 후 나는 빵을 원하는 사람은 500명이지만 450개만 만들기로 결정한다. 450개만 만든다면, 내가 500명한테 500개를 팔때보다 조금 더 값을 받을 수 있을 것이라고 판단한 결과이다. 그런데 내빵이 잘 팔려서 좀 돈을 버는가 싶었는데, 또 다른 베이커가 나타나 빵을 팔기 시작한다면 나는 이 경쟁에서 이기기 위해 빵의 가격을 조금 낮추는 새로운 전략을 세워야 한다. 이처럼 시장을 중심으로 하는 자본주의 생산양식은 사전에 다양한 시장조사와, 그에 따른 예측과 계획을 하는, 매우 '합리적/논리적'인 생각의 틀이 필요하다. 베버는 이와 같은 '합리적이고 논리적'인 생각이 바로 자본주의 정신이라고 보았다.

여기서 베버의 질문인 "자본주의 경제체제는 왜 유럽에서 가장 먼저 나타났는가?"로 다시 돌아가 보자. 베버는 이 질문에 대해 인도/중국에는 존재하지 않았던 서구 유럽의 종교, 즉 프로테스탄트의 윤리인 칼뱅주의에 의해 자본주의 생산양식은 유럽에서 가장 먼저 출현할 수 있었다고 설명한다. 베버에 따르면, 프로테스탄트 윤리/칼뱅주의에서 중요한 개념은 '예정조화설'이다. 예정조화설이란 '나의 운명은 이미 정해져 있다'는 것으로, '죽은 뒤에 내가 천국에 갈 것인지 또는 지옥에 갈 것인지가 미리 하느님의 뜻에 따라 정해져 있다'고 본다. 그런데 운명은 신의 뜻이므로, 인간은 이를 거스를 수 없고, 다만 받아들일 수 있을 뿐이다.

그런데 호기심이 가득한 인간은, 비록 신의 뜻에 역행할 수는 없지만, 그럼에도 불구하고 자신의 운명에 대해 알기를 간절히 원한다. 그래서 교회로 가서 질문한다. "제가 죽으면 어디로 가게 될까요? 이게 뭐 다 정해져 있다고 하는데 저는 정말 알고 싶습니다." 목사는 대답한다. "그것을 알 수 있는 방법이 한 가지 있기는 한데, 좀 어렵지요."라고. 그러자 사람들은 꼭 알고 싶다고 하면서 그 방법에 대해서 재차 묻는다. 그랬더니 목사는 "당신이 열심히 일을 해서 부자가 된다면, 그것이 바로 하나님이 당신을 선택했다는 증거"라고 이야기하였다. 이 말을 들은 사람들은, 그렇다면 '내가 열심히 일을 하고 돈을 벌어야겠다', '부자가 되어야겠다' 등의 결심을 한다. 이처럼 사람들은 애초에 자본주의 생산양식이라는 경제 체제를 만들어내고자 하는 계획이나 의도가 없었다. 사람들은 그저 천국에 가기를 원했을 뿐이며, 그래서 자신이 천국행 티켓을 가지고 있는지를 확인하기 위해 부자가 되기를 소망했던 것뿐이었다.

그런데 부자가 되기 위해서는 앞에서 언급했던 것처럼 시장에서 일어나는 일들을 체계적으로 분석하고 예측하는 '합리적이고 논리적인 생각'이 필요했다. 사람들이 '합리적으로 생각'하고 행동하는 데 무엇보다 중요한 것은 '기준'이다. 그래야 공정한 경쟁이 이루어지고, 각자는 그 경쟁에 대비해서 무엇을 할 것인가를 제대로 준비할 수 있다. 만약, 그 기준이 사라지고, 주먹구구식으로 일이 진행된다면, 아무리 논리적으로 계산하여 준비한다 하더라도 혼란한 시장에 제대로 대응할 수 없다. 따라서 기준이 정해져야 하고, 그 기준이 모두에게 똑같이 적용되어야 한다. 베버에 따르면, 계산성, 효율성을 기반으로 한 '합리성', 그리고 '기준', 또한 기준에 따른 '공정한 경쟁', 공정한 경쟁을 가능케 한 제도의 정비 등이 유럽에서 자본주의 생산양식을 가져온 기반이 되었다고 주장한다(리처, 2010).[3]

지금까지 논의한 프로테스탄트 윤리/칼뱅주의, 합리성에 입각한 자본주의 정신, 그리고 자본주의 생산 양식 간의 인과적 결과는 다음 [그림 5-1]로 요약된다.

[그림 5-1] 프로테스탄트 윤리와 자본주의 정신, 그리고 자본주의 생산양식

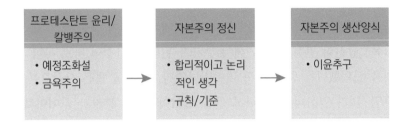

[그림 5-1]은 프로테스탄트 윤리라는 종교, 또는 '문화'가 합리적이고 논리적인 자본주의 정신을 가져오는 데 중요한 요인으로 작용하였으며, 이것이 결국 자본주의 생산양식의 원동력이 되었다는 것을 잘 보여주고 있다. 이처럼 베버는 문화의 힘, 그리고 문화가 경제체제와 맺는 관계에 대해 마르크스와 전혀 다른 의견을 가졌었다. 마르크스는 경제적 토대가 만들어져야만 비로소 문화, 종교, 예술이 생기는 것이지, 이러한 것들이 독자적인 힘을 가지고 경제적인 시스템을 만들어 내는 것은 아니라고 설명하였다. 그러나 베버는 마르크스의 논의에 대해, "그렇지 않다. 서구 유럽에 있어서 자본주의 시스템의 형성은 칼뱅주의/프로스테스탄트 윤리에 의해 만들어진 결과물이라는 것이 역사적으로 증명되지 않았는가? 그러므로 나는 문화/종교가 경제적 토대에 버금갈 만한 독자적인 힘과 권력, 그리고 영향력을 가지고 있다라고 믿는다."라는 주장을 폈다. 문화와 경제체제 간 관계에 대해서 마르크스와 다른 시각을 가졌던 베버는 종교가 경제적 토대에 영향을 미칠 수 있는 강력한 힘이 있다는 것을 실제적인 예를 통해 보여줌으로써 자신의 주장을 입증하고자 하였다.

놀부를 대하는 우리들의 태도

자본주의 생산양식이라고 하는 것은 기본적으로 이윤추구를 기반으로 하는 경제 시스템이다. 즉, 이윤을 추구하는 것, 거칠게 말했을 때 '돈을 버는 것'을 중요하게 여긴다. 서구 유럽의 칼뱅주의/프로테스탄트 윤리에서는 돈을 많이 버는 것, 부자가 되는 것은 하나님이 나를 선택했다는 증표였다. 따라서 돈을 벌기 위해서 열심히 일하는 행위는 신을 찬양하는 행위로서 매우 도덕적이고, 윤리적이며, 바람직한, 신의 뜻에 따라 살아가는 신성한 행위이다. 그런데 동일한 논리가 우리에게도 적용될 수 있을까? 동아시아에서는 오랫동안 유교를 숭상하였고, 지금까지도 우리 삶의 많은 부분에서 그 영향력이 여전히 남아있다. 그렇다면, 유교적 사고방식과 영향을 고려할 때, 왜 중국과 동아시아 지역에는 자본주의 정신과 생산양식이 나타나지 못했는가를 막스 베버와 같은 방식으로 접근해 볼 수 있다.[4]

유교에서는 이상적인 인간형으로 '군자'를 꼽고 있는데, 군자란 사물의 이치, 인간의 도리를 추구하고 실행하는 사람이다. 반면에 경계해야 할 인간형으로 '소인'을 언급하는데, 소인은 이윤을 추구하는 사람이다. 즉, 군자는 리(理)를 구하는 반면, 소인은 리(利)를 탐하는 자이다. 이를 바탕으로 유교경전에서는 소인이 될 것을 경계하고 군자가 되기를 힘쓰라고 가르친다. 유교 문화권에 속하는 우리에게 이러한 가르침은 매우 익숙하다. 사농공상의 신분제도 또한 이와 같은 가르침을 기반으로 한다. 예를 들어 신분제의 가장 낮은 지위는 '상(商)'이다. 이들은 상업활동을 하는 사람들로, 장사'치'로 불리면서 매우 낮은 대우를 받았다. 이를 통해 이득을 목적으로 하는 상인, 즉 소인을 매우 낮게 보는 유교적 가치관이 신분제에도 반영되었다는 것을 확인할 수 있다.

또한 우리의 전래동화를 살펴보면, 부자들의 경우에는 대개 탐욕스럽고 심술궂으며, 자신의 이익을 위해서 염치없는 행동을 서슴치 않는 사람들로 묘사되고 있다는 것을 알 수 있다. '흥부와 놀부' 이야기를 예로 들어보자. 선하고 욕심이 없는 흥부와는 달리 놀부는 욕심이 많고, 남에게 모질고, 포악한 성격을 가진 인물로 묘사된다. 놀부는 부자이지만, 매우 비도덕적이고, 비윤리적인 인물이다. 그가 이처럼 부정적으로 그려진 것은 유교문화권에서 돈을 버는 행위는 '리(利)'를 꾀하는 것으로, 사회적으로 좋지 않게 여겨졌기 때문이다. 군자는 무릇 욕심을 부리지 않으며, 길/도리를 추구해야 한다는 생각이 지배적인 사회에서 돈을 좇아 부자가 된 놀부는 절대 따르지 말아야 할 반면교사이다. 이러한 이야기들을 통해 우리는 한국사회를 비롯한 유교문화권에서는 칼뱅주의의 영향하에 있었던 서구사회와는 매우 다른 가치관이 아주 오랜 동안 힘을 발휘하였음을 확인할 수 있다. 따라서 베버가 유럽에서 왜 자본주의 생산양식이 출현했는가를 설명하기 위해 칼뱅주의라는 종교에 주목했던 것처럼, 중국 및 동아시아 사회에서는 왜 자본주의 경제 시스템의 발생이 뒤쳐질 수 밖에 없었는가를 유교적 영향과 관련지어 설명할 수 있다.

2. 막스 베버의 사회과학 연구 방법론
사회과학자는 어떻게 연구해야 할까?: 사회를 이해하기 위한 '이해(verstehen)'

물을 100도까지 끓이면 수증기가 된다는 것은 인과관계가 확실한 자연 법칙이다. 예외가 있을 수 없는 객관적인 사실이며 원칙인 것이다. 베버가 활동했던 당시 근대사회에서는 많은 사람들이 이와 같은 자연과학의 법칙에 경도되었고, 또한 이를 신봉하였다. 사회과학자들도 또한 그러했는데, 그들은 사회과학에 있어서도 자연과학의 방법론을 차용해서 연구를 진행해야 한다고 생각하였다. 따라서 사회현상을 설명하는 규칙을 발견하는 것이 사회과학에서 해야 할 일이라고 믿었다.

그러나 막스 베버는 사회과학 연구 방법론은 자연과학 방법론과 다르다고 보았다. 그러므로 자연과학에서 하는 것처럼 현상을 설명할 수 있는 규칙과 원리를 찾아내는 것이 그 목적이 될 수 없다고 생각하였다. 그렇다면 어떻게 해야 할까? 베버는 규칙과 원리를 찾아내는 대신 사회과학자는 사회현상을 꼼꼼히 분석하고 성찰하며, 사유해야 한다고 보았다. 이러한 베버의 생각은 '이해(verstehen)'로 표현된다(베버, 2021).[5] 그런데 사실, 이해라는 말은 그 의미가 매우 광범위하며, 때로는 모호하기도 하다. 그러므로 그의 '이해'의 방법에 대해 체계적인 사회과학 방법이 아니라는 비판이 나오기도 한다. 즉, "'이해'라는 것은 실체가 없는, 매우 주관적이고 사적인, 주먹구구식의 연구 방법"이라는 이야기이다.

이러한 비판에 대해 베버는 자신이 이야기하는 사회과학 방법론의 '이해'란 '해석적 이해'라는 연구사조를 기반으로 둔 연구 방법이고, 그렇기 때문에 사적이고 개인적이며, 자기편의적인 주먹구구식의 연구 방법이 아니라고 답변한다. 그렇다면 '해석학'이란 무엇인가? 해석학이란 성경 또는 문학, 종교, 법 분야의 기록된 텍스트를 해석하는 학문을 의미한다. 베버는 여기에서 더 나아가 해석학이란 기록된 텍스트 그 자체 만이 아니라, 그것을 해석하는 과정에 있는 모든 것을 포함하는 학문으로 정의한다. 예를 들어, 여기 한 권의 책이 있다고 하자. 이를 해석학적 연구 방법으로 이해한다라는 것은 그 책을 텍스트 그대로, 내용만 발췌해서 그 기본 구조만 이해하는 것에 그치는 것이 아니다. 그것은 이 책이 왜, 어떻게 쓰였는가, 책의 저자는 어떠한 시대를 살았는가 그리고 그 책을 읽는 독자인 나는 지금 어떠한 상황에 있는가 등을 연결하여 그 책의 내용을 다각도로 분석하는 것을 말한다. 베버에 따르면 사회학자는 사회현상을 분석할 때, 이러한 해석학적 시각을 기반으로 해야 하며, 그것이 바로 자신이 말하는 '이해(verstehen)'의 방법이라고 설명했다. 즉 사회과학자가 사회현상을 이해하고자 할 때에는, 해석학에서 한 권의 책을 다양한 맥락에서 다각적으로 분석하는 것처럼, 이 특정한 사회현상이 어떠한 사회적 맥락에서 어떠한 원인에 의해 나타났으며, 그것은 또 어떠한 사회적 결과를 가져올 것인가를 전방위적으로 살펴야 한다고 말한다. 따라서 그가 말하는 '이해'란 사안에 대한 많은 자료를 수집해서 그 안에 있는 데이터들을 고찰하고, 데이터 간의 연관성을 면밀히 살펴본 후에 거기서 그 사안의 위치와 의미를 포착하는 것을 의미한다. 이처럼 그가 말하는 '이해'란 연구자가 "아, 그냥 그렇구나."라고 머릿 속에서 생각해서 즉흥적으로 나온, 직관적이고 주관적이며 사적인 해석이 아니다. 그것은 사안을 거시적으로 보면서 인과관계를 면밀히 분석하여 결과를 도출하는 체계적인 방법이다.

한편, 베버는 해석학에서 책과 책의 저자뿐 아니라 독자 자신은 누구인가, 그리고 저자와 독자가 어떻게 연결되는가를 고민하듯이, 사회과학자도 연구대상뿐 아니라 연구자 자신은 누구인가, 그리고 사회현상을 이해하고자 할 때 연구자 자신의 시각은 어떻게 개입되는가를 짚어보는 것이 중요하다고 설명했다. 예를 들어 '노화 또는 노인문제'라는 주제를 생각해 보자. 젊은 연구자와 나이 든 연구자는 서로 다른 삶의 맥락하에서 이 주제를 연구하게 된다. 젊은 연구자는 노화, 노인문제를 자신의 미래와 연결해서 생각하는 반면, 나이든 연구자는 이와는 다른 입장을 취할 것이다. 이처럼 서로 다른 연구자의 입장과 시각은 그들이 연구 문제를 대하는 자세와 접근법을 다르게 만든다. 베버는 이 점에 주목하면서 연구자가 누구인가, 그는 어떠한 시각을 가지고 있는가는 연구대상을 이해하고, 분석하는데 중요한 역할을 한다고 설명했다. 그러면서 사회현상을 이해할 때, 사회현상뿐 아니라 연구자 자신의 맥락까지도 포함해서 연구를 진행하는 것이 자신이 설명하는 사회과학의 '이해(verstehen)'의 방법이라고 이야기한다.

이러한 그의 생각은 이후 사회과학 방법론의 큰 줄기 중 하나인 질적 연구 패러다임에 큰 영향을 주었다. 질적 연구 패러다임에서는 사회과학 연구의 목적은 객관적인 사실, 절대적인 진실을 밝혀내는 것이 아니며, 그렇게 할 수도 없다고 본다. 질적 연구 패러다임에서 중요한 것은 연구자와 연구대상 간의 상호관계성에서 나타나는 맥락이므로, 연구자는 특정 맥락에서 진실이 왜, 그리고 어떻게 나타났는가에 관심을 두어야 한다고 본다. 맥락을 중시하는 이러한 시각은 사회과학에서의 연구는 어디서나 통용되는 자연과학적 법칙을 밝히는 것과는 다르다고 본 베버의 입장과 결을 같이하는 것이다. 질적 연구 패러다임은 연구자와 연구대상 간의 상호관계성을 중시하고, 일반화를 경계한다는 면에서, 객관성을 담보하면서 일반적 규칙과 설명을 찾아내고자 하는 양적 연구 패러다임과 대조된다. 양적 패러다임이 뒤르켐의 논의에 영향을 받았다는 사실을 상기해 보면, 베버와 뒤르켐이 사회과학의 연구 방법에 대해 매우 다른 견해와 입장을 가졌다는 것을 이해할 수 있다.

사회과학에서 법칙을 찾는 것이 가능할까?: 인과적 적합성

앞에서 언급한 것처럼 막스 베버는 (예를 들어, 물을 끓이면 수증기가 된다고 하는) 만고불변의 법칙을 발견하고자 하는 시도는 사회과학에 있어서도 안 되고, 있을 수도 없다고 생각했다. 그렇다고 해서 그가 '인과성'이라는 개념을 완전히 부인한 것은 아니었다. 코저(2018)에 따르면 베버는 오히려 그것을 확신했다고 한다. 그런데 인과성이라는 것은 특정 원인(X 변수)에 의해 결과(Y 변수)가 도출된다는 법칙(X → Y)을 전제로 하는 것이 아닌가? 법칙을 발견하는 사회과학 연구 방법론에 동의하지 않았던 베버가 인과성이라니. 베버가 사회과학의 '법칙'을 발견하는 데 관심이 없었다면, 그는 도대체 어떤 맥락에서 '인과성'이라는 개념을 이야기했던 것일까?

베버가 이야기하는 인과성이란 X(원인) → Y(결과) 간의 필연적이고 절대적인 인과성, 즉 언제 어디서나 예외없이 100% 일어나는 인과관계가 아니다. 그의 인과성은 '개연성(probability)'이 있는 인과성(causality)을 의미하는데(코저, 2018),[6] 여기서 '개연성'이라는 개념은 그럴 수도 있다. 그런데 그렇지 않을 수도 있다라는 확률적 가능성을 기반으로 한다. 그러므로 개연성이 있는 인과성이란 이 원인에 의해 이러한 결과가 나올 수도 있지만, 항상 그런 것은 아니라는 전제를 기반으로 하는 인과성이다. 즉 원인과 결과가 있지만, 이 인과관계에 다른 요인들이 끊임없이 개입하고, 그런 과정에서 예상하지 못한 일들이 일어나서 그 인과관계를 약화시킬 수도 있고, 또는 아주 다른 방향으로 변화시킬 수도 있는 어떻게 보면, 유연성이 있는 인과성인 것이다. 베버는 인간사회에서는 정말 많은 다양한 요인들이 복합적으로 연결되어 있기 때문에, 모든 변수들을 완벽하게 통제하면서 요인 간의 관계를 설명하는 단선적이고 필연적인 인과성을 제시할 수는 없다고 보았다. 따라서 그가 말하는 인과성이란 두 요인 간의 명확하고 분명한 인과관계라기보다는 그 관계에 개입하는 다양한 요인들 간의 상관성까지도 포함하여 나타나게 되는 느슨한 인과적 관계이다.

이처럼 베버는 사회과학자는 사회현상을 설명하기 위해서 "X가 발생하면 Y가 발생할 개연성이 있다."라는 확률적인 진술을 할 수 있을 뿐이라고 보았다. 또한 이정도의 진술을 하는 것이 사회적 실재와 현상을 설명하기 위해 사회과학이 할 수 있는 최대한의 일이라고 주장했다. 베버는 이와 같은 인과성을 '인과적 적합성(adequate causality)'이라고 명명하면서 자연과학에서의 인과성과 차이를 강조하고 혼동을 피하고자 하였다. 사회과학 연구자는 인과관계가 발생할 가능성이 있는 맥락(구조적인 요인)을 염두에 두고 그 안에서 다양한 요소들이 어떻게 서로 연결되는가를 살피면서 요소들 간의 인과적 적합성을 찾아가는 역할을 하게 된다고 설명한다.

사회현상을 재는 척도: 이념형

막스 베버의 연구 방법론 중 또 하나의 흥미로운 개념은 '이념형'이다. 이념형이란 사회과학자가 연구를 할 때 지표/기준이 되는 개념이다. 일종의 척도라고 할 수 있는데, 우리가 물건의 크기를 잴 때 '자'를 사용하듯이 사회현상을 이해하고 가늠할 때 사용하는 척도가 바로 '이념형'이다. 예를 들어, "쟤는 참 애답지가 않아."라는 표현을 써서 어떤 아이를 설명한다고 생각해 보자. 우리 사회에서 '애답다'는 것은 '천진난만하고 귀엽고 순진하다'는 것을 의미한다. 사회에서 통용되는 '애다움'이라는 기준/척도에 비춰봤을 때, 이 아이는 '애답지 않은' 아이라고 평가를 내리는 것이다. 여기서 '애답다는 것', 즉 순진하고 천진한 것이 애다운 것이라는 사회적 통념이 바로 우리 사회의 아이/어린이에 대한 '이념형'이다. 그런데 이 아이는 애답지 않은 아이로, 애다운 아이(이념형)로부터 멀리 떨어져 있는 사례가 된다. 이처럼 사회과학자는 이념형이라는 척도를 기반으로 사회현상(실제 사례)을 분석하고 설명하게 된다.[7]

'아이다움'과 관련하여 다음 [그림 5-2]의 아기 예수 얼굴을 찬찬히 살펴보도록 하자.

[그림 5-2]　옥좌의 마리아(1310), 조토 디 본도네(Giotto di Bondone)[8]

　　[그림 5-2]는 중세에 그려진 아기 예수 그림으로, 성모 마리아가 예수를 안고 있는 모습을 묘사하였다. 그런데 이 그림의 아기 예수를 보면, 천진난만하고, 귀엽고, 순진한 모습과는 전혀 다른 매우 엄숙한 어른의 모습을 발견할 수 있다. 왜 아기 예수를 '애닯지 않게' 표현했을까? 그것은 중세 사회의 '아기'에 대한 생각은 지금 우리의 생각과 달랐기 때문에다. 당시에는 아이/어린이가 지금처럼 귀엽거나 그래서 보호해 주어야 하는 존재로서 여겨지지 않았다. 아이/어린이는 연약한, 귀여운 존재가 아니라 어른과 동일하게 자신이 맡은 일/의무를 수행하는 미니어처 인간으로 여겨졌으며, 따라서 특별히 어른과 구별되지 않았다.[9]

　　서구에서 아이가 보호받아야 하는 존재로서 교육을 받고, 노동을 시켜서는 안 된다는 생각이 나오게 된 것도 자본주의 시스템이 정착하면서부터이다. 자본주의 체제하에서 남성은 밖에서 일을 하고 여성은 가족을 돌보는 성별분업이 나타나게 되었으며, 이를 기반으로 한 핵가족이 형성되고 장려되었다. 핵가족은 자본주의 체제를 유지하기 위해 매우 효율적인, 그리고 반드시 필요한 가족제도였다. 아버지는 밖에서 일을 하여 돈을 벌어오고, 가족 내에서 어머니는 아이들을 잘 길러서 미래에 자본주의 시스템을 유지하는 데 중요했기 때문이다. 이를 위해 아이는 미래의 노동력으로서 집안에서 어머니에게 보살핌을 받고 보호받아야 하는 존재로 여겨지기 시작했다. 이에 따라 아이는 보호받아야 하는 귀엽고, 약하고, 순진한 존재로 새롭게 정의되었다. 이렇게 보았을 때, 현재 통용되는 귀여운, 유약한, 천진난만한 '아이다움'이란 근대사회에 들어와 핵가족 개념이 만들어 지면서 비로소 나타나게 된 개념이라는 것을 알 수 있다. 그러므로 '천진난만한 아이다움'이란 시대에 상관없이 통용되었던 아이를 평가하는 잣대, 즉 이념형이 아니다. 이처럼 이념형은 사회 역사적 변화에 따라 새로이 만들어지고 정의되는 것으로 시대를 넘나드는 고정불변의 척도가 될 수 없다. 사회가 변하면, 이념형도 변하고, 또한 이러한 이념형을 가지고 실제의 사회현상을 설명하고 이해하는 시각과 방식도 달라진다.

사회가 변하면 이와 함께 변화하는 이념형: 국민 엄마, 김혜자?

이처럼 이념형은 사회가 변하고, 맥락이 달라지면 결국은 변화하게 된다. 그러나 이러한 변화는 쉽게 일어나는 것이 아니며, 오랜 시간이 걸리는 일이다. 때로는 변하지 않은 채 오랫동안 남아있으면서 고정관념이나 편견이 되어 사람들의 삶을 통제하고 억압할 수도 있다. 이러한 예의 하나로, 우리 사회에서 통용되는 '엄마', '모성'에 대한 이념형을 떠올려 보자. 우리 사회에서 '엄마'란 자식을 위해서 무엇이든지 할 수 있는,

자기를 희생하면서 자식을 위해서 무엇이든지 할 수 있는 희생적이고 이타적인 사람으로 여겨진다. 그런데 이러한 모성에 대한 이념형은 때로는 억압과 통제의 기제로 작용한다. 지금, 여성의 경제활동 참가율이 점점 증가하고 있는 상황[10]에서도 엄마는 아이를 위한 존재이며 자식을 위해서 헌신하고 희생해야 한다는 통념은 별로 달라지지 않고 있다. 그런 가운데, 혹자는 자신의 엄마 역할 수행을 사회적 통념, 즉 '희생적이고 이타적인 엄마'라는 이념형에 비추어 보고, 이에 못미치는 자신을 자책하기도 한다.

봉준호 감독의 '마더(2009)'는 우리 사회에서 통용되는 '엄마'라는 이념형에 대해 문제를 제기하고, 이를 돌아보게 하는 영화이다. 이 영화는 한국에서의 모성이란 어떤 것인가, 희생적이고 이타적인 엄마란 과연 누구에게 희생적이고 이타적인 존재인가를 질문한다. 영화 '마더'에서는 정신지체가 있는 자식을 위해서 무엇이든지 다 하는 엄마(김혜자 분)가 나온다. 엄마는 정신이 온전치 못한 자신의 아들이 살인 누명을 쓰자 그의 무죄를 밝히기 위해 고군분투한다. 그렇지만 결국 아들이 살인자라는 것을 알게 되고, 그것이 밝혀질 위기에 처하자 이를 알고 있는 목격자를 살해하기에 이른다. 이 영화에서는 '자식을 위해서 무엇이든지 다 하는 희생적인 엄마'라는 긍정적인 이념형이 실제 엄마의 모습, 살인까지 저지르는 모성으로 구현될 때 그것은 결코 위대하거나 아름다운 것이 아님을 생생히 보여준다. 영화는 여기에서 그치지 않는다. 또 다른 장면을 보자. 자식을 위해서 무엇이든지 다 하는 엄마인가 했더니, 그렇지도 않았다. 아들은 엄마에게 '자기가 다섯 살 때, 엄마가 자신을 거추장스럽게 여겨 박카스에 농약을 타서 죽여버리려 했던 것'을 기억하고 있다고 말한다. 엄마는 아들을 공포스럽게 바라보면서 소리를 지르고 그것을 부인하고자 하지만, 그것은 변할 수 없는 사실이다. 이를 통해 우리는 그녀가 장애가 있는 아들을 맡아 기르면서 한 사람의 여성으로서 '희생적이고 이타적인 엄마'가 되어야 한다는 부담감에 오랜 시간 짓눌렸고, 또 그것을 벗어나기 위해 얼마나 몸부림쳤는가를 알 수 있다. 영화는 희생적인 엄마가 되어야 한다고 하는 우리 사회의 이념형이 한 여성의 삶을 통제하면서 결국은 그녀를 엄마의 탈을 쓴 괴물로 만들었음을 쓸쓸히 보여준다. 이처럼 이념형은 그 사회에서 통용되고 동의되는 개념을 기반으로 만들어지지만, 실제 행위자에게 영향을 미칠 때는 때로는 큰 압력이 되면서 부정적인 영향을 미치기도 한다.[11]

30대 여성들의 노동시장 참여율이 과거에 비해 크게 증가하였다. 증가 추세의 이유로 30대 여성의 유자녀 여성 비중이 감소했기 때문이라는 분석이 나왔다.[12] 여성의 경제활동의 중요성이 부각되고, 실제로 많은 여성들이 노동시장에 참여하고 있지만, 가정에서의 여성의 역할, 그리고 엄마의 역할에 대한 생각과 통념은 별로 변하지 않았다. 이제 여성들은 일과 가정을 병행해야 하는 상황에서, 희생적이고 이타적인 엄마가 되기를 포기하고, 자신의 커리어를 쌓는 선택을 하게 된다. 심각한 저출산의 문제는 여성의 역할에 대한 전통적인 시각, 그로 인한 이념형이 변하지 않는 데서 비롯된다. 막스 베버는 사회가 변하면 이념형도 변화하게 된다고 하였다. 그러나 때로는 사회가 변하는데도 불구하고 우리의 생각과 개념, 그리고 이를 기반으로 한 이념형은 변하지 않은 채 고정관념과 편견이 되기도 한다. 이것을 바꾸는 일이 필요하다. 아무것도 하지 않으면 아무것도 변하지 않는다. 문제가 있다면, 그 문제가 발생한 원인을 다양한 요인과 맥락을 꼼꼼히 살피면서 밝혀내고 그것을 통해 변화를 만들어가는 태도가 필요하다. 그것이 바로 베버가 생각했던 사회학을 하는 자세[13]이며, 사회학적 상상력이다. 지금 우리에게 무엇보다 절실한 자질이다.

생각해 볼 문제들

1. 경제와 문화 간의 관계에 대한 마르크스와 막스 베버의 생각에 대해서 다시 한번 살펴보고, 자신은 어떠한 논의에 좀 더 동의하고 있는지에 대해서 이야기해 보자. 또한 자신의 견해를 한국사회의 문화현상을 예로 들어서 설명해 보자.
2. 이 장에서 논의한 막스 베버의 사회과학 방법론에 대해서 생각해 보고, 그의 논의가 질적 연구 패러다임과 어떻게 연결될 수 있는지에 대해서 생각해 보자.

🏅 **함께 읽으면 좋을 책들**

막스 베버(2018). 박문재 역. <프로테스탄트 윤리와 자본주의 정신>. 현대지성.
자본주의를 이해하고자 하는 사람이라면 마르크스의 <자본론>과 함께 반드시 읽어야 하는 고전이라는 평가를 받는 책이다. 그러나 접근하기에 쉽지 않기 때문에 해설서와 함께 읽으면서 도전해 보기를 권한다. 이 판본에서는 안토니 기든스의 해설을 함께 수록하여 독자의 이해를 돕고 있다.

김덕영(2020). <에리직톤 콤플렉스: 한국자본주의의 정신>. 도서출판 길.
막스 베버와 짐멜에 대한 연구로 후학들에게 큰 영향을 끼친 사회학자 김덕영은 이 책에서 한국의 자본주의와 그 정신은 과연 무엇인가를 탐구한다. 베버의 논의를 출발점으로 하여 한국 자본주의 정신의 계보학을 고찰하고, 그 미래를 전망하는 책이다.

제6장

뒤르켐: 나/우리/사회를 이해하는 데 도움을 주는 사회학적 상상력

대표적인 고전사회학자 세 사람 중 마르크스와 막스 베버에 대해서 논의하였다. 제6장에서는 마지막으로 뒤르켐에 대한 이야기를 하려고 한다. 뒤르켐의 논의를 본격적으로 시작하기 전에 우리가 왜 고전사회학자들의 이론 또는 사회학 이론 전반을 공부하는가에 대해서 생각해 보자. 이론 자체가 흥미로와서, 사회학적 지식을 넓히기 위해서 등 다양한 이유가 있을 것이다. 제6장에서는 조금 다른 면에서 그 이유를 생각해 보기를 제안할 것이다. 우리가 이론을 공부하고 익히는 이유는 이론 그 자체를 이해하기 위함이기도 하지만, 동시에 그 이론을 통해서 우리가 살고 있는 사회를 분석하고 성찰할 수 있는 데 필요한 '사회학적 상상력'을 기르기 위함이기도 하다. 그런 의미에서 이 장에서는 뒤르켐의 이론을 설명하고 이해하는 것과 함께 그의 이론을 통해서 지금 우리가 살고 있는 사회를 어떻게 분석할 것인가를 생각해보기로 한다.

뒤르켐이 사회학을 대하는 자세

뒤르켐은 1958년에 태어나서 1917년에 사망한 사회학자로서, 그가 살던 당시에는 다소 생소했던 사회학이라는 학문을 알리고 홍보하기 위해 노력한 학자이다.

뒤르켐을 공부하게 되면 맨 처음 접하게 되는 개념이 '사회적 사실'이다. 사실은 사실인데, 사회적 사실이라니. 이게 도대체 무슨 의미일까? 사회적 사실은 뒤르켐의 독특한 용어로서, 우리가 흔히 이야기하는 '사회구조'와 비슷한 개념이다. 그렇다면 왜 뒤르켐은 사회구조라는 말 대신, 낯설고 생소한 '사회적 사실'이라는 개념을 굳이 만들었을까? 제6장에서는 뒤르켐의 '사회적 사실'이라는 개념에 대해서 알아보고, 뒤르켐이 이를 기반으로 사회학이라는 학문에 대해 어떠한 접근을 하고자 했는지에 대해서 생각해 보도록 한다.

'사회적 사실'이라는 개념은 뒤르켐의 저서 중 <사회적 방법의 규칙들(1895)>[1]이라는 책에서 언급되었다. 그가 이 책을 썼던 이유는 사람들에게 사회학이라는 학문을 홍보하기 위함이었다. 당시에 사람들은 신생 학문인 사회학에 대해서 잘 알지 못하였는데(물론 지금도 그러하지만), 이를 안타깝게 생각했던 뒤르켐은 사회를 이해하고 분석하는 사회학의 중요성에 대해서 분명하게 전달하고자 하는 일종의 사명감을 가졌고, 이러한 생각에서 '사회적 방법의 규칙들'이라는 책을 통해 사회학에 대해서 알리고자 애썼다. 이 책에서 그는 사회학이라고 하는 학문이 기타 다른 학문들, 예를 들어 철학이나 심리학과 연구 대상이나 주제, 그리고 접근 방법이 매우 다르다는 것을 강조하면서 사회학이 정말 중요한 학문이라는 것을 강조하였다. 그는 "그렇다면 사회학이 다른 학문들과 어떻게 다른가?"라는 질문에 대해 '사회적 사실들'이라는 개념을 제시하면서 다른 학문들과 사회학을 비교하여 설명한다.

먼저 사회학이 철학과 어떻게 다른가에 대해서 그는 사회학은 '사회적 사실들'이라고 하는 분명하고 구체적인 현상을 연구한다고 답변한다. 반면, 철학은 추상적인 관념을 중심으로 하여 이해와 사유를 하고자 한다는 점에서, 따라서 사회 안의 구체적인 현상을 그 연구 목적으로 삼지 않는다는 점에서 사회학과 차이를 보인다고 하였다. 한편, '사회적 사실'이라는 것은 개인의 밖에 존재하면서 개인에게 영향을 미치는 실재라고 이야기하면서 이에 대해서 탐구하는 사회학은 심리학과도 구별된다고 설명하였다. 심리학에서는 개인의 의도, 동기, 인지 등 개인의 내면 안에서 일어나는 현상에 대해 주목하는 반면에 사회학은 개개인의 심리에는 별다른 관심이 없다. 개개인의 심리라고 하는 것은 사회적 사실에 의한 구조적 영향력 앞에서 너무나 보잘것없고 힘이 없는 존재이기 때문이다. 따라서 사회학에서는 개인에게 영향을 미치는 사회적인 구조, 즉 개인의 밖에 있으면서 개인에게 영향을 미치는 것, 개인의 사고와 행동을 규제하는 강제력이 있는 것(코저, 2018)에 관심을 가질 뿐이라고 이야기한다. 이것이 바로 뒤르켐이 이야기하는 '사회적 사실'이다.

종합하면, '사회학'이란 사회적 사실이라고 하는 객관적 현상을 연구하는 학문으로 정의될 수 있다. 여기서 객관적이라고 하는 개념은 개인의 주관을 초월한다는 뜻이며, 추상적이며 관념적인 차원이 아닌 구체적이고 분명한 실재를 이야기한다. 그는 언어, 집합의식, 집단표상, 종교, 사회연대 등을 전형적인 사회적 사실로 보고 사회적 사실은 개인의 밖에 있으면서 개인의 사고와 행동을 규제하는 강제력이 있다고 보았다. 앞에서도 이야기했지만, 이 개념은 일반적으로 '사회구조'라고 이해된다. 그러나 뒤르켐은 독특하게도 이를 '사회적 사실'이라고 명명하면서, 사회학이란 바로 이러한 '사회적 사실'을 연구하는 학문이라고 정의하였다. 이러한 뒤르켐의 행보는 그가 사회학이라는 학문을 얼마나 잘, 그리고 새롭게 포장해서 사람들에게 알려주고자 했는가를 보여주는 것이다. 사회구조라는 익히 잘 알려진 개념 대신에 뭔가 새로운 개념을 만들어서 사람들에게 제시하면서, "자, 봐라. 이렇게 새롭고 멋진 학문이 있는데 그래도 관심 가지지 않을 거야?"라고 하는 학자의 야심과 사명감을 느낄 수 있는 대목이다.

한편, 뒤르켐은 사회적 사실을 두 가지 유형, 물질적인 사회적 사실과 비물질적인 사회적 사실로 나누어서 설명한다(리처, 2010).[2] 물질적인 사회적 사실이란 가시적인 사회적 사실로, 만질 수 있고 실체가 있는 구조를 이야기하는데, 그 예로서 사회계층, 인구 구조를 들 수 있다. 이러한 '사회적 사실'들은 분명한 실체로 존재하면서 개인에게 영향을 미치게 된다. 사회계층/계급 등은 내가 무엇을 구입하고 소비하는가, 그리고 이를 통해서 내가 어떻게 살아갈 수 있는가를 결정하는 내 삶의 환경이 되면서 내 삶을 압박하고 통제한다. 반면, 비물질적인 사회적 사실들은 눈에 보이지 않는 것으로 구체적인 실체는 없지만 그럼에도 불구하고 우리에게 큰 영향을 미치는 요소들을 의미한다. 예를 들어, 도덕성, 집합적 양심, 사회추세, 가치관, 또는 언어구조 등이 비물질적인 사회적 사실에 속하는데, 이러한 요소들은 사람들의 행동과 상호관계를 맺는 다양한 방식에 영향을 미치면서 그 힘을 발휘한다.

뒤르켐의 이론을 바탕으로 하여 우리 사회를 살펴보는 사회학적 상상력에 대해서 생각해 보자. 여기서는 제2장에서 언급했던 '한국어 말하기'의 특징을 뒤르켐의 '사회적 사실' 개념을 통해 이해해 보기로 한다. 한국어 말하기의 가장 중요한 특징은 반말/존댓말이 매우 발달해 있다는 것이다. 따라서 우리는 사람을 만나서 이야기를 시작하기 전에 이 사람과 나와의 관계가 어떻게 되는가를 결정해야 한다. 반말과 존댓말에 의해 관계성이 촘촘히 짜여져 있기 때문에 나와 이야기하는 상대와 나와의 관계성을 먼저 정리해 두지 않으면, 문제가 발생할 수 있기 때문이다. 이에 대해 장강명[3]은 한국어의 존댓말/반말 체계가 한국인들의 사회

관계에 큰 영향을 미치면서, 의도치 않게 (또는 의도를 가지고) 문제를 만들고 있다는 점을 주목한다. 그에 따르면, 우리는 이야기할 때 우선 내 대화 상대가 나보다 지위/연령 등 다양한 사회적 위치에서 높은가, 낮은가를 따져야 비로소 대화를 할 수 있는 언어체계를 사용하고 있다. 그런데 이러한 언어체계는 끊임없이 우리에게 상대방의 (사회적) 지위를 나의 지위와 비교하도록 만든다. 그래서 내가 판단한 비교체계가 제대로 지켜지면 별 문제를 느끼지 않지만, 그것이 위반되면 문제가 있다고 생각하게 된다. 예를 들어, 나보다 나이가 어린, 또는 직급이 아래인 사람이 나에게 반말을 하면, 나는 자신의 비교체제가 위반되었다고 느끼게 된다. 따라서 대화의 내용에 상관없이 그 언어의 사용에 의해 기분이 나빠지고, 화가 나게 된다.

이 경우, 내가 가지는 불편한 감정, 기분 나쁨, 화남에 대해서 생각해 보자. 이 감정은 내가 한국어의 반말, 존댓말 체계를 잘 알고 있는 상황에서 내 앞에 있는 사람이 이를 위반하고 무시했기 때문에 생겨난 것이다. 그렇다고 한다면, 나의 기분 나쁨, 화남은 내 안에서 일어난 개인적이고 사적인 감정이라기보다는 보다 큰 한국어 언어체계, 즉 뒤르켐이 이야기한 '사회적 사실'과 관련되어 발생한 것이다. 나의 외부에 있는, 동시에 나 자신이 동의하고 수용한 '경어/비어와 관련된 사회적 사실'이 위반되었기 때문에 나는 기분이 상하고 화가 난 것이다. 이에 대해 뒤르켐은 이렇게 말할 것이다. "당신은 지금 화가 나 있다. 그 이유는 (반말을 한) 그 젊은이에게 개인적인 감정이 있기 때문이 아니라 존댓말을 써야 하는 그가 한국어 말하기 그리고 한국사회의 규칙을 위반했기 때문이다. 이에 주목하는 것이 사회학이다."라고. 이처럼 뒤르켐은 '사회학'이란 개인적이고 사적인 감정에 주목하는 것이 아니라 그 감정을 유발하는 사회적 사실에 보다 관심을 가지는 것이라고 보았다.

뒤르켐의 자살론, 그리고 한국사회의 자살:
이래도 사회학의 진가를 모르겠어요?

이처럼 뒤르켐은 '사회적 사실'을 연구하는 것이 사회학이라는 것을 강조했고 그 중요성을 알리려고 노력하였다. 그런데 사람들은 사회학이 중요하다는 것을 납득하기는커녕, 여전히 '사회적 사실'이 무엇인지, 그것을 연구한다는 '사회학'이란 어떤 학문인지에 대해서 잘 이해하지 못했고 또 알려고도 하지 않았다. "당신은 사회학이란 학문이 심리학, 철학과 다르다고 이야기하는데 우리는 그것이 어떻게 다른지 정말 잘 모르겠어요." 하는 사람들에게 뒤르켐은 절망하곤 했다. 그러나 동시에 "그렇다면 내가 한 번 보여주지." 하는 다짐을 굳게 하면서, "뭔가 사람들의 이목을 집중시킬 주제를 잡아서 사회학이라는 학문을 한 방에 알려야 되겠어!" 하는 결심을 하게 된다. 이러한 생각을 가지고 뒤르켐은 사람들이 사회학이란 학문을 제대로 설명하고 전달할 수 있는 주제를 찾게 되었는데, 이런 그가 선택한 주제가 '자살'이었다.

일반적으로 '자살'이라고 하면 매우 내밀하고 사적인 일이라고 여겨진다. 말 못 할 고민을 가지고 힘들어하고, 우울증을 앓다가 스스로 목숨을 끊는 행위인 자살은, 그 과정에 외부의 개입과 관련이 없는 매우 개인적이고, 사적인, 그리고 개별적인 행위라고 생각된다. 뒤르켐은 이에 동의하지 않았다. 표면상으로는 매우 개인적이고 사적인 그리고 개별적 사건으로 보이는 자살이라는 행위가 사실은 매우 사회적인 원인에 의해서 발생하는 것이라는 것이 그의 생각이었다. 그래서 그는 사람들이 자살의 사회적인 원인에 대해서는 별로 주목하지 않은 채, 자살을 개인적 차원의 사안으로 보고만 있는 것이 무척 안타까웠다. 그러다가 문득 그는, 이것이 사회학의 중요성을 알리는 매우 귀중한 기회가 될 수 있다는 생각을 하게 된다. "자살에 대해서 사람들은 그것을 당사자 개인의 문제로만 생각한다. 그러면서도 또 '왜 그 사람이 죽었지?' 하면서 그 이유에 대해서 궁금해하며 관심을 갖는다. 그렇다면, 내가 그 이유를 사회학적 분석을 통해 명쾌하게 보여주면 어떨까? 그러면 사람들이 '사회학이라고 하는 것이 되게 중요하구나. 사회적 사실을 찾는 것이 정말로 중요하구나.' 하고 받아들일 수 있을 거야." 이러한 생각을 가지고 뒤르켐이 공들여 쓰게 된 책이 그 유명한 저서 <자살론>[4]이다.

이 책에서 그는 프랑스 법무부의 기록 문서 중 자살과 관련된 자료 26,000건을 분석하면서 자신의 논지를 피력한다. 이는 역사상 거의 최초로 통계적 방법에 바탕을 두고, 합리주의적, 실증주의적 방법론으로 자살의 사회적 유형과 원인을 추출한 연구라 할 수 있다(김덕영, 2019).[5] 뒤르켐은 이와 같은 방대한 자료를 기반으로 자살을 설명하기 위해서는 개별적인 자살 사례에 주목하기보다는 각 사회의 자살률에 관심을 두어야 한다는 자신의 생각을 입증하고자 하였다. 여기서는 뒤르켐의 방법론과 논지를 설명하기 위해 가상의 데이터를 제시해 보고자 한다. 다음은 그의 책 <자살론>에 담긴 그의 생각을 바탕으로 하여 가상으로 만든 각 사회별 자살률 변동표이다.

[표 6-1] A, B, C 사회의 자살률 변화(필자가 가상으로 만든 자료임)

	1900	1905	1910
A 사회	0.2	0.3	0.23
B 사회	0.1	3.4	3.6
C 사회	1.7	1.8	0.2

[표 6-1]에서는 A, B, C 사회의 1900년, 1905년, 1910년 자살률이 제시되어 있다. 먼저 A 사회를 보면, 1900년에 0.2, 1905년에 0.3, 1910년에 0.23으로 약간의 오르내림이 있지만, 그래도 10년에 걸쳐서 비슷한

수준으로 자살률이 유지되었던 것을 알 수 있다. 한편, B사회는 1900년에는 0.1로 A사회의 1900년 0.2보다 낮지만, 1905년에 3.4로 급등한 후, 그 증가 추세가 1910년까지 지속된다. 그런데 뒤르켐에 따르면 1900년과 1905년 사이에 일어난 B 사회의 급격한 자살률 상승은 자살의 개별적 사례만 보아서는 설명이 불가능하다. 대신 그 기간 동안 일어난 B 사회의 변화를 주목할 필요가 있다. 즉, "B 사회에서 무엇인가 급격한 사회적인 변화가 일어나서 사람들에게 큰 충격을 주게 되었고, 그로 인해 B 사회의 많은 사람들이 극단적인 선택을 하게 되어 전체적인 자살률이 높아지게 되었다."라는 가설을 가지고 자살률 상승을 분석해야 한다. 한편, C 사회의 자살률은 1910년 1.7, 1905년에는 1.8인데, 1910년에 0.2로 급감하는 추세를 보인다. 이러한 변화도 마찬가지로 사회적인 변동을 주목해서 자살률 감소의 원인을 설명해야 한다는 것이 뒤르켐의 논지이다.

여기서 잠깐 논의를 멈추고, 한국사회의 자살현황에 대한 다음의 기사를 살펴보도록 하자.

> OECD 38개국 연령표준화 평균 자살률은 인구 10만 명당 11.1명인데, 우리나라는 23.6명으로 2배 이상 높은 자살률을 보인다. OECD 회원국 자살률 평균을 한국은 1998년 22.7명 대 16.4명으로 역전시킨 후 2005년 14년 만에 OECD 회원국 평균의 두 배가 되었다. 2022년 OECD 평균 11.1명 대 한국 25.2명으로 간격이 더 커졌다.[6]

이 기사에서 주목할 점은 "1998년 22.7명 대 16.4명으로 역전시킨 후"라는 대목이다. 1990년대 중반까지 그다지 높지 않았던 한국의 자살률은 왜 1998년에 갑자기 OECD 평균 자살률을 역전시킬 정도로 높아졌을까? 1998년에 한국에서 도대체 어떠한 일이 일어났던 것일까? 1997~1998년에 일어났던 IMF 사태와 그 이후의 변화를 생각해 보면, 뒤르켐의 생각은 적어도 한국사회의 자살률 변화를 설명하는 데는 어느 정도 설득력이 있다고 고개를 끄덕이게 된다. 뒤르켐은 묻는다. 이래도 사회학의 진가를 모르겠어요?

OECD 국가들 중 가장 높은 한국의 자살률, 그 이유는?

그렇다면 사람들은 왜 자살을 하게 되는가? 사회적 맥락을 통해서 개인의 선택인 자살을 설명할 수 있다고 생각했던 뒤르켐은 개인 행위자와 사회와의 관계를 중심으로 이 질문에 답한다. 그에 따르면 개인 행위자와 사회와의 관계성에 따라 자살은 네 가지의 서로 다른 유형, 즉 이기적, 이타적, 숙명적, 그리고 아노미적 자살로 구분될 수 있다. 첫째, 이기적 자살은 집합의식도 낮고 사람들 간의 결속력도 낮은 상황에서 일어나는 자살을 말한다. 뒤르켐는 개인 행위자가 사회로부터 유리되어 다른 사람들과의 유대감을 갖지 못한 고립된 상태에 처하게 되면, 그 외로움과 절망 속에서 극단적인 선택을 하게 되는 경향이 높아진다고 본다. 이기적 자살의 예로서 현재 한국사회에서 심심치 않게 보도되고 있는 독거 노인들의 고독사,[7] 무연고자의 자살 등을 들 수 있다. 급속도로 증가하고 있는 고독사는 우리 사회가 직면한 문제들, 즉 고령화, 가족 해체와 이로 인한 돌봄 공백과 관련된, 이기적 자살의 대표적인 사례이다. 둘째, 이타적 자살이란 집합의식이 높고, 또한 집단 결속력이 매우 강한 상황에서 일어나는 자살을 말한다. 즉 개인이 집단(사회)의 목표에 지나치게 몰입하고, 집단(사회)이 곧 나라고 하는 생각을 가질 때 집단(사회)의 목적을 위해 자신을 희생하는 형태의 자살이 이타적 자살이다. 뉴스에서 종종 보고되는 종교집단이 행하는 분신 자살 또는 자살 테러가 이타적 자살의 예가 될 수 있다. 종교적 신념을 신봉한 나머지 그것을 위해서 자신의 목숨을 버리는 행위로, 개인 행위자가 사회(종교)와의 관계에서 자신을 분리하지 못하고 동일시하면서 일어나는 자살이다. 또 다른 자살의 유형으로 아노미적 자살이 있다. 아노미란 지배적인 가치가 무너졌는데 새로운 가치는 아직 성립되지 않은, 따라서 매우 혼란한 상태, 통제 불가능한 상태를 말한다. 예를 들어, 경제적 상황이 급속도로 나빠져서 사회 전체가 패닉과 불안에 빠졌다든지, 또는 사람들이 감당하지 못할 정도의 큰 재난이 일어나서 사회 전체가 큰 충격과 어려움에 직면했다든지, 또는 지금까지 믿고 있었던 가치관이 붕괴된 상황에서 새로운 가치는 아직 정립되지 않았다든지 하는 혼란하고 불안정한, 무규범의 상태가 바로 아노미적 상황이다. 뒤르켐은 이러한 상황에 처한 개인은 무엇을 해야 할지 갈피를 잡지 못한 채 혼돈된 상태에 빠지게 되고, 어찌할 바를 모르는 상황에서 자살을 감행하게 된다고 보았다. 이것이 그가 설명하는 아노미적 자살이다. 그는 다양한 자살 유형 중 특히 아노미적 자살에 주목하였다. 그 이유는 그가 당시의 프랑스 사회에서 일어나고 있는 다양한 문제들, 즉 도덕적 해이와 범죄율 및 자살률의 증가가 무규범적이고 혼란한 아노미적 상황에 따른 것이라고 진단했기 때문이다.

여기서 논의를 잠시 멈추고 한국사회를 살펴보자. 급격한 사회변화에 의해 기존의 가치가 무너지면서 많은 사람들이 삶의 방향을 잡지 못하게 되면, 여러 가지 예기치 못한 사회문제가 나타나게 된다는 것을 우리 사회에서도 마찬가지로 발견할 수 있다. 이와 관련하여 다음의 자살률 변화추이를 보자.

[그림 6-1]　자살률 변화추이(1983~2022)[8]

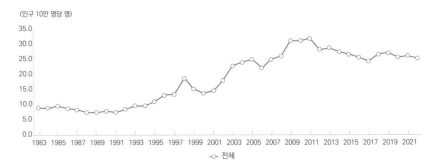

(인구 10만 명당 명)

-○- 전체

[그림 6-1]을 보면, 1997년을 기점으로 하여 한국의 자살률이 급격히 증가한 것을 발견할 수 있다. 1997~1998년은 사상 초유의 국가부도사태가 일어나 IMF의 통제하에 경제/사회시스템의 대변혁이 일어났던 시기이다. 많은 기업이 도산했고, 살아남은 기업도 경제체제의 변화 하에서 그 이전의 일반적 고용 형태를 더 이상 유지할 수 없게 되었다. 사람을 잘 채용하지 않았고, 뽑은 사람도 해고했다. 취업자 측면에서 보면 직장을 잡기가 어려워지고, 언제 해고를 당할지 불안한 상태에 놓이게 된 것이다. 기업도 상황이 다르지 않았다. 이러한 상황에서 사람들은 어떻게 해서든지 생존경쟁에서 이겨서 살아남아야 한다는 생각을 강하게 하게 되었으며, 이를 위해 고군분투하였다. 이 과정에서 사람들 스스로도 알지 못하는 사이에 무한경쟁과 각자도생 체제, 그리고 그를 지지하는 생각들이 사회 곳곳에 스며들게 되었다.

여기에서 1997~1998년 사이 일어난 자살률 증가로 돌아가보자. 왜 갑자기 이때 자살률이 대폭적으로 늘어나게 되었을까? IMF로 인해서 지금까지 사람들이 믿어왔던 삶의 방식과 가치관이 붕괴되었고, 어떻게든 살아남아야 한다는 인식이 팽배해지면서 무한경쟁과 각자도생 체제가 나타났다. 그러나 삶을 새로운 방식으로 갑자기 변환시키는 것은 매우 힘들고 어려운 일이었다. 많은 사람들이 새로운 생활양식과 가치관에 적응하면서 고통스러워할 수밖에 없었다. 더구나 경제위기로 인한 실업과 파산, 빈곤, 그리고 가족 해체의 문제들은 이러한 전환을 더더욱 어렵고 힘들게 했다. 그 가운데에서 사람들은 어찌할 바를 모르고 절망하게 되었고, 절망 끝에서 극단적인 선택을 하는 사람들도 생기게 되었다. 이렇게 볼 때 1997~1998년의 자살률의 증가는 IMF 위기 이후 한국사회가 경험한 혼란과 불안, 그리고 무규범적인 상황으로 인한 아노미적 자살로 설명될 수 있다.

안타깝게도 이와 같은 일은 1997년 한 번으로 그치지 않았다. [그림 6-1]을 보면, 1997년 이후 다소 감소하는 것처럼 보였던 자살률이 2002년부터 2004년까지 다시 증가하는 것을 발견할 수 있다. 그렇다면 이때는 또 어떠한 일들이 나타났던 것일까? 이 시기 자살률의 증가는 카드대란(2002~2006년)과 연관지어 설명할 수 있다. 김대중 정부는 IMF 외환위기 이후 경제회복과 탈세방지, 지하경제 축소와 내수 진작을 위해 신용카드 사용을 적극적으로 장려했다. 이러한 장려정책에 힘입어 신용카드 발급량과 사용액이 급증하였다. 카드 회사에서는 신용이 검증되지 않은 사람들에게도 무분별하게 카드를 발급하면서 카드 발급량을 최대한 끌어올리려고 하였다. 사람들도 적극적으로 카드를 발급받아 현금 대신 사용하기 시작하였다. 그 결과 엄청난 숫자의 카드가 발행되었다. 2002년 당시 시중에 돌아다니던 신용카드 수가 1억 480만 장이었다고 한다.[9] 문제는 당시 사람들이 신용카드와 그 사용에 대한 별다른 정보와 지식이 없었다는 것이다. 자신의 소득과 예산을 잘 가늠해서 카드 사용을 해야 했지만, 사람들은 그에 대해서 잘 알지 못했다. 이런 상황에도 불구하고 정부와 기업의 지원하에 카드 사용은 대대적으로 홍보되고 권장되었다. 카드를 사용해 좋은 물건을 사고, 고급스러운 삶을 살 수 있다는 망상을 담은 광고가 TV에 넘쳐났으며, 사람들은 나중에 이를 어떻게 갚아야 하는가에 대한 별다른 생각 없이 카드를 남발하여 사용하였다.

[그림 6-2] 당시 카드업계 1위였던 LG 카드 광고영상[10]

그러나 이러한 망상이 지속될 수는 없었다. 결국 카드 사용자 중 많은 수가 카드 빚을 감당하지 못하여 파산하고, 신용불량자가 되었으며, 무분별하게 카드를 발급했던 카드 회사 자체가 도산하는 등 이른바 '카드대란'이 일어나게 되었다. 2003~2004년 사이에 큰 폭으로 증가한 자살률은 이와 같은 사회적 맥락과 연관해서 이해해야 할 것이다. 현금을 대신하는 카드에 대해 사회 전체적으로 잘 준비되지 않는 상황, 즉 새로운 시스템이 도입되었지만, 그에 대한 준비와 지식이 전혀 갖추어지지 않았던 무질서하고 혼란했던 아노미 상황에서 많은 사람들이 빚에 허덕이게 되었고, 결국 그 끝에서 자살을 선택했다. IMF 외환위기를 겪은 후 2000년대 들어 일어난 카드대란 사태로 또 한 번 크게 증가한 자살률 추세를 보면서 뒤르켐의 아노미적 자살이라는 개념을 다시 한번 더 떠올리지 않을 수 없다.

한국사회의 자살률은 1997년 이후 가끔씩의 낙폭은 있으나 지속적으로 증가해 왔다. 1997년 이후 도입된 신자유주의 경제체제하 무한경쟁 속에서 살아남아야 한다는 압박을 받는 많은 사람들이 불안해 하고 혼란스러워하며 갈팡질팡하고 있고, 그 와중에서 어찌할 바를 모른 채 극단적인 선택을 하고 있는 것으로 풀이할 수 있다. 자료에 따르면 2022년 한국의 자살률은 25.2[11]로 OECD 국가들 중 가장 높은 수치를 보이고 있다. 뒤르켐식으로 해석하면, 한국의 높은 자살률은 우리 사회가 1997년 이후 아직도 아노미 상태에 머물러 있으면서 길을 잃고 헤매고 있다는 것을 보여주는 징표이다. 그의 논의가 자신이 살았던 19~20세기 프랑스 사회를 넘어 현대 한국사회의 금융위기와 그로 인한 자살률의 증가를 분석하는데 설득력이 있다는 것을 확인할 수 있는, 동시에 씁쓸한 대목이다.

한국 사회의 '젠더 갈등'을 해소하기 위한 사회학적 상상력: 뒤르켐을 공부하는 이유

제6장의 서두에서 우리가 이론을 공부하는 이유는 이론 자체를 이해하기 위함이기도 하지만, 이론을 통해서 우리 사회를 분석하고 성찰하며, 좀 더 나은 방향을 모색할 수 있는 '사회학적 상상력'을 기르기 위함이라는 것을 밝혔다. 이러한 전제하에 한국사회의 자살률 변동을 뒤르켐의 '아노미' 개념을 통해 설명하기를 시도하였다. 그런데 뒤르켐에 따르면, 아노미 상황은 자살뿐 아니라, 사회적 갈등, 혐오, 그리고 범죄와 밀접한 관련을 갖는다.[12] 그렇다면 한국사회의 혐오, 갈등, 그리고 이로 인한 범죄를 설명하는 데에도 뒤르켐의 아노미 개념이 시사점을 줄 수 있을까? 이 질문에 답하기 위해 최근 우리 사회의 큰 쟁점으로 등장한 남녀 간 상호 혐오와 갈등, 그리고 증오범죄에 대해서 생각해 보자.

앞에서 논의한 것처럼 아노미적 상황은 사람들이 오랫동안 따르고 믿고 있던 가치관이 무너진 상황에서 이를 대체할 만한 새로운 규범과 가치관이 아직 나타나지 않아서 빚어지는 혼란한 무규범 상태이다. 주지하다시피 우리 사회에서 남존여비 사상을 담은 가부장적 가치관과 행동양식은 최근까지 매우 강력한 힘을 가지면서 유지되어 왔다. 그러나

1997년 경제시스템의 변화로 인해 남편 생계부양자/아내 전업주부 모델을 기반으로 하는 가족임금제가 붕괴되면서 그에 대한 본격적인 문제 제기가 시작되어, 가부장제, 남성의 권위에 대한 의문과 도전이 수면 위로 떠오르게 되었다. 또한, 가족임금제의 붕괴로 인해 노동시장의 변화가 일어나게 되자 여성 교육에 대한 생각도 급변하게 되었다. 그 결과 여성들은 결혼 후 전업주부의 삶을 사는 것이 아니라 사회 진출을 하는 것을 당연하게 여기게 되었다. 이것은 여성 개인뿐 아니라, 사회적인 요구와 필요에 의한 변화이기도 하였다. 이제 여성들은 취업 시장에 본격적으로 진출하였고, 가정이 아닌 사회에서 자신의 목소리를 적극적으로 내고자 하였다.

그런데 이러한 상황이 모든 사람에게 환영받은 것은 아니었다. 고도성장기가 지나고 IMF 사태를 겪으면서 가뜩이나 어려워진 취업시장에 유입된 여성들의 존재는 남성들끼리의 경쟁에만 익숙해왔던 사람들에게 뜨악하고 달갑지 않은 일이었다. 거기에 기름을 부은 것은 1999년 군가산제 위헌 판결이었다. 이로 인해 여성혐오라는 그 이전에는 가시화되지 않던 현상이 사회 전면에 나타나게 되었다. 이렇게 등장한 여성혐오 담론은 2000년대 들어 한국 전체에 깔린 촘촘한 인터넷 망을 기반으로 하여 급속도로 확산되었다. 여성을 대상화하는 많은 단어(김치녀, 된장녀, 개똥녀, 보슬아치, 김여사, 맘충)가 양산되었던 것이 이를 잘 보여준다. 이러한 변화가 일어나는 와중에도 가부장제를 기반으로 한 가치관은 여전히 여성들의 삶을 통제하고 있다. 여성들의 사회진출이 본격화되었지만, 밖에서 일을 하는 것과는 별개로 집안일, 육아에 있어서의 책임은 여전히 여성에게 지워지고 있는 현실이 이를 잘 보여준다. 그러나 이러한 관행에 대해 여성들은 더 이상 참지 않게 되었다. 자신의 권리를 위해 싸우고자 하며, 보다 평등한 젠더 관계가 가족 안과 밖에서 모두 이루어질 것을 요구하게 되었다. 이 과정에서 여성들의 권리와 입장을 옹호하는 다양한 여성주의 담론이 등장하였다. 그 결과 남녀 간 의견의 차이와 충돌은 점점 격화되는 양상을 보이게 되었다.

이런 가운데 여성을 대상으로 하는 범죄도 증가하였다. 2016년 강남역 사건, 2020년 N번방 사건, 2022년 신림역 사건 등 사람들이 익히 알고 있는 강력 사건을 포함하여, 여성 대상 범죄가 늘어나고 있다는 사실은 통계로도 확인된다. 다음의 [표 6-2]는 2011년에서 2020년까지 강력범죄의 피해자를 성별로 분류한 것이다. 여성 피해자 비율은 80% 이상으로, 이 기간 동안 지속적으로 증가하고 있다는 것을 알 수 있다. 그런데 이러한 통계수치에 대한 반발과 반론이 제기되기도 한다. "강력범죄에는 살인, 방화, 강도, 성폭력 범죄가 포함되는데, 성폭력이 강력범죄로 분류되고 있기 때문에 여성 피해자가 많은 것이 당연한 일 아닌가. 따라서 성폭력 카테고리를 제외한다면 여성 피해자의 비율은 낮아질 것이다."라는 것이 그 내용이다.[13] 맞는 말이다. 성범죄를 제외하면 여성 피해자의 비율이 낮아질 것이다. 그러나 다른 한편에서 생각해 보면, "강력범죄에서 성범죄를 제외하고 여성 피해자의 비율을 낮추는 것이 과연 우리 사회가 여성에게 안전한 사회라는 것을 의미하는가?" 또는 "여성은 왜 성범죄의 피해자가 될 수밖에 없는가?"라는 질문을 한다면 위 반론에 대해 동의하기는 힘들다.

[표 6-2] 2011~2020년 강력범죄 피해자 남녀 비율[14]

연도	전체	남성	(비율)	여성	(비율)
2020	23,827	2,821	11.8%	21,006	88.2%
2019	25,790	3,720	11.9%	22,718	88.1%
2018	25,774	3,160	12.3%	22,614	87.7%
2017	26,638	3,139	11.8%	23,499	88.2%
2016	25,071	3,071	12.2%	22,000	87.8%
2015	25,021	3,334	13.3%	21,687	86.7%
2014	24,978	3,249	13.0%	21,729	87.0%
2013	26,718	3,568	13.4%	23,150	86.6%
2012	24,994	3,770	15.1%	21,224	84.9%
2011	26,519	4,676	17.6%	21,843	82.4%
합계	255,330	33,860	13.3%	221,470	86.7%

이와 관련하여, 뒤르켐의 논의를 다시 살펴보자. 남녀 간에 서로 공방을 주고 받는 '강력범죄의 정의와 통계수치에 대한 논쟁'은 우리 사회에서 지금 일어나고 있는 새로운 젠더 관계에 대한 이해의 부재를 잘 보여준다. 통계자료 그 자체는 객관적이고 중립적일 수 있지만, 그것을 어떻게 해석하고 이해하는가 하는 것은 그렇지 않다. 해석의 문제는 그 해석과 판단을 하는 사람들의 가치관과 깊이 연관되기 때문이다. 사회환경의 변화로 인해 남성과 여성의 차별적인 역할과 지위를 규정하는 가부장적 가치관은 점자 그 힘을 잃고 있지만, 남성과 여성이 직장과 가정에서 어떻게 새로이 역할을 분담하고 서로 도우면서 살아야 할 것인가에 대한 가치관은 아직 마련되지 않은 상태이다. 따라서 강력범죄에 대한 통계자

료는 각자에게 서로 다른 의미를 가지면서 분쟁을 일으킨다. 이 상황에서 남성과 여성 간의 갈등과 혐오는 더욱 심화되고 있다. 혹자는 이것을 젠더 갈등을 넘어선 젠더 전쟁이라고도 부른다.

이러한 상황을 보면서 뒤르켐의 "아노미적 상황에서 혐오, 갈등, 반목 등의 사회문제가 양산된다."라는 논의를 다시 한번 확인할 수 있다. 뒤르켐은 아노미 개념을 통해 혼란했던 19세기 유럽 사회를 분석하고자 했지만, 우리는 이 개념을 통해 한국사회의 젠더 갈등과 혐오, 증오범죄의 양상을 설명할 수 있다. 그러나 이러한 설명을 하는 데에서 그쳐서는 안 될 것이다. 이제는 가부장제 이후의 혼란한 상황에서 젠더 갈등을 해소할 수 있는 방안을 생각해 보아야 할 때이다. 기득권을 빼앗겼다는 울분을 가진 남성들에게 공격과 증오, 조롱 대신 위로와 새로운 방향을 제시할 수 있는 방법이 무엇인지, 불평등한 노동시장과 불안한 사회적 안정망 하에서 어려움을 겪는 여성들을 뒷받침할 수 있는 제도적 장치는 무엇인지, 그리고 가부장제를 대체할 젠더 관계를 새롭게 정의하는 가치관은 어떠한 것이 되어야 하는지를 열심히 모색해 보아야 한다.

사회학 이론은 문제를 해결하는 방안을 찾는 데 사안의 핵심이 무엇인지를 파악하게 하고, 그를 통해 앞으로 우리가 무엇을 해야 할 것인가에 대한 지침과 방향을 제시해 준다. 이것이 이론을 공부하는 이유이고, 이론 공부를 통해 길러지는 사회학적 상상력의 쓸모이다. 뒤르켐이 그토록 열심히 사회학의 역할과 중요성에 대해 알리려고 했던 것[15]도 바로 이때문일 것이다.

🧑‍🤝‍🧑 생각해 볼 문제들

1. 이 장에서는 이론을 공부하는 이유란 이론을 통해서 우리 사회를 분석하고 이해하는 것이 필요하기 때문이라는 점을 논의하였다. 자신은 이에 대해서 어떻게 생각하는지 이야기해 보자. 또한 자신이 사회학 이론을 공부하는 이유는 무엇일까에 대해서 생각하고 논의해 보자.

2. 이 장에서는 뒤르켐의 '아노미' 개념을 통해 한국 사회의 자살률 변동과 젠더 갈등문제를 설명했다. 그러나 뒤르켐의 논의는 그가 살던 시대의 다양한 문제들을 바탕으로 하여 구성되고 발전된 것이다. 이런 점에서 볼 때 뒤르켐의 논의를 통해 현재 한국사회의 문제들을 분석하는 것의 의미는 무엇이며, 또한 한계는 무엇일까에 대해서 생각해 보자.

👥 함께 읽으면 좋을 책

김덕영(2019). <에밀 뒤르켐: 사회실재론>. 도서출판 길.
한국의 대표적인 베버주의자인 김덕영은 이 책에서 뒤르켐의 저작 <사회분업론>, <사회학적 방법의 규칙들>, <종교생활의 원초적 형태들>, <자살론>의 내용을 전반적으로 다루면서 뒤르켐의 사상을 조명하고 있다. 그런 의미에서 이 책은 일종의 뒤르켐 개론서라고 할 수 있다.

에밀 뒤르켐(2019). <자살론>. 청아출판사.
뒤르켐은 이 책에서 '사회'라는 것이 무엇인가에 대해서 논의한다. 그는 '사회적 사실'이라는 개념을 제시하면서 사회적 사실이 어떻게 개인을 통제하고 강제력을 갖는가에 대해 설명한다. 개인행위자와 사회구조 간의 관계에 대한 그의 성찰을 잘 보여주는 저서로, 출판된 이후 사회학 및 인접 학문에 큰 영향을 미친 고전으로 평가된다.

제3부

사회학적 상상력을
펼치기 위한 방법 찾기

제7장

연구 패러다임과 연구 방법

사회학적 상상력을 펼치기 위한 방식은 다양하다. 편하게 친구에게 자신의 이야기를 들려 줄 수도 있다. 이를 글로 쓸 수도, 사진을 통해 보여줄 수도, 영화를 만들어서 전달할 수도 있다. 또는 사회학 연구를 통해서 자신의 생각과 분석을 제시할 수도 있다. 이처럼 사회학적 상상력을 펼치는 방식은 여러 가지가 있지만, 그중 사회학적 '연구'에 대해 이야기해 보고자 한다. 그런데 연구를 한다는 것은 말처럼 쉽지 않다. 연구를 통해서 자신의 생각을 전달하고 싶어도 막상 그것을 어떻게 시작해야 할지 막막할 때가 많다. 막상 시작하더라도 제대로 하고 있는 것인지 확신이 안 선다. 그런데 친구에게 이야기를 할 때도, 글을 쓸 때도, 사진을 찍을 때도, 또는 영화를 만들 때도 자신이 이야기하는 바를 효과적으로 재미있게 잘 전달하기 위해서는 어떻게 해야 할까 고민하고, 관련 기술과 방법론을 찾고 연마해야 한다. 사회학 연구도 마찬가지이다. 자신의 생각을 연구를 통해 제대로 전달하기 위해서는 먼저 그것을 잘 정리하고 분석하여 전달하는 '방법'을 알아야 한다. 따라서 제3부에서는 그 방법론을 설명하면서 사회학적 상상력을 펼치기 위한 준비를 해 보고자 한다.

연구 패러다임이란?

자, 연구를 시작한다고 해 보자. 연구의 시작은 무엇일까? 많은 사람들이 연구의 시작은 연구 주제를 잡는 것이라고 생각한다. 그러나 연구 주제를 잡기 전에 먼저 이루어져야 하는 일이 있다. 그것은 연구자 자신이 과연 나는 세상을 어떻게 보고 있는가에 대한 생각을 정리하는 일이다. 당연하게도 연구자가 세상을 어떻게 바라보는가는 그의 연구 관심, 연구 주제와 밀접한 관련을 갖는다. 한편, 연구자가 세상을 어떻게 바라보는가는 다른 말로 하면 연구자의 세계관을 의미하는데, 이를 조금 어려운 용어로 '패러다임'이라 부른다. 패러다임이란 '존재론적, 인식론적, 방법론적 전제를 형성하는 기본적 신념체계'(Crewsell, 1994)[1]로 정의할 수 있다. 연구자가 믿는 신념, 세계관인 패러다임은 연구자의 주제 선택뿐 아니라, 그 이후에 이루어지는 자료 수집, 자료 분석 등 연구의 전체 과정에 개입되며 영향을 미친다.

세상을 바라보는 관점, 패러다임은 사람에 따라서, 연구자에 따라서 각각 다르고, 그러므로 매우 다양하다. 그러나 그 다양한 패러다임을 이 책에서 다 논의할 수도 없고, 그럴 필요도 없다. 여기서는 다양한 패러다임을 정리해서 설명하고자 한 크레스웰(1994)의 논의를 빌려, 크게 두 개의 패러다임, 즉 양적 패러다임과 질적 패러다임을 중심으로 설명할 것이다. 양적 연구 패러다임과 질적 연구 패러다임은 서로 상반된 특징과 접근법을 가진다. 양적 연구 패러다임은 사물의 실체가 인간의 인식 밖에 객관적으로 존재한다고 가정하고, 가설의 수립과 검증을 통해 '사실'을 입증하려고 한다. 연구결과를 제대로 입증하고 증명하는 것이 중요하므로, '실증주의적' 패러다임이라고도 부른다. 한편, 질적 연구 패러다임에서는 입증하고자 하는 사실이 과연 존재하는가를 질문한다. '사실', '진실'이라고 하는 것은 사람에 따라서, 관점에 따라서 다 달라질 수 있는 것이므로, 그것을 찾는 것은 가능하지 않다고 본다. 사실과 진실을 굳이 입증하려고 하지 않기 때문에 '반실증적 패러다임'이라고도 부른다.

양적, 질적 패러다임은 어떻게 다를까?

양적 패러다임과 질적 패러다임은 어떻게 다른가? 전통적이고, 실증적이며, 경험을 중심하는 양적 연구 패러다임은 콩트, 뒤르켐, 로크 등 실증주의자들의 인식론을 기초로 형성되었다. 반면, 양적 연구 패러다임의 한계를 비판하면서 나오게 된 질적 연구 패러다임(반실증적 패러다임)은 베버와 칸트, 미드, 블루머 등이 발전시킨 구성주의적 그리고 현상학적 접근을 토대로 한다. 서로 다른 인식론적 토대를 기반으로 하는 양적/실증적 패러다임과 질적/반실증적 패러다임은 여러 가지 면에서 대조된다. 다음의 [표 7-1]은 각 연구 전제에 대한 양적, 질적 연구 패러다임의 입장을 비교하여 보여주고 있다.

[표 7-1] 양적, 질적 연구 패러다임 비교[2]

연구의 전제		양적/실증적 패러다임	질적/반실증적 패러다임
존재론적 전제	실재란 존재하는가?	객관적 실재/ 단일 실재 존재	주관적 실재/ 다양한 실재 존재
인식론적 전제	연구자와 연구대상 사이의 관계는 어떠한가?	연구자는 연구대상 으로부터 독립적	연구자와 연구참여자 사이의 상호작용

가치론적 전제	연구과정에서 연구자의 가치는 어떠한 역할을 하는가?	가치중립적/ 객관적	가치개입/주관적
수사학적 전제	연구에서 사용되는 언어는 어떠한 성격을 가지는가?	공적 언어/정의에 입각/수량적 단어	비공식적 언어/ 맥락에 따른 언어
방법론적 전제	연구 방법론에서 중시되는 논점은 무엇인가?	연역적 방법 원인과 결과 일반화 중시	귀납적 맥락에 입각/ 이해 과정 중시
대표적 연구 방법		조사방법/실험법	인터뷰/참여관찰법

　존재론적 질문에 대한 양적 연구 패러다임의 답변은 '객관적인, 그리고 단일의 실재가 존재한다'는 것이다. 반면, 질적 연구 패러다임에서는 객관적 실재란 존재하지 않으며, 각자 입장에서 구성된 주관적인 실재, 다양한 실재가 동시에 존재한다고 이야기한다. 한편, 연구자와 연구대상/연구참여자 간의 관계를 설정하는 '인식론적 전제'에 대해 양적 패러다임에서는 '연구자는 연구대상으로부터 독립적이며, 연구대상으로부터 일정 거리를 두면서 연구대상을 통제해야 한다'고 본다. 거리를 유지해야 연구과정에서 오는 오류와 편견을 방지할 수 있다고 본다. 반면, 질적 패러다임에서 연구자들은 연구참여자와 라포를 형성하고 활발히 상호작용해야 한다. 이를 통해서 연구대상의 주관적 실재를 포착할 수 있기 때문이다. 가치론적 전제에 대해 양적 연구 패러다임에서는 '연구자는 가치중립적이 되어야 하고, 이를 위해서 자신의 가치와 관점을 최대한 배제해야 한다'고 본다. 그러나 질적 연구 패러다임에서는 '연구참여자의 맥락을 이해하는 데 연구자 자신의 가치를 개입하여 해석하는 것이 중요하다'고 강조한다. 어차피 객관적 실재란 존재하지 않기 때문에 연구자도 자신의 관점을 기반으로 하여 연구를 진행해야 한다고 보는 것이다.

어떠한 용어를 사용하는가(수사학적 전제), 그리고 실제로 어떠한 연구 방법을 사용하는가(방법론적 전제)에서 모두 양적, 질적 패러다임은 서로 다르다. 양적/실증적 연구 패러다임을 중심으로 세상을 보는 연구자에게 연구의 목적은 객관적 실재를 찾아내는 것이다. 따라서 가설을 세워서 수집된 데이터를 확인하여 실재를 증명하려고 한다. 반면, 질적 연구 패러다임에서는 실재를 입증하기 보다는 연구참여자들로부터 배우고, 파악하며 '이해'하고자 한다. 이처럼 서로 다른 연구 패러다임을 지향하는 연구자들은 각 패러다임에 적합한 연구 방법을 사용하여 연구를 진행한다. 당연하게도 양적 연구 패러다임은 양적 연구 방법(서베이, 실험), 그리고 질적 연구 패러다임은 질적 연구 방법(인터뷰, 참여관찰, 포토보이스)과 관련된다. 다음 [표 7-2]는 각각의 연구 방법이 어떠한 특징을 갖는가를 간략하게 비교하여 보여준다.

[표 7-2] 양적, 질적 연구 방법 비교

	양적 연구 방법	질적 연구 방법
패러다임	실증주의/ 양적 연구 패러다임	반실증주의/ 질적 연구 패러다임
연구의 목적	사안을 설명하는 법칙을 찾아감, 실제적인 증명을 목적으로 함	왜 이러한 일이 일어났는가에 대한 맥락적 이해
연구자의 자세	객관적/중립적	주관적/상호주관적
수행 연구 방법	서베이, 실험	인터뷰, 참여관찰, 포토보이스[3]

위 [표 7-2]에서는 보여진 것처럼 양적, 질적 연구 방법은 패러다임, 연구의 목적, 연구자의 자세, 그리고 수행 연구 방법 등의 모든 면에서 서로 다르다. 그런데 각각의 방법들은 장점이 있는 반면, 동시에 한계도

있다. 혹자는 서로 다른 방법의 장점을 살리고, 한계를 줄이기 위해 혼합 방법론을 제안하기도 한다(Venkatesh 외, 2013).[4] 그러나 혼합방법론을 수행하는 것은 쉬운 일이 아니다. 앞에서 논의한 것처럼, 연구 방법은 서로 다른 패러다임을 기반으로 하기 때문에 그 차이를 좁히는 것은 연구자에게나 또는 실제 연구 과정에서 매우 어렵고 힘든 일이기 때문이다. 여기서는 혼합방법론에 대한 논의 대신, 양적, 질적 연구 방법에 집중하여 설명하려고 한다. 이를 위해 실제 연구를 예로 들어 각 연구 방법의 특징과 진행과정을 살펴보도록 할 것이다.

양적 연구 방법은 어떻게 진행되는가?

선행연구 검토와 가설 세우기

양적 연구 방법을 수행할 때 가장 먼저 진행되는 작업은 선행연구에 대한 검토이다. 연구자는 선행연구 결과를 분석하고 종합하면서, 아이디어를 얻고 이를 토대로 자신의 연구모형을 만들어 나간다. 이처럼, 양적 연구 방법에서 선행연구의 검토는 연구자의 연구 문제와 가설을 설정하기 위하여 가장 먼저 수행해야 하는 중요한 작업이다. 관련하여 다음을 읽어 보자.

이상에서 살펴본 성별 가사노동시간의 차이가 감소하는 것은 일, 가정 양립이 효과적으로 이루어지고 있다는 다양한 근거 중 하나로서 제시될 수 있다는 점에서 의의가 있는 바, 한국의 지속적인 여성 경제활동 참여 증가 양상에 따라 일, 가정 양립이 더욱 효과적으로 이루어지고 있다고 판단하기 위해서는 여성의 가사노동시간은 상대적이든 절대적이든 감소할 필요성이, 남성의 가사노동시간은 절대적으로 증가할 필요성이 각각 존재하고 있다. 지금까지의 논의를 바탕으로 본 연구는 성별 가사노동시간의 배분 양상의 두드러진 비대칭적 양상과 여성의 경제활동 참여가 지속적으로 증가하고 있는 두 갈래의 양상이 동시에 사회적 현상으로서 대두되고 있는 한국의 맞벌이 부부를 대상으로, 맞벌이 부부 내 남편과 부인 각각의 가사노동시간 변화가 유의미하게 나타나고 있는지, 유의미하게 나타나고 있다면 어떠한 요인에 기인하고 있는지 실증적으로 살펴보고자 한다(장인수, 2020: 448-449).[5]

장인수(2020)는 선행연구의 결과를 기반으로 맞벌이 부부의 가사노동시간의 변화에 대한 자신의 생각(밑줄 참조)을 가설로 세운 후, 이를 '실증적으로 살펴보고자 한다'고 말한다. 선행연구를 읽으면서 연구틀을 만들고 가설을 세움으로써 다음 연구 진행을 준비하고 있다는 것을 알 수 있다.

연구대상의 숫자는?

양적 연구에서는 몇 명을 대상으로 연구를 진행할까? 일반적으로 양적 연구 연구대상의 수는 질적 연구 방법에서보다 훨씬 많다. 질적 연구 방법을 사용하는 연구자는 연구대상(이라기보다는 연구참여자라고 명명됨)과 지속적으로 상호교류해야 하기 때문에 소수 인원으로 연구가 진행되는 일이 많다. 반면, 양적 연구에서는 이보다 훨씬 많은 다수를 대상으로 하는 연구가 일반적이다. 다음의 예를 보자.

맞벌이 부부 구성원 남편과 부인 각각의 가사노동시간의 종단적 변화 양상과 영향요인 간 연관성을 살펴보기 위하여 본 연구에서는 한국여성정책연구원에서 수집, 구축하고 있는 "여성가족패널" 자료를 활용한다. 본 자료는 지난 2007년부터 평균적으로 격년 단위로 수집, 구축되고 있으며, 전국 대표성을 갖춘 9,068가구에 거주하는 만 19세 이상 만 64세 이하 여성 9,997명을 패널로 구축하고 조사를 수행하여 2020년 1월 현재 6차 데이터 활용이 가능하다(장인수, 2020).

위의 연구는 9,979명을 대상으로 연구를 진행했다. 상당히 많은 수이다. 이처럼 다수를 연구대상으로 하는 양적 연구를 자주 찾아볼 수 있다. 한편, 양적 연구에서는 연구자가 연구대상을 통제하는 입장에 서게 되는데, 다음의 예는 이를 잘 보여주고 있다.

맞벌이 부부 각 구성원별 가사노동시간 배분과 시간에 흐름에 따른 차이 양상을 살펴보기 위하여 본 연구에서는 조사 시점 당시 기혼자임과 동시에 본인 및 배우자가 모두 취업자이고 근로소득이 존재하는 20~49세 여성을 추출하여 이들의 정보를 활용한다. 또한 이들 가사노동시간의 배분에 대한 변화 양상을 살펴보기 위하여, 1차 자료와 6차 자료를 활용하여 두 자료를 덧붙이는(append) 형태를 취하기로 한다. 이는 추후 논의할 분석 방법과 연관되어 있는 바, 현재 활용 가능한 1차 자료와 6차 자료의 차이를 바탕으로 맞벌이 부부 구성원 남편과 부인 각각의 가사노동시간 변화(차이)를 살펴보고자 분해 기법(decomposition method)을 활용하기 위한 목적에 기인하고 있다(장인수, 2020).

위의 예에서 제시되었듯이, 양적 연구에서는 연구자가 자신의 연구목적에 맞게 데이터를 결합하거나 조정 또는 폐기를 하면서 연구대상에 대해 통제를 하는 것이 가능하다. 즉, 양적 연구자는 자신의 연구틀에 맞추어 수집한 자료를 '재구조화'한다. 이러한 행위가 가능하다는 것은 양적연구에서 연구자는 연구대상에 대해 통제력과 권위를 갖는다는 것을 의미한다. 반면, 질적 연구에서 연구자는 권위를 가지기 보다는 연구대상과 평등한 관계를 유지해야 한다고 본다.

데이터 분석을 통해 큰 그림 그리기

앞에서 언급한 것처럼, 양적 연구에서는 연구자가 세운 가설의 검증 여부가 연구의 주된 목적이다. 연구자는 가설검증을 위해서 수집된 자료를 변수로 변환시켜 정리하고 통계 프로그램을 사용하여 분석한다. 자료 분석 결과 통계적 유의성에 기초하여 연구가설을 수용하거나 기각한다. 한편, 수용된 가설은 통계적인 추론 절차에 의해 모집단으로 일반화가 가능하다. 여기서 '모집단으로 일반화'한다는 것의 의미는 무엇인가? 우리는 앞에서 이 연구의 연구대상 수가 9,997명이라고 하였다. 물론 큰 숫자이기는 하지만, 대한민국의 모든 맞벌이 부부들을 전부 포함한 것은 아니다. 양적 연구에서는 연구대상을 선정할 때 이 사람들이 연구 주제와 관련된 전체 사람들을 대표할 수 있는가를 (통계적 절차를 통해) 꼼꼼히 따진다. 이러한 사전 준비의 결과 '연구 결과를 전체 집단으로 확대해서 보아도 무리가 없다'고 결론 내린다. 바로 이 과정이 '모집단으로 일반화'하는 과정이다.

> "맞벌이 부부 성별 가사노동시간이 최근 10여 년 간 어떻게 변화되어 왔는지, 또한 근로시간과 근로소득 및 본인과 배우자 간 상대근로소득과 상대근로소득과 같은 노동시장 참여 특성에 주목하여 이들의 가사노동시간 변화를 야기한 요인을 살펴보는 것은 관련 정책에 대한 보다 구체적인 함의를 도출할 수 있다는 점에서 의의가 있다(장인수, 2020)."

장인수(2020)는 비록 9,997명에 대해서만 분석을 했지만, 그것이 대한민국 전체 맞벌이 부부에 대한 대표성을 갖는다고 보기 때문에, 자신의 연구 결과를 가지고, '감히' 위의 이야기(밑줄 친 부분 참조), 즉 10년 간의 변화를 조망하고, 향후 맞벌이 부부 관련 정책에 대해서 언급할 수 있는 것이다.

질적 연구 방법은 어떻게 진행되는가?

양적 연구를 사용하는 연구자들과는 달리 질적 연구자들은 자료를 수집하고 해석하는 과정에서부터 여러 가지 시행착오를 거치면서 자신의 연구 문제를 형성해 나가고, 인터뷰와 관찰, 그리고 분석을 그때그때 실시하면서 연구를 진행한다. 예를 들어, 인터뷰를 마치고 데이터 분석을 하다가 미진한 점이 발견되면 다시 현장으로 돌아가 데이터를 수집하기도 한다. 따라서 질적 연구에서는 연구의 전 과정을 체계적으로 도식화하고 미리 계획을 세우기가 쉽지 않다. 따라서 연구자 스스로 연구 과정 진행에 대한 종합적인 판단을 내려야 하는, 항상 불확실한 상황에 놓여 있다(최영신, 1999).[6] 질적 연구에서는 연구 단계에 대한 구분이 불분명하지만, 이 절에서는 논의의 편의를 위해서 그 절차를 대략적으로 표집, 자료수집을 위한 현장작업, 자료분석과 해석으로 구분하고, 각 단계에 대해 설명해 보도록 하겠다.

표집: 연구참여자를 어떻게 찾을까?

일반화를 목적으로 대규모 표집을 하는 양적 연구에서는 연구대상을 모집단으로부터 무차별적으로 선택하는 무선 표집 방법이 사용된다. 그러나 질적 연구에서는 연구자가 자신의 연구목적과 관심에 적합한 특정한 사례와 대상을 의도적으로 선택하여 연구대상으로 삼는 '목적표집'이 행해진다. 이처럼 질적 연구에서는 대단위 사례가 아니라 연구 목적과 연구 문제를 가장 잘 대표하고 있는 특정 사례를 선정하여 연구하기 때문에, 양적 연구에 비하여 사례의 수가 상당히 적다. 극단적인 경우 사례수가 하나일 수도 있다. 맥락을 대표할 수 있는 연구참여자의 선정은 연구 수행에 있어서 필수적인 요소이다. 질적 연구의 성패는 연구참여자에 달려 있다고도 할 수 있기 때문에, 연구 주제에 적합한 연구참여자를 선정하여 연구를 진행하는 것이 중요하다.

김은정(2012)의 "1930~1940년대 서비스직 여성의 노동경험을 통한 '직업여성'의 근대적 주체성 형성과 갈등에 관한 연구"[7]에서는 식민지 시대 미용사로 일했던 'L'이라는 여성과의 인터뷰를 통해 식민지 지대 직업여성의 일 정체성을 탐색하였다. 미용사 L의 한 명을 중심으로 연구를 진행한 이유는 연령, 직업 면에서 L 이외에 연구 목적(일제 강점기 기간 동안에 서비스업종에 종사한 직업여성의 일 정체성을 분석)에 맞는 연구참여자를 구하기가 어려웠기 때문이었다. 이 경우, 인터뷰이가 단지 한 명에 불과하기 때문에, 면접 조사 과정에서 피상적이 아닌 '두꺼운 기술'을 끌어내는 것이 중요하다. 연구참여자로부터 많은, 그리고 깊은 이야기를 잘 끌어내는 것은 연구자의 중요한 역량이기도 하다.

한편, 질적 연구에서는 '연구대상'이라는 용어보다는 '연구참여자'라는 용어를 사용한다. 연구자가 통제하고 판단하는 연구'대상'이 아니라 연구자와 함께 연구에 참여하는 사람이라는 의미이다. 질적 연구에서는 연구자와 연구참여자는 위계관계를 이루는 것이 아니라 협업 관계에 있다고 보고, 또한 이 협업이 잘 이루어졌을 때 좋은 연구 결과를 기대할 수 있다고 강조한다.

현장에 머물면서 자료 수집하기

양적 방법을 이용하여 자료를 수집할 때 연구자는 현장에 직접 들어갈 필요가 거의 없다. 그러나 질적 연구의 자료 수집 과정에서는 '현장작업'이 필수적이다. 질적 연구자는 직접 현장에 들어가 연구참여자들과 상호작용을 하면서 관련 데이터(인터뷰, 참여관찰 일지)를 확보한다. 이처럼 연구자가 연구참여자들과 긴밀히 소통하면서 자료를 수집하기 때문에, 연구자가 누구인가는 성공적인 연구 진행에 매우 중요한 역할을 한다. 연구자의 인구학적 특성(연구자가 남성인가 여성인가, 연구자의 나이는 어떠한가) 또는 연구자와 연구참여자 간 거리(참여자들과 친분이 있는가?) 그리고 연구자의 자질(얼마나 많은 이야기를 끌어낼 수 있는가?)은 연구의 성패에 결정적인 영향을 끼친다. 따라서 혹자는 질적 연구에서는 연구자가 곧 연구도구라고도 이야기한다(이현서, 박선웅, 2018).[8]

수집된 자료를 어떻게 분석하고 해석할까?

연구자는 분석 과정에서 의문이 생기면 다시 현장에 들어가 자료를 재수집하게 된다. 이처럼 질적 연구에서 자료의 수집과 분석은 별개의 과정이 아니라 동시 다발적으로 이루어진다. 한편, 질적 연구에서 자료분석은 크게 '전사'와 '자료의 범주화'로 나눌 수 있다. '전사(transcribing)'란 자료를 기록하고 저장하는 작업으로 현장에서 수집된 자료(녹음자료, 연구자의 관찰노트, 일지)를 분석과 해석을 위하여 체계적으로 정리하여 기록하는 것을 의미한다. 전사작업은 자료의 생생함을 유지하고 보다 정교한 분석을 하기 위해서 자료 수집 직후에 진행하는 것이 바람직하다. 최근 들어서 녹음한 파일을 자동적으로 전사해주는 프로그램이 나와서 수고를 많이 덜 수 있게 되었다. 그럼에도 불구하고 자동전사 과정에서 생기는 오류가 많기 때문에 연구자는 반드시 녹취된 자료를 다시 꼼꼼히 읽으면서 자신의 언어로 재정리해야 한다. 연구자는 이 과정을 통해 인터뷰 내용을 대략적으로 점검할 수 있다.

'전사'의 다음 단계는 '자료의 범주화' 작업이다. 범주화 작업은 전사된 자료를 정독하면서 자료 속에 내재된 주제를 찾아가고, 수집된 자료를 주제별로 구분하여 체계화시키는 작업이다. 이 과정에서 연구자는 필요한 자료와 불필요한 자료를 구분하고, 관련된 정보를 공통의 주제나 범주로 연결시키며, 연구 질문에 부합하는 연구결과를 도출할 수 있다. 이 과정에서 먼저 연구자는 원자료를 여러 번 읽으면서, 범주를 만들어 나간다. 다음은 이를 위한 원자료의 예이다.

사례 22: 엄마가 화나면 때린 적도 많았는데 술 먹고 때리고 엄마가 기억 못 하고 그런 일이 늘어가지고. 엄마가 가게를 하는데 가게에서 같이 일하는 삼촌이랑 같이 자랐거든요. 삼촌도 때리고 협박을 해 가지고. 마음에 안 들면 그 삼촌도 때리고 죽인다고 협박도 하고… <중략> … (쉼터 들어

가려고 부모님 동의서 받으려고 하니까) 그런데는 갈 데 없는데 애나 가는 거라고. 처음에 동의를 안 해준다고 해서 동의서 받으려고 한 달 넘게 계속 싸웠어요(김은정, 백혜정, 김희진, 2019).[9]

연구자는 원자료를 읽는 과정에서, 자료 전체와 대조하여 비교해 나가면서 분석을 실시한다. 이후, 분석작업을 통해 도출된 개념을 유사성과 차이에 따라 범주화하게 된다. 예를 들어, 연구자는 위에서 제시한 원자료를 읽은 후, 이를 '가족갈등과 폭력으로 스트레스와 불안을 겪으면서 보호체계가 되지 못하는 가족'으로 요약 분석하였다. 다음 [표 7-3]을 보면 이러한 분석을 '가정불화/갈등/욕설, 신체적/정신적 폭력'으로 개념화한 후, '가정폭력'으로 하위범주화했다는 것을 알 수 있다. 그다음 작업으로는 '가정폭력'과, 다른 하위범주들(부모/보호자의 부재 및 방임, 학교생활)을 함께 묶어서 '1차 사회화 환경의 붕괴'로 상위범주화한다. 이처럼 지속적인 개념화, 범주화 작업을 통해 데이터를 설명하는 최종 주제를 찾아가는 과정이 질적 연구 분석 과정이다.

[표 7-3] 자료 범주화 과정

패러다임 모형	상위범주	하위범주	개념
인과적 조건	1차 사회화 환경의 붕괴	부모(보호자)의 부재 및 방임	부모가 집에 부재함(복역, 이혼), 부모가 양육 시설에 보냄, 친척 집을 전전함
			경제적 교육적 지원을 해주지 않음, 무관심, 양육 및 보호 체계 없음
		가정 폭력	가정불화 갈등, 욕설, 신체적 정신적 폭력
		학교 생활	교사/학교 친구들과의 관계 나쁨, 학업에 관심 없음, 학업의 어려움, 자퇴/퇴학

그런데 양적 연구 방법에서처럼 객관적인 기준(예를 들어, 통계적 절차에 의한 유의성 검증)이 제공되지 않기 때문에 연구자는 자료를 계속해서 다시 읽으면서, 끊임없이 자신의 해석이 적절한가를 반문하며 연구를 진행하게 된다. 이 과정에서 연구자의 상상력과 창의성이 요구되는데, 이는 허구적 상상력이 아니라 범주화된 자료를 사유하고 해석하는 연구자의 분석능력을 뜻한다. 이것은 앞에서 말한 '질적 연구에서는 연구도구'라는 것과 통한다. 질좋은 연구도구로서의 연구자가 되기 위해서는 끊임없는 성찰과 훈련이 필요하다.

'도대체' 어떤 연구 방법을 선택해서 연구해야 할까?

이상 사회과학의 두 가지 연구 방법을 비교하면서 살펴보았다. 각각의 연구 방법은 모두 장점과 단점이 있다. 따라서 연구자가 연구 방법을 선택할 때는 각각의 강점과 약점을 잘 분석해서 어떠한 연구 방법이 주어진 주제를 가장 잘 분석할 수 있는가를 판단하는 것이 중요하다.

> "연구자는 자신의 연구 패러다임에 맞는 주제를 선택하여, 역시 자신의 연구 패러다임에 적합한 연구 방법을 가지고 연구를 진행하게 된다."

연구 방법의 선택에 대해 위의 문장을 쓰고, 이번 장을 끝낼 수 있다면 얼마나 좋을까? 그러나 실제로 이 과정은 그렇게 간단하지 않다. 종종 연구자는 자신의 패러다임에 잘 맞지 않는 연구 주제, 또는 연구 방법을 가지고 연구를 진행해야 하는 상황에 놓이기 때문이다. 예를 들어, 학교에서 진행하는 연구 프로젝트에 참여한 연구자는 그 곳에서 결정된 연구 방법을 가지고 연구를 진행해야 한다. 그 연구 방법이 자신에게 잘 맞지 않는다 하더라도 프로젝트에 소속된 이상 다른 선택지가 없다. 이 경우 연구자는 자신의 연구 패러다임과 수행해야 하는 연구 방법이 충돌되는 것을 경험할 것이다. 이번 장의 첫머리에서 연구자는 연구자의 패러다임을 기반으로 하여 그에 걸맞는 연구 방법을 선택해야 한다고 이야기했지만, 실제에서는 그렇지 못한 경우가 다반사이고, 그렇게 되면 난감한 상황에 빠지기도 한다.

이처럼 연구자가 어떤 연구 주제를 정하고, 연구 방법을 선택해서 연구를 진행해야 하는가 하는 것은 매우 복잡하고 답하기 어려운 질문이다. 연구자의 세계관, 패러다임의 문제도 중요하지만, 연구자 자신이 당면한 현실적인 문제, 예를 들어, 시간, 에너지, 펀딩, 또는 외부의 압력에 의해, 자신이 믿고 지지하는 패러다임을 기반으로 연구를 지속할 수 없는 상황이 발생하기 때문이다. 그렇다면 연구자는 도대체 어떠한 선택을 해야 하는가? 이 질문에 대해서 확실한 답을 하기는 힘들다. 그럼에도 불구하고 다음 장에서 그 답을 찾아보는 시도를 해보고자 한다.

1. 이 장에서는 양적, 질적 방법에 대해 설명하는데 그치고, 두 방법을 결합하는 혼합방법론에 대해서는 거의 언급하지 않았다. 그 가능성을 희박하게 본 것인데, 이에 대해 자신은 어떻게 생각하는지 이야기해 보자. 혼합방법론은 각각의 방법론의 잇점을 살리면서 보다 좋은 연구를 하는데 도움이 되는 것일까? 그렇다고 생각한다면, 그 이유는 무엇인가? 또는 그렇지 않다고 본다면 그 이유는 무엇인가에 대해서 논의해 보자.

🦉 함께 읽으면 좋을 책들

Efron, S.E. & Ravid, R.(2020). 한유리 역. <문헌리뷰 작성 가이드>. 박영스토리.

문헌고찰은 연구의 전 과정에서 지속적으로 수행해야 하는 중요한 작업이다. 이 책은 처음 연구를 시작할 때부터 마지막 연구결과를 서술할 때까지 연구자가 어떻게 문헌을 찾고 참조하여 자신의 연구에 녹여내는가를 설명한다.

유진은, 노민정(2023). <초보 연구자를 위한 연구 방법의 모든 것: 양적, 질적, 혼합방법 연구>. 학지사.

이 책은 양적 연구, 질적 연구, 그리고 이 두 방법을 결합한 혼합방법에 대해 매우 자세하고 체계적인 설명을 하고 있다. 또한 각 연구 방법을 활용한 실제 연구 사례를 소개하여, 각 방법론에 대한 독자들의 이해를 돕는다. 이외, 연구계획서 작성법과 참고문헌 인용방식 등 연구를 수행하면서 반드시 숙지해야 할 사항들을 점검하고 있다.

🦉 볼거리

라이프 오프 파이(2012). 이안 감독.

얀 마텔의 동명 소설을 원작으로 만들어진 영화이다(영화와 함께 원작 소설도 함께 읽어 볼 것을 제안한다). 영화의 주인공 파이는 자신이 탄 배가 침몰하는 바람에 오랜 기간동안 바다에서 표류하다가 가까스로 구출된다. 일본 영사관 직원 두 명이 선박의 침몰 원인 보고서를 작성하기 위해 그를 찾아온다. 그들에게 파이는 어떻게 배가 침몰되었으며, 고생 끝에 살아남았는가를 두 가지의 서로 다른 버전으로 들려준다. 서로 다른 두 이야기와 관련하여 양적 패러다임 그리고 질적 패러다임의 접근법을 이해할 수 있다. 한편, 이야기를 들려 준 후 파이는 일본 영사관 직원에게 어떤 이야기가 더 맘에 드냐고 묻는다. 마찬가지의 질문을 패러다임과 관련하여 해볼 수 있다. 당신은 양적, 질적 패러다임 중 어떤 쪽을 믿고 지지하는가.

라쇼몽(1950). 구로사와 아키라 감독.
이 영화에서는 한 살인 사건에 대한 4인의 증언을 보여준다. 네 사람 모두 자신의 입장에서 사건을 이해하고 이에 대해서 설명하는 데 각자의 이야기가 서로 다르다. 질적 연구 방법에서 중요시 하는 주관적 해석의 문제와 관련하여 생각해 볼거리를 던져주는 영화이다.

제8장

연구 방법의 선택

제7장에서는 양적 연구 그리고 질적 연구 패러다임에 대해서 알아보고, 각 패러다임을 기반으로 한 양적, 질적 연구 방법의 특징과 수행방법에 대해서 설명하였다. 또한 연구자는 연구 패러다임을 결정하고 그에 적합한 연구 방법을 선택해서 사용해야 하지만, 그것이 상황에 따라 쉬운 선택이 아니라는 것도 밝혔었다. 여기서는 제7장의 논의와 연결하여, 그렇다면 도대체 연구자는 어떻게 연구 방법을 선택하여 연구를 수행하는가에 대해서 설명할 것이다. 이를 위해 다음 [표 8-1]을 제시해 본다.

[표 8-1] 어떤 연구 방법을 선택할 것인가?[1]

고려할 점	양적 연구 방법의 선택	질적 연구 방법의 선택
연구자의 세계관/ 가치관/패러다임	• 연구자는 연구대상을 통제할 수 있는 위치에 있음 • 실재는 연구자와 독립적으로 존재/중립적인 연구자 • 객관적 실재에 대한 믿음	• 실재는 연구자와 연구참여자가 함께 만들어가게 됨 • 주관적 실재

연구자의 경험 및 훈련	• 양적 연구 방법 관련 선행지식 (통계적 방법) 및 훈련	참여관찰/인터뷰 경험
연구 주제	• 선행연구가 축적된 주제 • 이론 검증	• 선행연구가 불충분한 생소한 주제 • 이론 생성
펀딩/프로젝트 관련 요인	상대적으로 많음	상대적으로 적음
연구 기간	비교적 단기간에 연구수행 가능	장기적인 연구수행 필요

연구 방법을 선택할 때 가장 중요한 기반이 되는 것은 당연하게도 연구자 자신이 가지고 있는 세계관, 패러다임이다. 객관적 실재에 대한 믿음을 중심으로 한 실증주의적 패러다임을 기반으로 하는 연구자는 양적 연구 방법을 선택해서 연구를 진행할 것이다. 반면, 객관적 실재란 존재하지 않으며, 따라서 연구자는 주관적이고 상대적인 실재를 이해할 수 있을 뿐이라는 반실증주의적 패러다임을 지지하는 연구자는 질적 연구 방법을 사용할 것이다. 당연한 이야기이다. 그러나 문제는 자신의 패러다임에 따른 연구 방법을 선택할 수 없는 상황이 자주 발생한다는 것이다. 제7장에서 논의한 것처럼 연구 프로젝트에 참여하게 될 때 연구자는 미리 결정된 연구 방법에 따라 연구하도록 요구된다. 이때 연구자는 그와 다른, 자신이 원하는 연구 방법을 고집하기가 쉽지 않다. 더구나 한국 사회의 위계구조상 새로 영입된 초보 연구자는 프로젝트에서 정해진 사항을 거부하기가 무척 힘들다.

한편, 연구주제의 성격도 연구 방법의 선택과 밀접한 관련을 가진다. 선행연구가 축적된 주제의 경우, 연구자는 풍부한 자료와 데이터를 바탕으로 관련 가설을 세우고, 이를 검증하는 양적 연구 방법을 사용한다. 그러나 관련 연구가 별로 없는 생소한 주제의 경우에는 관련 변수를 만들고 가설을 세우기가 쉽지 않다. 관련 주제에 대해서 별다른 정보가 없기 때문에 일단 그 주제가 무엇인지를 이해하는 것이 중요하다. 따라서 사람들을 관찰하고 인터뷰하는 질적 연구 방법을 이용해 연구를 시작하게 된다. 마지막으로 연구 기간도 무시할 수 없는 중요한 요건이다. 양적 연구 방법은 비교적 짧은 기간 내에 연구를 마칠 수 있지만, 질적 연구 방법을 사용한 연구는 시간이 오래 걸린다. 연구자 자신의 상황(학업의 종료, 취업, 재정상태)을 고려하여 연구 방법을 선택할 때, 연구 기간은 반드시 염두에 두어야 하는 요소이다. 이처럼 연구자가 연구 방법을 선택할 때에는 자신이 믿는 패러다임에의 적합도 이외에도, 다양한 요소를 함께 고려해야 한다. 쉽지 않은 선택이며, 어려운 결정일 수밖에 없다.

한 사회학자의 연구 방법 찾기의 여정

어떤 연구 방법을 선택할 것인가 하는 문제는 명확한 답을 하기 힘든 난제이다. 필자 자신도 아직 그에 대한 확실한 답을 찾지 못한 상태이다. 혹여나 답을 찾았다 하더라도 그 답을 전달하는 것은 다른 연구자들에게 별 소용이 없을 것이다. 각 연구자는 각자 자신의 생각과 상황이 다르기 때문에 타인의 답을 통해 자신의 문제를 해결할 수 없기 때문이다. 그럼에도 불구하고 다음에서는 필자가 연구자로서 위의 질문과 관련하여 어떠한 경험과 모색을 해 왔는가를 보이고자 한다. 말했듯이 답을 찾아가는 것은 각자의 몫이다. 그러나 다른 연구자의 경험을 참고한다면, 시행착오를 줄이고 답을 모색하는 데 약간의 도움을 얻을 수 있을 것이다. 다음에서는 주어를 '나'로 하여 서술한다.[2]

먼저 내가 세상을 바라보는 세계관, 패러다임에 대해서 이야기해 보자면 나는 양적 연구 패러다임보다는 사람에 따라서 주관적 실재가 다양하게 있다고 믿는 질적 연구 패러다임을 신봉하는 사람이다. 그렇다면 당연히 질적 연구 방법을 통해서 연구를 수행해야 했겠지만, 아주 오랫동안 그렇게 할 수 없었다. 논문편수의 압박, 연구예산의 방향, 직장에서 수주받는 프로젝트는 나를 내가 가진 세계관하고는 거리가 먼 양적 연구 방법을 통해 연구를 진행하는 상황 속에 있게 했다. 따라서 2년의 짧은 석사 과정을 제외하고는 근 10년 동안 양적 연구 방법을 기반으로 연구를 수행할 수밖에 없었다. 마음은 질적 연구 패러다임과 연구 방법에 향하였지만, 실제 현실에서는 그것을 실현하지 못한 채 양적 연구 방법을 사용하여 연구를 지속하였다. 이런 일은 필자에게만 해당되는 일이 아니라 많은 연구자에게 자주 일어나는 일이다. 연구자는 종종 연구주제, 자신의 커리어, 예산, 참여한 프로젝트의 성격에 따라 이미 정해진 연구 방법을 강요받기 때문이다. 그러므로 연구 방법론 교과서에서 이야기하는 것처럼, 연구자의 패러다임에 맞는 연구 방법을 선택해서 연구를 하게 되는 이상적인 상황은 실제로는 잘 발생하지 않는다.

우여곡절 끝에 마침내 원하던 직장으로 옮기면서, "이제는 상황의 압박에서 벗어나 내가 원하는 질적 연구 방법을 통해서 연구를 할 수 있겠다."라는 생각을 했다. 그래서 질적 연구 방법을 통해서 연구를 시도했으나, 뜻밖에도 예상치 못했던 어려움을 겪게 되었다. 질적 연구를 어디서부터 어떻게 시작해야 하는지 잘 알 수 없었다. 나는 질적 연구 패러다임을 믿는 사람이라고 스스로를 정의했지만, 그에 따른 방법론을 실제로 수행한 경험이 별로 없었다. 따라서 질적 연구에 대한 제대로 된 훈련과 학습이 제대로 되지 않은 상태에서 처음부터 새롭게 연구 방법을 공부하면서 연구를 진행해야 했다.

이러한 과정을 통해 깨닫게 된 것은 첫째, 질적 연구 방법을 어떻게 수행할 것인가에 대한 교육과 훈련을 받을 수 있는 기회가 매우 적다는 점이었다. 혹자는 질적 연구를 익히고 훈련하는 것은 양적 연구 방법의 학습법과는 다르다고 한다. 그러면서 질적 연구란 누구에게 배우는 것이 아니라 좌충우돌하면서 연구자 스스로 깨우쳐 나가는 것이라고 말한다. 이상적으로는 그럴 수 있다. 그러나 실제로는 질적 연구를 행하는 데 기본적인 태도와 방법을 알지 못한 상태에서 무작정 연구 현장에 들어간다면 무엇을 해야 할지 모른 채 허둥대게 되고, 아무런 성과를 얻지 못할 수 있다. 따라서 그 연구는 실패할 가능성이 매우 높다. 그런데도 질적 연구자들은 질적 연구의 훈련과 학습을 등한시하는 경향이 높다.

한편, 질적 연구 방법을 새로이 공부하면서 발견한 또 하나의 사실은 질적 연구 중에는 자의적인 해석이나 왜곡, 그리고 미덥지 않은 결론을 제시하는 경우가 생각보다 많다는 것이었다. 나는 오랜 기간 동안 양적 연구 방법을 사용해 연구를 진행해 왔기 때문에 질적 연구들에서 보이는 자의적 해석이나 연구 방법의 비명료성 같은 것이 잘 납득이 가지 않았다. 현상학, 구술연구 등 질적 연구 방법을 사용한 연구들을 읽으면서 어떤 경우에는, "이건 뭐지. 그냥 연구자가 소설 쓴 거 아니야?" 하는 생각을 하기도 했다. 그에 대해 해석의 근거와 논리적 분석을 요구하면, 연구자의 주관성, 해석의 여지를 인정해야 한다는 답변이 돌아왔는데, 이 점도 이해하기 힘들었다. 연구자 자신이 어떻게 그러한 해석을 하게 되었는지, 그 '과정'에 대한 질문이었는데, 다짜고짜 연구자 자신의 해석이니까 받아들여라, 그것이 질적 연구 방법이니까 하는 답변은 답변이라기보다는 무책임한 궤변으로 들렸다. 질적 연구자의 주관적 해석, 물론 중요하다. 그러나 동시에 그 주관적 해석이 어떠한 수순과 단계를 거쳐 나오게 되었는가 그 절차를 보여주는 것도 못지않게 중요하다. 주관적 해석이 중요하다고 하면서 그 산출 과정을 제대로 제시하지 않는다면, 독자는 연구 진행과정에 대해서 알 수 없게 된다. 연구자의 해석이 신뢰할 만한 것인가를 확인할 수 없기 때문에, 연구자의 분석이 자의적인 것이 아닐까 하는 의심을 할 수밖에 없다. 독자의 의심과 의문을 풀어주기 위해서는 자료 수집, 데이터 해석 과정을 제대로 잘 전달할 필요가 있다.

　이러한 고민을 하다가 알게 된 질적 연구 방법이 '근거이론 방법'이다. 근거이론 방법은 글레이저와 스트라우스가 그들의 저서 『Discovery of Grounded Theory』에서 처음으로 제시한 질적 연구 방법으로 기존의 질적 연구 방법의 한계를 극복하고자 하는 의도를 가지고 시작되었다. 근거이론 방법에서는 질적 연구에서 자주 보이는 비체계적인 분석으로는 연구자의 연구과정을 다른 연구자가 신뢰하고 검증하는 것이 불가능하다고 하면서 보다 정리되고 체계적인 분석 과정을 강조한다. 이를 위해 근거이론 방법에서는 개방코딩, 축코딩, 그리고 선택코딩으로 진행하면서 그 과정을 명확히 제시한다. 연구 과정을 분명히 제시함으로써, 연구자는 자신의 연구 과정을 검증받을 수 있으며, 이를 통해 연구의 신뢰도를 높일 수 있다. 질적 연구 패러다임을 가지고 세상을 바라보지만, 양적 연구 방법에 보다 익숙했던 내게 근거이론 방법은 '바로 이거다!'라 하는 확신을 주었다. 근거이론 방법을 사용한다면, 질적 연구에서 오는 주관적이고 자의적인 해석의 여지를 감소시키는 한편, 체계적인 연구 과정의 제시를 통해 연구의 신뢰성을 확보할 수 있으리라 생각했기 때문이다. 또한 코딩과정에 대한 분명한 정의와 설명은 질적 연구를 접하는 초보자라도 쉽게 접근하고 배울 수 있는 기회를 제공한다고 보았다. 이러한 판단 하에 근거이론방법을 사용하여 본격적으로 질적 연구를 시작했고, 지금까지 이어지고 있다.

　나의 연구 방법 경험담을 길게 늘어놓는 것은 이제 모든 문제가 해결되어 연구 방법에 대한 모색이 끝났다는 것을 보이기 위함이 아니다. 근거이론 방법을 활용하면서도 그 한계와 문제점을 계속 발견하고 있고, 아직도 이를 대처하기 위해 분투 중이다. 그렇다면 왜 이 이야기를 하는 걸까? 그 이유는 연구 방법을 모색하는, 더 나아가서 연구를 진행하는 과정에서 겪게 되는 좌충우돌의 경험은, 한편으로는 연구자를 힘들고 곤란한 상황에 빠드리지만, 다른 한편으로는 연구자를 보다 성숙하게 하고, 연구의 지평을 넓힐 수 있도록 도와준다는 것을 보여주기 위함이다. 만약 내가 양적 연구 경험을 가지지 않은 채 질적 연구만을 해왔다면, 질적 연구 방법의 한계에 대해서 인지하지 못했을 지도 모른다. 이러한 점에서 10년 동안의 양적 연구 방법의 수행은 헛된 수고나 시간낭비가 아니었다. 오히려 내 자신이 믿고 지지하는 질적 연구 패러다임과 연구 방법을 좀 더 꼼꼼하게 살피고, 그로부터 시사점을 발견할 수 있도록 도와준 자산이 되었다. 이처럼 연구자는 자신의 세계관과 경험, 그리고 그에 대한 성찰을 통해 삐뚤삐뚤하지만, 그래도 조금씩 조금씩 앞으로 더 나아갈 수 있다.

질적 연구 방법의 난제들

이제 나는 더 이상 양적 연구 방법을 사용하지 않고, 근거이론 방법을 비롯한 질적 연구 방법만을 이용해서 연구를 진행한다. 그런데 이 과정에서 예기치 않은 많은 문제들을 또 다시 대면하게 되었다. 나에게 맞는 연구 방법을 찾는다고 모든 문제가 해결되는 것이 아니었다. 질적 연구 방법으로 연구를 수행하면서 그 이전에는 생각지도 못하던 문제들에 계속해서 부딪히게 되었다. 한편, 사회학을 설명하는 많은 개론서나 방법론 교재를 보면, 양적 연구 방법에 대해서는 많이 언급하고 이야기하지만, 상대적으로 질적 연구 방법에서는 별다른 설명을 제공하지 않는다. 사회학 영역에서 프로젝트나 예산 면에서 양적 연구 방법을 사용하는 것이 대세가 되면서 이것이 당연하게 여겨지기도 한다. 이러한 경향에 대해 질적 연구 방법을 사용하는 연구자로서, 또한 당연한 것을 당연하지 않다고 이야기하는 사회학도로서 질적 연구 방법에 대해서 더 많이 이야기할 필요성을 느낀다. 따라서 다음에서는 근거이론 방법을 비롯한 질적 연구 방법을 사용하면서 부딪혔던 방법론적 이슈, 그중에서도 '연구자와 연구참여자 간의 관계성'에 대한 몇 가지 쟁점을 논의해 볼 것이다.

1) 연구자 - 연구참여자 간의 관계 1: 라포 형성의 어려움

설문조사와 같은 양적 연구 방법을 진행할 때는 연구자와 연구대상은 서로 마주칠 일이 별로 없다. 따라서 그 관계와 상호작용이 연구 과정에 별다른 영향을 끼치지 않는다. 그러나 인터뷰와 참여관찰 같은 질적 연구 방법은 이와 다르다. 연구자와 연구참여자 사이의 관계와 상호작용은 연구진행과 연구 성패를 좌우하는 데 커다란 역할을 한다. 그래서 연구자는 연구참여자와 라포 관계, 즉 적절한 거리의 친밀한 관계(참, 어려운 관계이다)를 형성할 수 있도록 노력해야 한다. 그런데, 라포 형성에 중요한 점은 그 관계가 '평등'해야 한다는 것이다. 양자 간에 위계서열이 있으면, 연구가 제대로 진행될 수 없다. 예를 들어, 연구자가 연구참여자에 압도당하거나 열등한 위치에 있게 되면, 질문을 제대로 하지 못하게 되고, 그렇게 되면 사안에 대한 충분한 답변과 정보를 얻을 수 없다. 반대로 연구참여자가 연구자에 비해 낮은 위치에 서 있다고 느끼게 되면, 하고 싶은 말을 제대로 하지 못하거나 숨기게 된다. 마찬가지로 좋은 인터뷰 결과를 확보할 수 없게 된다. 이처럼 연구자-연구 참여자 간의 평등한 관계는 인터뷰 진행과 연구 결과 확보에 중요한 역할을 하지만, 그것이 말처럼 쉽지 않다. 연구자와 연구참여자는 그들 각자의 특성(젠더, 연령, 사회적 위치)을 가지고 있는데 인터뷰가 개시되고 상호작용을 하게 될 때, 이러한 특성들이 인터뷰 과정에 끊임없이 개입하기 때문이다. 이러한 문제를 사전에 예방하고 해결하기 위해 연구자는 라포 형성에 영향을 미칠 수 있는 불평등, 그로 인한 권력 개입의 요소들에 민감해져야 한지만, 실제로 이를 통제하고 평등한 관계를 확보하기는 정말 힘들다.

사생활과 관련된거나 사회적으로 민감한 이슈와 관련된 주제를 이야기할 때는 더더욱 그러하다. 예를 들어 우리 사회에서 섹슈얼리티의 문제는 매우 예민하고 민감한 주제이다. 세대별, 젠더별, 집단별로 매우 다양한 생각과 관점들이 부딪히는 주제로서 그 사람에 대한 평가와 가치판단의 근거가 될 수도 있기 때문이다. 그래서 쉽사리 자신의 생각을 드러내려고 하지 않는다. 특히 (변하고는 있지만) 보수적이고 가부장적인 젠더가치관이 아직도 힘을 발휘하고 있는 한국사회에서 젊은, 미혼 여성이이에 대한 자신의 속내를 아무런 두려움 없이 타인에게 이야기하기는 힘들다. 몇 년 전 '20대 여성들의 연애와 섹슈얼리티'에 관한 연구를 진행했을 때 이 점에 대해서 절실히 깨달았다. 내 나름으로는 여자대학에서 근무하고 가르치면서, 그들과 교류하면서 많은 접점이 있다고 생각하여 그 연구주제를 택한 것이었다. 그러나 막상 인터뷰를 시작하자, 예상과는 달리 제대로 된 내용을 건질 수가 없었다. 잘 알고 있고, 친하다고 생각한 학생들과 이야기한 경우에도 마찬가지였다. 성 관련 행동이나 생각들에 대한 질문에 대해서는 웃음으로 얼버무리거나 짤막한 답변을 할 뿐 제대로 이야기하려고 하지 않았다. 아마도 그들에게 나는 세대가 다른 나이든 '기성 세대'로서, 또한 자신들을 평가하는 위치, 위계구조의 상위에 자리잡은 사람으로 여겨졌을 것이다. 연구참여자들에게 나는 자신들과 세대와 위계가 다른, 거리를 두고 경계해야 하는 상대였던 것이다. 차마즈(Charmaz, 2013)[3]는 연구 참여자들이 사회적으로 소수자, 즉 연령적으로 어리거나, 젠더적 약자인 여성이거나 할 경우에는 연구자에 대해서 방어적이 되기 때문에 라포를 형성하기가 어렵다고 하였다(Charmaz, 2013). 인터뷰가 제대로 되지 않은 것은 너무나 당연한 일이었다.

라포 형성의 어려움과 관련된 또 다른 사례도 있었다.[4] 10여 년 전, 위험 청소년의 성행동과 관련한 연구를 수주받게 되었는데, 연구를 지원하는 기관에서는 위험 청소년 집단을 남녀별로 구분한 후 각 집단의 성행동을 분석할 것을 요구하였다. 연구기관의 관심과 필요에 따라 '여성 위험 청소년'은 가출 후 성매매 경험이 있는 청소년들로, '남성 위험 청소년'은 강간 및 성추행을 한 가해 청소년들로 결정되었다. 여성 청소년들의 경우에는 라포를 형성하고 인터뷰를 진행하는 데 별다른 어려움이 없었다. 소소한 신변 이야기로 인터뷰를 시작했고, 차츰 가족, 친구, 학교생활 이야기, 또한 가출한 후 성매매를 했던 경험으로 순조롭게 인터뷰가 진행되었다. 몇 번에 걸쳐 인터뷰가 이루어지면서 '이모' 소리를 들을 정도로 친해진 연구참여자도 있을 정도였다. 그러나 남성 청소년들과는 이와는 달리 라포를 형성하기가 쉽지 않았다. 연구기관에서는 이들이 현재 (강간이나 성추행 전력으로) 보호관찰소에서 정기적으로 상담과 감찰을 받고 있으니, 그곳에 가서 그들을 만나고 인터뷰할 것을 요청하였다. 인터뷰 관련 준비 작업을 하고 보호관찰소에 가서 연구참여자들을 만났는데, 거구의 그들을 상대로 강간의 경험을 어떻게 끌어내야 할지 처음부터 막막했다. 소소한 이야기부터 시작하면서 라포를 형성해야 하는데 이 친구들과 소소한 이야기(!)를 어떻게 해야 하는지 알 수 없었다. 허둥지둥하는 나를 보면서 나이 든 여성을 제압하는 남성의 모습을 장착하고, 상대인 나를 깔아뭉개려고 하는 연구참여자도 있었다. 남성 우위의 젠더관계가 인터뷰 과정에 개입되었고, 이 상태에서 라포를 형성하는 것이 어렵다고 판단되었다.

위의 두 경우 모두 제대로 된 라포를 형성하기 힘들었다. 전자에서는 세대 관계 및 조직 내 위계구조에서 연구참여자가, 후자에서는 젠더 관계에서 연구자가 열등한 위치에 놓여졌기 때문에 적절한 연구자-연구참여자 관계가 이루어질 수 없었다. 이 상황에서 인터뷰가 매끄럽게 진행될 수 없었고, 연구는 실패할 위험이 커졌다. 그러나 연구진행을 중단할수는 없기 때문에 두 경우 모두 새로운 인터뷰어를 물색하여 인터뷰를 진행함으로써 문제를 해결하고자 하였다. 전자는 20대 여성들과 같은 또래의 대학원생을, 그리고 후자는 남성 연구자가 참여하여 인터뷰를 진행함으로써 인터뷰를 무사히 마칠 수 있었다.

그럼에도 불구하고 분명한 것은 적절한 라포를 형성하는 데 '연구자인 내'가 실패했다는 사실이다. 질적 연구에서 연구자는 곧 연구도구인데, 라포 형성을 제대로 할 수 없었다는 것은 나 자신이 곧 좋은 연구도구가 되지 못했다는 것을 의미한다. 이러한 일이 있은 후 나는 내가 좋은 연구도구가 될 수 있는 연구 주제를 선택하는 일에 좀 더 심혈을 기울이게 되었다. 연구참여자와 수평적인 관계를 형성하기 힘든 주제는 애초에 시작하려고 하지 않는, 어떻게 보면 소극적인 전략이라 할 수 있다. 한편, 적절한 라포 형성을 할 수 없을 때 제3자를 투입한 것은 올바른 선택이었을까 하는 질문도 여전히 남는다. 제3자가 한 인터뷰, 즉 2차 자료를 연구자가 분석할 때는 자신이 한 생생한 인터뷰가 아니므로 한계가 따르기 때문이다. 이처럼 라포 형성의 어려움은 다양한 문제와 연계된다. 부끄럽지만 이 문제들에 대한 답변 찾기는 아직도 진행 중이다. 아직도 우왕좌왕, 좌충우돌 중이다.

2) 연구자와 연구참여자 간의 관계 2: 라포 과잉의 문제

인터뷰를 성공적으로 수행하기 위해서 연구자가 연구 참여자와 친밀한 관계를 형성하는 것은 중요한 일이다. 친밀한 관계를 토대로 연구 참여자로부터 많은 이야기를 끌어냄으로써 연구 주제에 대한 두꺼운 기술(thick description)[5]을 할 수 있기 때문이다. 그러나 면접 참여자와 친밀한 관계가 어느 정도 선을 넘게 되면, 예상치 못한 문제가 발생하기도 한다. 즉, 라포의 정도가 지나치게 높아지게 되면, 연구참여자가 연구자에게 또는 연구자가 연구참여자에게, 또는 양자가 서로에게 감정적으로 밀착하게 되고, 그 결과 연구 영역과 사적 영역 간의 경계선이 모호해질 수 있다. 이를 나는 '라포 과잉'이라고 부른다. 라포 과잉 상태가 될 때 연구자는 연구참여자를 중립적이거나 객관적인 시선으로 보기보다는, 주관적이거나 감정적으로 접근하게 된다. 이 경우 분석이 자의적으로 흐를 위험성이 높아진다.

연구과정에서 일어나는 라포 과잉의 문제를 해결하기 위해 연구자는 인터뷰를 종료하고 현장을 떠나기도 한다. 여기에서 문제는 라포 과잉을 경계하여 인터뷰를 중단하는 결정은 연구 윤리 측면에서는 옳은 결정이지만, 이로 인해 연구참여자가 낙담하고 감정이 상하게 된다면, 이것을 과연 옳다고만 할 수 있을까 하는 것이다. 연구참여자 쪽에서 보면, 연구자는 자신이 필요한 부분만 취하고 빠져나갔고, 이후 남겨진 (연구참여자) 자신의 감정은 방치된 채 무시당한 것이 된다. 이 경우 연구자는 연구참여자에 대한 존중과 보호의 의무를 저버렸다는 윤리적 비난에서 자유로울 수 없다. 한편, 이 문제는 연구과정에서 연구자와 연구참여자 사이 서로가 주고받는 상호성(reciprocity)이 양자 간의 평등한 관계성을 전제하는가에 관한 질문을 제기한다. 사실, 연구자는 인터뷰를 통해서 연구 결과물을 얻을 수 있으나, 연구 참여자는 그 과정에서 얻는 이익이 별로 없다(Seidman, 2006).[6] 그렇다면 연구자와 연구 참여자 사이에 평등한 상호적 관계라는 것은 애초부터 성립되기 힘든 가정일 수도 있다. 따라서 연구참여자는 연구자에게 이용당하고 종속당하는 위험을 안을 수밖에 없다. 더구나 연구자의 느닷없는 연구 중단에 의해 감정적 손실마저 겪게 된다면 연구참여자는 그것을 어떻게 보상받고 상처를 치유할 수 있을 것인가? 라포 과잉을 '연구 방법 차원에서 해결'하는 것과 '연구참여자에 대한 감정적 배려 및 존중'하는 것이 서로 상충될 때 이 양자를 어떻게 적절히 타협하느냐 하는 것은 연구자가 연구참여자와의 관계에서 고려해야 하는 또 하나의 중요한 쟁점이다(김은정, 2018).

3) 연구자와 연구 참여자 간의 관계 3: 아무 것도 얻을 것이 없는 연구 참여자

질적 연구 방법으로 연구를 수행하는데 적절한 라포 형성은 매우 중요한 부분이지만, 위에서 논의한 것처럼 많은 문제를 야기한다. 이와 관련한 또 다른 문제를 논의하기 위해 '라포'의 정의를 다시 한번 살펴보자. '라포'란 '연구자와 연구참여자 사이의 적절한 거리의 친밀한 관계'로 정의된다. 그런데 여기서 말하는 '친밀한 관계'란 연구자와 연구참여자 사이의 친밀한 관계로, 사람과 사람 사이의 수수한 친밀함을 의미하지는 않는다. 연구과정에서 라포란 결국은 연구자가 연구참여자로부터 무엇인가를 얻어내기 위한 밑준비 작업이고, 그것은 많은 경우 연구자의 이득을 전제로 하기 때문이다. 따라서 혹자는 연구자가 연구참여자를 만나서 친해지고, 연구주제에 대해 이야기를 하는 것은 기본적으로 연구자가 연구참여자를 이용한다는 것에 다름 아닌 것이라고 한다. 이러한 지적에 대해 연구자들은 항변하며, 연구참여자를 그냥 이용만 하는 것은 아니라고 변명한다. '연구를 통해서 연구참여자의 상황과 문제가 조금은 해소될 수 있는 계기를 마련하고 관련 정책이나 기타 개선책이 마련될 수 있기 때문'이라는 것이 그 변명의 근거이다. 그러므로 연구참여자도 연구에 참여하면서 보상을 받게 되므로, '연구자가 연구참여자를 일방적으로 이용하는 것만은 아니'라고 주장한다.

연구자가 이러한 시각과 기대를 가지고 연구현장에 들어갔을 때, 일어나는 문제에 대해 다룬 영화가 "두 세계 사이에서(2021)"이다.

작가인 마리안은 실업과 빈곤에 대한 책을 쓰기 위해서 직접 밑바닥 청소노동자의 삶을 몸으로 겪어야 한다는 생각으로 자신의 신분을 속이고 청소일을 시작한다. 일을 하면서 동료 청소부들과 친해지게 되고, 점차 서로의 일상을 나누는 매우 가까운 사이가 된다. 마리안은 동료들과 일하면서 이들의 말과 행동을 몰래몰래 수첩에 적고, 일이 끝난 후 이것을 컴퓨터에 정리하면서 책을 위한 자료를 만들어 간다. 한편, 그녀는 동료들과 점점 가까워지면서 미안함과 죄책감을 느끼게 된다. 그러나 동시에 "자신의 책이 출간되면 이들의 열악한 노동조건과 환경이 개선될 거야." 하며 스스로를 달래고, 자신의 행위를 합리화한다. 그러나 결국 마리안의 행동은 발각된다. 친했던 청소노동자들은 자신들과 같이 가진 것 없고, 힘든 삶을 살아가는 동료이자 친구라고 생각했던 사람이 사실은 잘 나가는 작가라는 사실에, 그리고 자신들과 친해지려고 했던 이유가 자신들의 삶을 책의 소재로 써먹기 위해서였다는 것에 크게 분노하게 된다. 마리안은 분노한 동료들에게 사과하는 한편, 자신은 '당신들의 삶을 알려서 노동환경을 개선시키고 했으며, 결국은 그것은 당신들을 위한 것'이 될 것이라고 변명한다. 그러나 동료들은 그녀의 사과와 변명을 받아들이지 않는다. 일 년 후, 마리안은 자신의 체험을 바탕으로 책을 내고 '어려운 현장에 들어가 열악한 상황을 직접 경험하고, 이를 고발한' 작가로 큰 호평을 받게 된다. 그러나 동료 청소부들의 삶은 달라지는 것이 없다. 두 세계 사이의 차이와 간극은 책 한 권으로 좁혀지지 않는다. 결국 두 세계의 '사이'는 없으며 두 세계는 동떨어진 채 따로따로 남는다.

　이 영화는 연구자들이 주장하는 연구 목적에 대해서 생각해 볼 것을 요구한다. 많은 연구자들이 자신의 연구는 궁극적으로 지금의 사회를 조금 더 좋은 곳으로 만들기 위해, 공공의 선, 공공의 이익을 위해서 진행하는 것이라고 이야기한다. 그러므로 이를 위해서 연구참여자들의 민낯과 속살을 잘 포착하고 그것을 생생하게 드러내고 알려야 한다고 생각한다. 그러나 정말 그럴까? 연구참여자들은 공공의 선을 위해 자신의 모습이 드러나는 것에 얼마큼 동의할까? 연구자의 감언이설에, 또는 연구참여비 몇 푼에 자신의 사생활과 존엄을 팔았다고 후회하지는 않을까? 그렇다면 연구참여자는 결국 이용만 당하고, 아무런 보상을 받을 수 없는 것일까?

이 질문에 대한 답변은 "그렇지 않다."가 되어야 한다. 이를 위해서 연구자는 자신의 역할을 스스로 점검해야 하고, 연구 결과와 관련하여 연구참여자에게 불이익이 돌아가지 않도록 주의하여야 하며, 그런 일이 일어났을 때 이에 책임져야 한다. 즉, 자신의 연구 목적이 누구를 위한 것인가에 대해서 꼼꼼히 따져보아야 하고, 연구참여자가 상처받지 않도록, 그리고 연구참여에 대한 보상이 최대한으로 제공될 수 있도록 애써야 하는 것이다. 그것이 연구자의 중요한 역할이다. 그런데 실제로 이와 같은 역할을 수행하는 것은 말처럼 쉽지 않다. 연구자가 연구참여자를 존중하고 배려하면서 연구를 잘 진행하여, 현장의 상황을 개선시킬 정책 제안을 하고 궁극적으로 연구참여자의 상황을 개선시키게 되며, 동시에 자신이 한 연구를 통해 연구자로서 인정도 받고. 과연 이 모든 것이 가능할까? 이 과정에서 연구자와 연구참여자 간의 이해관계가 상충된다면 연구자는 과연 어떤 선택을 하게 될까? 영화 "두 세계 사이에서"는 바로 이 질문을 하고 있다. 그러면서 연구자가 연구참여자와의 관계에서 자신이 아닌 연구참여자 편에 서서 연구를 진행하는 것은 "가능하지 않다."라고 답한다. 영화가 아니라 실제 연구현장에서도 마찬가지이다. 연구자는 종종, 연구참여자보다는 연구자 자신의 목적과 이득을 취하는 결정을 하게 되기 때문이다. 이 과정에서 연구참여자는 배제되거나 자신의 참여에 걸맞는 보상을 받지 못하게 된다. 이 문제를 어떻게 해결할 것인가?

연구참여자의 진정한 참여를 위하여

　양적 연구 방법과는 달리 질적 연구 방법에서는 연구자와 연구참여자 간의 관계성과 이를 바탕으로 한 상호작용이 필수적이다. 따라서 질적 연구 진행과 관련하여 일어나는 많은 방법론적 이슈들이 이와 관련된다. 이번 장에서는 그와 관련한 풀리지 않은 숙제들 몇 가지를 언급해 보았다. 질적 연구자들이 계속에서 이 문제에 부딪히게 되는 이유는 연구 현장에서 어쩔 수 없이 발생하는 연구자와 연구참여자 간의 권력 문제, 그리고 이로 인한 불평등한 관계성 때문이다. 이러한 관계 속에서 '그럼에도 불구하고 연구참여자의 진정한 참여를 기대'하는 것은 힘들고 어려우며, 또한 연구윤리에도 어긋나는 일이다. 그렇다면 연구자와 연구참여자 간의 불평등한 관계를 해소하면서 연구참여자의 참여를 독려할 수 있는 방법은 무엇일까? 다음 장에서는 '참여연구 패러다임'을 소개하면서 이 질문에 답해 보고자 한다.

1. 자신이 관심을 두고 있는 사회현상을 설명하고 분석하기 위한 연구를 시작해 보자. 이를 위해서는 먼저 연구 주제를 구체화하고, 연구 방법을 결정해야 할 것이다. 이를 결정했다면, 선택한 주제와 연구 방법이 자신이 믿고 있는 패러다임과 조응하는지, 또는 그렇지 않은지에 대해서 논의해 보자.

2. 질적 연구 방법에서 발생하는 연구자와 연구참여자 간의 권력 관계에 대해서 생각해 보자. 이 장의 본문에서는 연구참여자는 연구자에 의해 이용당할 위험성이 있다는 점을 논의하였는데, 이에 대한 자신의 의견을 제시해 보자. 연구자-연구참여자 간의 평등한 관계 수립을 위해 어떠한 점들을 고려해야 하는지에 대해서도 생각해 보자.

🎗️ **함께 읽으면 좋을 책들**

전규찬, 박래군, 한종선(2014). <살아남은 아이: 우리는 어떻게 공모자가 되었나>. 이리.

이 책에서는 복지원 피해자/당사자인 한종선, 문화연구자 전규찬, 그리고 인권활동가 박래군이 각각 서로 다른 관점과 시선으로 형제복지원 사건에 대해서 이야기한다. 이 책에서는 연구자의 시각만이 아니라, 피해자/당사자 자신의 시점도 함께 보여줌으로써, 사건에 대한 다양한 해석을 제공한다. 이런 점에서 본문에서 논의한 연구자-연구참여자의 관계에 대한 새로운 지침을 제공하는 텍스트라 할 수 있다.

이현서, 박선웅(2018). <질적연구자 좌충우돌기>. 한울아카데미.

이 책에서는 10인의 질적 연구자들이 질적 연구 방법을 수행하면서 겪었던 실패경험과 이를 통해서 무엇을 새로이 깨닫게 되었는가를 담아내었다. 10인 10색의 좌충우돌 경험을 통해 질적 연구 과정에서 발생하는 다양한 방법론적 이슈를 성찰하는 기회를 제공한다.

두 세계 사이에서(2021). 엘마누엘 카레르.

본문에서 언급한 것처럼, 연구자와 연구참여자 사이의 관계성과 연구자의
역할과 책임, 그리고 연구 윤리에 대해 생각할 거리를 던져주는 영화이다.

제9장

참여연구 패러다임:
포토보이스 연구 방법

질적 연구 방법에서 자주 발생하는 연구자와 연구참여자 사이의 권력 문제, 윤리적 문제에 대해서 제8장에서 언급하였다. 제9장에서는 이러한 문제들을 완전히 해소할 수는 없지만, 조금이나마 해결의 실마리를 찾을 수 있는 방법으로 '참여연구 패러다임'을 소개하고자 한다. '참여연구 패러다임'에 대해 설명하기 전에 먼저 '일반적인' 질적 연구 방법의 진행에 대해서 생각해 보자. 인터뷰 방법을 활용한 질적 연구를 예로 들어보면, 연구자는 자신의 질문을 가지고 연구참여자를 대상으로 인터뷰를 진행한다. 인터뷰가 끝난 후 연구자는 인터뷰 내용을 녹취하여 데이터 자료를 만들고, 분석을 진행한다. 이 과정에서 연구자는 자신의 시점에서 연구참여자의 말을 해석하게 된다. 한편, 질적 연구에서 연구 대상을 연구'참여'자로 부르기는 하지만, 연구참여자는 그냥 자신의 이야기를 할 뿐이고, 이야기의 의미를 분석하는 과정에 참여하지 않는다. 이야기를 분석하는 사람은 연구자이다. 또 하나의 대표적인 질적 연구 방법인 '참여관찰'도 마찬가지로 '참여해서 관찰하고 또 그것을 분석하는 사람'은 '연구자'이다. 이처럼 참여관찰과 인터뷰 연구에서 '분석과 해석을 하는' 사람은 모두 연구자로, 최종 연구 결과에는 연구참여자의 시각은 배제된 채 연구자의 시각만 반영된다. 이렇게 보았을 때, 인터뷰 연구 방법과 참여 관찰 방법 모두 연구자 중심의 연구 방법이라 할 수 있다. 이런 상황에서는 제8장에서 언급한 문제들이 계속해서 발생할 수밖에 없다.

　연구자 중심의 질적 연구 방법에 대해 문제를 제기하면서 출현하게 된 새로운 연구 방법론이 '참여연구 패러다임'이다. 참여연구 방법은 연구참여자를 '고립'시킨 채, 연구자 혼자 관찰하고 해석하는 것이 아니라, 말 그대로 '연구참여자'가 연구자와 '함께' 연구에 적극적으로 참여하는 연구 방법을 말한다. 이 연구 방법론에서는 연구 전반에 걸쳐 연구자와 연구참여자가 상호작용하면서 함께 연구를 진행하는 것을 중요시한다. 이를 통해 연구자의 시각과 가치만 배타적으로 반영하는 지금까지의 관행을 경계하고 통제하려고 한다. 그러므로 참여적 연구 방법에 참여하는 연구참여자는 자신의 의견과 관점을 적극적으로 제공하도록 독려된다. 연구참여자는 연구자의 분석과 해석을 점검하고, 연구참여자의 의도를 제대로 반영하는지, 또는 의도를 반영했다고 하더라도 그것이 출판되는 것에는 문제가 없는지를 확인하게 된다. 이 과정에서 연구참여자는 수동적인 참여자로 머무르는 것이 아니라 인터뷰 내용과 연구 현장을 이해하고 분석하는 적극적인 '주체'가 된다(김성경, 2018).[1]

　그런데 '연구자와 연구참여자의 서열을 해체하고 서로의 의견을 개진하여 앎의 영역을 넓힌다'는 '참여연구 패러다임'의 취지를 실제 연구 과정에서 실현하는 것은 매우 어려운 일이다. 우선 연구자와 연구참여자 간의 관계와 연구 과정 전반에 대한 지금까지의 관행과 생각을 바꿔야 하는데 그것이 쉽지 않기 때문이다. 연구자들은 이미 이전의 (자신을 중심으로 하는) 연구방식에 익숙해져 있어서 연구참여자까지 고려하는 연구가 낯설고 불편하다. 따라서 연구진행에 훨씬 더 많은 부담과 어려움을 느끼게 된다. 그래서 참여 연구를 시도하지 않거나 하더라도 중간에서 포기하는 일이 많다. 한편, 연구자 자신은 연구참여자의 의견을 잘 반영한다고 생각했지만, 연구참여자는 불만을 갖는 경우도 적지 않다. 김성경은 자신이 이러한 경험을 했다고 고백한다.[2] 연구자인 자신은 연구참여자의 의견을 많이 수용했다고 생각했지만, 연구참여자는 연구과정 내내 자신이 연구자와 비교하여 수동적이고 열등한 위치에 있다고 보았다. 마침내 연구참여자가 불만을 토로했고, 연구자와 연구참여자는 이에 대해 서로 이야기를 했으나 의견이 좁혀지지 않았다고 한다. 이 과정에서 연구참여자는 물론 연구자 자신도 상처를 받았고, 동시에 자신의 연구진행에 대해서 다시 성찰할 필요가 있다는 것을 느꼈다고 한다. 이처럼 연구자와 연구참여자는 연구에서 각자가 맡은 역할과 위치가 다르기 때문에 연구진행을 하면서 완벽하게 서로를 이해하면서 소통하기가 쉽지 않다.

참여연구 패러다임을 기반으로 연구를 진행하는 데 있어서 또 다른 문제는 연구주제에 대한 이해가 연구참여자와 연구자가 서로 다를 수 있다는 점이다. 연구주제와 방향에 대해 서로의 생각과 원하는 것이 다를 때 이를 어떻게 해소할 수 있는가는 연구의 성패에 큰 영향을 준다. 어느 정도의 다른 생각은 토론을 거쳐 좁혀 나갈 수 있지만, 그 차이가 클 때 연구가 제대로 진행되지 않고 난항을 겪을 수 있다. 이때 연구자는 연구참여자의 생각을 어느 정도까지 수용하고, 동시에 자신의 연구주제를 얼마큼 설득하면서 연구를 진행할 것인가를 결정해야 한다. 이 과정에서 연구가 지연되거나 중단되기도 한다. 한편, 연구참여자들 간에 갈등과 충돌이 생길 가능성도 있다. 연구참여자들 간의 이해관계가 충돌하거나 의견이 잘 맞지 않을 때, 연구자가 이를 어떻게 중재하고 해소해야 할 것인가의 문제도 참여적 연구 방법의 어려움 중 하나이다.

종합해 보면, 참여연구 방법은 연구자와 연구참여자 간의 적극적인 의사소통을 통해 연구자-연구참여자 간의 불평등한 권력의 문제를 해소할 수 있는 방법이기는 하지만, 그만큼 위험과 어려움도 따른다. 장점도 있으나 위험부담도 큰 만큼 연구자 자신이 원활한 연구진행을 위해 다른 연구 방법보다 훨씬 더 큰 노력과 세심한 주의를 기울여야 한다. 다음에서는 참여적 연구 방법의 하나인 '포토보이스 연구 방법'을 소개하고, 실제로 이 방법을 진행할 때 어떠한 일들이 일어날 수 있는가를 살펴보도록 하겠다.

포토보이스 연구 방법은 무엇인가?

카페나 식당에서 음식 사진을 찍는 것을 자주 볼 수 있다. 왜 음식 사진을 찍을까? 아마도 그 음식을, 또는 그 음식이 나왔을 때의 분위기와 기분을 남기고, 또 소셜 미디어에 올려서 자랑하고 싶기 때문일 것이다. 그래서 음식 사진을 찍을 때는, 주로 멋지고 이쁜, 남들에게 보여주고 싶거나 기억에 남을 만한 음식을 찍게 된다. 그러므로 음식 사진을 보면, 그 사진을 찍은 이유를 쉽게 알 수 있다. "아, 좋은 곳에 가서 맛있는 음식을 먹었구나. 자랑하고 싶었구나."라는 식으로. 그런데 그런 음식이 아니라 '단무지'를 찍은 사진이 있다고 하자. 왜 단무지이지? 단무지를 찍은 이유에 대해서 가늠하기는 쉽지 않다. 이때 사진을 찍은 사람이 자신이 왜 단무지를 찍었는가에 대해서 설명하면, 사람들은 비로소 그 단무지가 사진을 찍은 사람에게 어떤 의미를 갖는지 이해할 수 있다. 이처럼 사진을 찍은 사람이 자신이 찍은 사진(photo)에 대해서 왜 그것을 찍게 되었는가를 설명하여 자신의 생각을 드러내는(voice) 연구 방법이 포토보이스 연구 방법이다.

포토보이스 연구 방법을 사용하는 프로젝트에 참여한 사람들은 각자 프로젝트 주제와 관련한 사진을 찍고, 왜 그 사진을 찍었는지에 대해 다른 참여자들과 의견을 나누게 된다. 또한 찍은 사진과 이야기들을 모아 전시회를 열기도 한다. 전시회를 통해 사진의 메세지는 더 많은 사람들에게 전달되고 홍보될 수 있다. 한편, 사진을 찍은 사람(연구참여자)은 사진 전시회에 참석하여 관람객에게 사진을 보여주고, 사진과 주제에 대한 이야기를 함께 나눈다. 이처럼 연구참여자들은 사진을 찍어서 자료(데이터)를 만들고, 그에 대해서 서로 의견을 나누고(분석), 전시회에 참석하여 연구 프로젝트 주제를 홍보한다(발표). 즉 자료 수합, 자료 분석, 결과 발표의 각 과정에 연구참여자들은 적극적으로 참여하게 된다. 이를 통해 그들은 수동적인 연구대상이 아니라 자신의 시각과 목소리를 드러내는 적극적인 주체가 된다. 그러므로 포토보이스 연구 방법은 연구참여 방법의 하나로, 앞에서 논의한 연구자와 연구참여자 간에 발생할 수 있는 문제들을 해소하는 데 도움이 될 것이라 기대된다. 다음에서는 포토보이스 연구 방법에 대해서 좀 더 알아보고, 실제로 이 방법을 사용했을 때 어떠한 장단점이 있는가에 대해서 살펴보도록 할 것이다.

포토보이스 연구 방법은 어떻게 시작되었을까?

포토보이스 연구 방법을 처음으로 고안하고, 제시한 학자는 미국의 사회학자 왕(Wang)과 부리스(Burris)이다.[3] 그러나 이들이 처음부터 '연구참여자들이 적극적으로 목소리를 낼 수 있는 연구 방법을 만들어야지.' 하는 의도를 가지고 포토보이스 연구 방법을 개발한 것은 아니었다. 그렇다면 그들은 어떻게 이러한 연구 방법을 개발하게 되었던 것일까?

Wang과 Burris는 1990년대 초반, "중국 시골 여성의 건강 관련 프로젝트"를 진행했다. 이 작업은 중국 여성의 심리적/정신적/신체적 건강을 증진시키고 이를 통해서 여성의 힘/파워/지위를 강화시킬 것을 목표로 하는 역량 강화 프로젝트였다. 프로젝트 진행을 위해 두 학자는 중국의 시골 마을에 들어가, 그곳에서 중국 여성들의 삶을 사진으로 찍고, 그들로부터 살아가는 이야기를 듣고자 하였다. 그러나 안타깝게도 그곳 중국 여성들의 삶은 너무 바쁘고 힘들어서, 학자들과 함께 이야기를 할 시간을 내기가 어려웠다. 연구 진행이 매우 힘들어졌고, 이런 식으로라면 제대로 된 연구 결과가 나오지 못할 가능성이 점점 커지게 되었다. 그래서 두 학자는 "우리가 바쁜 사람들을 좇아다니면서 사진을 찍고 이야기를 하자고 할 것이 아니라 이 프로젝트에 대해서 간단히 설명한 후에 중국 여성들에게 사진기를 주자. 그리고 주제와 관련해서 각자가 직접 사진을 찍게 하자."라고 결정하였다. 이후 두 학자들은 그 마을의 여성들에게 카메라를 주고 일과 건강에 관한 사진을 찍을 것을 요청하였다. 당시에는 요즘처럼 사진찍는 것이 보편화되어 있지 않았으므로, 사진기를 다루고 사진을 찍는 방법에 대해서도 가르쳐주어야 했다. 사람들은 연구자들로부터 교육을 받은 후 배포된 사진기를 들고 사진을 찍었고, 이것을 제출하였다. 그런데 이들이 찍은 사진 가운데는 아무리 봐도 그것을 왜 찍었는지 알 수 없는 사진이 많았다. 그중 하나로, 고추잠자리 한 마리가 나뭇가지에 앉아 있는 사진이 있었다. "일과 건강에 대한 사진을 찍으라고 했는데, 웬 고추잠자리?"라고 생각한 연구자들은 그 사진을 찍은 여성에게 질문을 하였다. "건강에 대해서 찍을 것을 요청드렸는데, 왜 고추잠자리를 찍으셨어요?"라고. 이에 대한 답변은 "내가 너무 고단하고, 집에서도 일이 너무 많고 또 밖에서도 너무 일이 많고…. 밭에서 일을 하다가 너무 힘들고 노곤하고해서 잠깐 쉬고 있었는데, 그때 나뭇가지에 앉아 있는 빨간 고추잠자리를 발견했어요. 그것을 보면서 너도 힘들어서 쉬고 있구나 싶어서. 꼭 내 모습 같다고 생각했어요."라고 대답했다. 연구자들은 이 이야기를 듣고 그 여성이 왜 이 사진을 찍었는지를 금방 이해할 수 있었다. 사진을 찍은 사람의 설명을 듣고 나서야 사진의 의미를 이해할 수 있었던 두 학자들은 연구참여자들이 사진을 찍는 것도 중요하지만, 더 나아가 왜 그 사진을 찍었는지에 대해서 이야기하는 것, 즉 사진 안에 담겨있는 생각을 말하게 하는 것도 못지않게 중요하다고 판단하였다. 다시 말하면, '데이터를 생성'하는 사진을 찍는 작업뿐 아니라, 그 사진을 왜 찍었는가, 어떻게 찍게 되었는가. 그리고 그 사진을 통해서 무엇을 이야기하고 싶은가를 사진을 찍는 사람, 즉 '연구참여자'가 적극적으로 이야기하는 것이 필요하다는 것을 깨닫게 된 것이었다. 이를 계기로 두 연구자는 연구참여자의 사진을 통해 그들의 목소리를 드러내게 하는 방법론에 관심을 가지게 되었고, 마침내 포토보이스 연구 방법이라는 연구 방법을 개발하게 되었다. 이처럼 포토보이스 연구 방법에서 연구참여자는 사진 찍기(photo)를 통해 데이터를 만들어 내고, 그 데이터를 스스로 해석하여 자신의 목소리(voice)를 내게 된다. 즉 포토보이스 연구 방법은 연구의 전 과정에 연구참여자가 '적극적'으로 참여해서 연구를 진행하는 참여적 연구 방법이다.

포토보이스 연구의 진행은 어떻게 이루어질까?

포토보이스 연구 방법은 크게, 파악, 모집, 교육, 기록, 서술, 관념화/추상화, 발표, 확증의 8단계로 나뉘어 진행되게 된다. 필자가 수업에서 학생들과 진행했던 포토보이스 연구 프로젝트 '한국 여성들이 느끼는 외모관리와 압력'을 중심으로 각 단계에서 어떤 일들이 일어났는가를 설명해 보도록 할 것이다.

1) 파악과 모집 단계
'파악 단계'에서 연구자는 연구주제를 선정하고, 이 연구를 어떤 지역, 또는 어떤 집단을 중심으로 진행할 것인지를 결정한다. 결정이 이루어지면, 연구 프로젝트에 관심을 가지고 있으면서 연구에 적극적으로 참여할 수 있는 사람들을 모집하게 된다. 연구에 참여할 사람들도 그 연구주제에 대해 어느 정도 사전 지식이 있고, 관심이 있는 사람들이어야 연구 진행에 적극적으로 나설 것이므로, 연구참여자의 모집은 포토보이스 연구의 성패에 매우 중요한 부분이다.

> 프로젝트를 진행한 연구자는, 오랫동안 여자대학에서 근무하면서 학생들이 외모 관련 이슈에 민감하며 관심이 높다는 것을 알고 있었다. 그러므로, '한국 여성의 외모 관련 강박'이라는 주제를 가지고 프로젝트를 진행한다면 참여할 학생들이 꽤 많을 것이라고 기대했다. 과연, 학교의 홍보 게시판을 통해서 연구프로젝트 참여자를 모집하자 많은 학생들이 관심을 보이고 연구참여 의사를 표하였다. 프로젝트를 수행하는 데 20명 정도가 적절할 것이라는 판단에서, 연구참여 의사를 표한 학생 중 20명을 선착순으로 모집하고, 연구를 진행하게 되었다.

2) 교육 단계

연구참여자의 모집이 어느 정도 끝나면, 모집된 사람들을 대상으로 하여 '교육'을 하게 된다. 이 '교육' 단계에서는 연구참여자들이 이 연구프로젝트에 대해서 잘 이해할 수 있도록 프로젝트의 성격, 목적, 진행과정에 대한 정보를 제공한다. 한편, 연구참여자들에게 사진찍기, 토론에 참여하여 주제 찾기, 사진 전시 및 홍보 등 연구 전 과정에 적극적으로 참여해야 한다는 것을 다시 한번 강조하는 것도 이 단계에서 해야 할 일이다. 또한, 사진을 찍을 때 주의해야 할 점, 예를 들어 인물의 초상권 문제, 사생활 침해 문제 등 연구 과정에서 불거질 수 있는 문제에 대해서 고지하는 것도 이 단계에 포함된다. 연구참여자들은 교육을 마친 후 관련 질문을 하고 답변을 받는다. 이를 통해 연구참여자들은 연구가 어떻게 진행될 것인지 미리 예측하고 각자 필요한 부분을 준비할 수 있다.

연구에 참여한 학생들을 대상으로 오리엔테이션 및 주제 관련 교육을 2차례에 걸쳐 진행하였다. 오리엔테이션에서 연구참여자들은 서로 얼굴을 익히면서, 왜 이 프로젝트에 참여하게 되었는가를 이야기하였다. 한편, 연구자는 포토보이스 방법이 무엇인가를 설명하고, 포토보이스 연구참여자의 역할에 대해서 설명하였다. 이후에는 연구 프로젝트 주제, '한국 여성들이 느끼는 외모관리와 압력'의 사례와 현황을 제시하였다. 연구참여자들은 그와 관련한 각자의 경험이 어떠했는지를 생각하고, 이에 대해 서로 이야기하는 시간을 가졌다.

연구참여자들이 주제에 대해 숙지한 후, 연구자는 이들에게 주제와 관련한 사진을 찍어야 한다는 것을 다시 한번 강조했다. 또한 '한국 여성들이 느끼는 외모관리와 압력'이라는 넓은 주제에 대해서 연구참여자들이 자신만의 구체적인 주제 잡기를 한 후 사진을 찍어야 한다는 점도 추가로 설명했다. 이후 연구참여들은 각자, 자신의 구체적인 주제에 대해서 생각해 보고, 이에 대해서 서로 토론을 하였다. 토론을 통해 나온 주제의 예로는 '다이어트 상품', '탈코르셋 운동', '아동/청소년기 여성이 경험하는 외모강박', '외모강박에 대한 남녀의 차이'가 있었다. 연구자는 연구참여자들에게 일주일 동안 자신의 주제와 관련된 사진을 각자 세 장씩 찍고, 그것을 간단히 설명하는 페이퍼를 쓸 것을 요청하였다.

3) 기록

그다음 단계는 '기록'이다. 이 단계는 연구참여자가 직접 현장에 나가 자신이 중요하다고 생각하는, 그래서 전달하고 싶은 자신의 이야기를 담은 '사진을 찍는' 단계이다. 자신의 의견과 생각을 보여주는 사진을 찍는 이 과정이 바로 데이터를 생성, 수집하는 단계이다. 연구자가 주도하는 질적 방법에서 데이터를 수집하는 것은 연구자 혼자 하는 일이지만, 포토보이스 연구 방법에서는 연구자가 아닌 연구참여자가 사진을 찍으면서 그 사진에 담긴 자신의 목소리를 기록하여 데이터를 만든다.

학생들은 사진을 찍으면서 궁금증이 생기면 자기들끼리 이야기하기보다는 연구자에게 직접 연락하고, 그것에 대해서 '각자' 질문하였다. 연구참여자들끼리의 교류와 토론이 부족하다는 점이 문제일 수 있겠구나 하는 생각을 했다. 그러나 이 프로젝트는 단기간에 진행되는 것으로, 이 부분에 대한 고려는 차후에 이루어져야 한다고 판단했다. 한편, 연구참여자들이 가장 많이 한 질문은 인터넷 사진(인터넷에 올라와 있는 성형 관련 사진과 광고, 또는 인플루엔서의 인스타그램 피드)을 사용할 수 있는지의 여부였다. 포토보이스 연구 방법에서 연구참여자는 주제에 대해서 생각을 하고, 그것을 '직접' 포착해서 앵글에 담아 전달해야 한다. 사진에 연구참여자 자신의 목소리를 담는 것이 중요하기 때문이다. 인터넷 사진을 사용한다면, 그것은 자신이 아니라 다른 사람의 목소리를 단순히 옮기는 것이 된다. 따라서 인터넷 사진을 사용하는 것은 안 된다고 답변하였다.

4) 서술

사진을 다 찍고 난 후에 진행되는 단계는 '서술'이다. 서술 단계에서는 사진을 찍은 사람들이 각자 자신이 찍은 사진에 대해서 내가 왜 이 사진을 찍었는지를 설명하게 된다. 각자가 설명을 하게 되면(서술), 연구자/다른 연구참여자들은 그 사진의 의미, 즉 그 사진이 연구주제와 관련하여 무엇을 전달하고자 하는가를 좀 더 명확하게 이해할 수 있다. 각자의 설명 후, 연구참여자들은 각자가 찍은 사진을 평가하고, 그 의미에 대해서 성찰하는 시간을 갖는다.

일주일 후 다시 모인 연구참여자들은 자신들이 찍어 온 사진들을 보여주고 이를 설명하는 시간을 가졌다. 원래는 20명이 참여한다고 했으나 일주일 후 다시 모였을 때의 참여자의 수는 14명으로, 6명이 탈락하였다. 탈락의 이유로는 '사진을 찍지 못해서', '다른 일정으로 바빠서', '연구참여자의 역할이 너무 부담이 되어서' 등이 열거되었다. 한편, 사진을 찍은 14명의 연구참여자들은 자신의 사진을 발표하였다. 원래 자신이 정했던 주제와 관련한 사진을 찍은 경우도, 주제를 변경해서 찍은 경우도 있었다. 각자는 자신이 찍은 사진의 의미가 무엇인지를 설명하였고, 다른 참여자들은 사진을 찍은 발표자에게 공감을 표시하거나 질문을 하면서 서로의 사진에 대해 좀 더 심층적인 이해를 하는 시간을 가졌다.

5) 관념화/추상화 과정

각자가 찍어 온 사진들은 매우 다양하지만, 공통적인 부분도 많이 있다. 따라서 연구참여자들은 각자의 사진과 이야기를 비교해 보면서 공통점을 가지고 있는 자료를 묶어서 범주화할 수 있다. 이 과정이 바로 '관념화/추상화' 과정이다. 이 과정에서 연구참여자들은 각자의 사진들을 전부 펼쳐놓고 관찰하면서, 하나로 묶일 수 있는 사진들을 선택하여 주제를 만들게 된다. 몇 가지 주제가 나오게 되면, 다시 사진들을 보면서 브레인스토밍을 한다. "이 사진은 주제 A에 해당하는 것 같아. 또는 이것은 주제 B에 해당하는 것 같아.", "아니다, 이것은 역시 새로운 주제 C로 분류되어야 해." 등의 토론을 하면서 자신들이 찍어 온 사진들을 각 주제별로 분류하게 된다. 주제별로 분류한 후에는 각 주제들이 서로 어떻게 연결되는지를 살펴보면서 주제 간의 관계를 이해하고, 이를 통해 전체적으로 어떠한 그림이 만들어질 수 있는가를 생각하게 된다. 이 단계에서 연구참여자들은 데이터를 통해 나온 소주제들을 서로 연결시켜서 전체 주제를 도출해 낸다.

각자의 발표를 들은 후, 연구자는 연구참여자들에게 공통점을 가지고 있는 자료(사진과 이야기)를 묶어서 카테고리화하여 분류할 것을 요청하였다. 먼저 14명의 연구참여자들을 3그룹으로 나누어 각 그룹에서 찍은 사진들을 비교해 보면서 공통 주제를 찾을 것을 요청하였다. 이후에 각 그룹에서 나온 주제들을 다른 그룹과 비교하면서 최종적인 주제 몇 가지를 도출하도록 하였다. 공통적으로 나온 주제로는 '소셜미디어와 외모관리', '청소년기/아동기에 경험하는 외모 관련 압박', '자기관리로 강요되는 외모관리', '외모강박과 자아존중감', '외모관리 압박에 대한 남녀 차이', '소비와 외모관리'이다.

연구참여자들은 별 어려움 없이 이 단계까지 작업을 잘 수행하였다. 그런데 그 이후에 연구자가 "자, 이제 나온 주제를 가지고 큰 그림을 만듭시다. 지금 나온 소주제들을 서로 연결해서 한국 여성들이 느끼는 외모관리 압박에 대해서 설명하는 스토리를 만듭시다."라고 제안하자 그것에 대해서 어떻게 해야 할지 몰라서 헤매는 모습을 보였다. 즉, 기록과 서술, 그리고 간단한 분류화 단계까지는 연구참여자들이 별 어려움 없이 적극적으로 참여하면서 성과물을 만들어 내지만, 그 이후에 도출된 주제를 가지고 현황을 정리하고 요약하여 큰 방향을 제시하는 데 있어서는 어려움을 가졌다. 이에 연구자는 각 소주제들 간의 관계를 좀 더 면밀히 살펴볼 것을 독려하면서 어떤 주제가 원인이 되어, 다른 주제를 끌어냈는가 등의 인과관계를 찾아 볼 것을 제안하였다. 또한 맥락과 상황을 살펴보고, 원인과 결과가 어떠한 맥락에서 이루어지고 있는가를 찾아볼 것을 재차 요청하였다. 그러나 연구참여자들을 소주제 간의 연결점을 찾는 데 소극적이었고, 주제 간 관계를 설명해 내는 데 여전히 어려움을 느끼는 것으로 보였다.

이 단계에서 연구자는 주제 간 연결점을 찾기 위해 나서서 설명하고 제안할까 하다가, 매우 아쉽지만 그렇게 하지 않았다. 연구참여자가 중심이 되는 포토보이스 연구 방법의 특성상 지금의 단계에서 멈추는 편이 낫다고 판단했다. 또한 연구자의 시각을 제시해서 연구방향을 설정하는 것이 자칫, 연구자의 시각을 강요하는 결과가 될 것으로 우려되기도 하여 더 이상의 개입을 하지 않았다. 따라서 이 프로젝트의 관념화/추상화는 찍어 온 사진들의 공통된 주제 잡기 단계에서 일단락하였고, 전체 주제를 도출하는 단계까지는 진행되지 못했다.

6) 발표

그다음 단계는 '발표'이다. 연구자 주도의 질적 연구에서는 연구결과가 나오면 그것을 연구자가 학회에서 발표하거나 논문을 쓰게 되는데, 여기에 연구참여자는 관여하지 않는다. 그러나 참여연구 패러다임을 기반으로 하는 포토보이스 연구 방법에서는 연구참여자들이 자신의 사진을 전시(발표)하는 일에 적극적으로 참여하게 된다. 그들은 사진을 전시할 공간과 시간을 정하는 일에서부터, 사진을 어떻게 주제 별로 묶어서 전시해야 할 것인지에 대해서 토론하고 결정하는 모든 과정에 주도적인 역할을 하게 된다. 사진전시회에 사람들을 초대하는 한편, 전시에 온 사람들에게 사진을 설명하고, 관련 이슈를 알리는 역할도 연구참여자의 몫이다.

연구참여자들은 프로젝트의 결과를 어떻게 발표할 것인가에 대해서 논의하였다. 논의 결과, 준비를 하는 데 시간과 비용, 노력이 발생하는 오프라인 전시회보다는 젊은 세대에게 보다 친숙하고 효과적인 방법을 택하기로 하였다. 즉 온라인상의 인스타그램 계정을 만들고, 그 계정을 홍보하기로 한 것이다. 따라서 인스타그램에 계정을 개설하고, 연구주제 '한국 여성들이 느끼는 외모 관련 강박'에 대한 포토보이스 연구의 진행과 그 결과를 업로드하게 되었다. 업로드된 내용은, 포토보이스 연구 방법 소개, 참여한 사람들의 소개와 연구진행, 외모 강박 관련 소주제, 그리고 각 소주제별 사진과 그에 대한 설명이다. 이러한 콘텐츠들은 8회에 걸쳐 업로드되었다. 연구참여자들은 소셜미디어를 활용하여 연구주제를 알리고 사진을 홍보하는 데 적극적으로 동참하였다. 이를 통해서 해당 프로젝트가 보다 빠르게 많은 사람들에게 알려질 수 있었다.

7) 확증

전시회에는 연구참여자들의 가족이나 친구도 초대하지만, 프로젝트와 관련된 문제를 같이 생각하고 변화를 가져올 수 있는 사람들, 즉 지역 내 관련 공무원, 정치인, 기자들도 초대하게 된다. 한편, 초대받은 사람들은 전시회에 오면, 연구참여자들은 이들이 사안에 대해서 잘 이해할 수 있도록 사진과 연구 프로젝트에 대해 자세히 설명하게 된다. 이 단계가 마지막 '확증' 단계이다. 이 단계에서 연구참여자들은 공동체 내의 정책결정자들과 교류하면서 사안을 알리고, 정책제안을 한다.

프로젝트 발표가 오프라인 전시를 통해서 이루어진 것이 아니었기 때문에 공무원이나 정치인, 기자들을 초대하여 이 이슈에 대한 생각을 직접적으로 전하기는 어려웠다. 그러나 오프라인 전시는 일정기간이 지나면 종료되지만, 온라인 피드는 계속 유지된다. 따라서 연구참여자들이 계정을 지속적으로 관리한다면, 그 효과가 오래 지속될 수 있으리라 생각한다. 실제로 계정이 만들어지고 몇 달이 지난 후에도 방문이 이루어지고 있어서 온라인 홍보과정이 효과적이라는 것을 알 수 있었다.

지금까지 포토보이스 연구 방법 및 연구 진행의 각 단계에 대해서 알아보고, 실제 연구를 진행할 때 어떠한 일들이 일어났는지를 간단하게 살펴보았다. 외모 관련 강박 프로젝트에서 프로젝트를 처음 시작한 것은 연구자였지만, 연구에 참여해서 데이터를 수합하고(사진 찍기), 토론을 하면서 주제를 뽑아내고 이해하며(데이터의 분석), 그리고 전시를 기획하고 시행하며(연구의 발표), 이를 통해 앞으로의 방향을 제시하는 데 중요한 역할을 했던 것은 연구참여자들이었다. 이처럼 포토보이스 연구 방법에서 연구참여자들은 연구의 '대상'으로 머무르는 것이 아니라 연구를 이끌어가는데 주도적인 역할을 하게 된다. 물론, 연구참여자가 연구를 주도를 하면서 위의 실제 사례에서 본 것처럼, 연구 주제가 심화되지 못하고, 단순한 사실 묘사 정도로만 남을 수도 있다. 또는 (위의 연구에서는 다행히 상당수의 연구참여자가 끝까지 연구에 남았지만) 연구참여자들이 연구 중간에서 그만두고 나가서, 연구가 난항에 빠지고 중단될 위험도 있다. 이

외에도 생각지도 못한 다양한 문제가 발생할 수도 있다. 이런 점들을 모두 고려하여 연구를 진행하는 것이 연구자로서는 힘들고 어려운 일이기도 하다.

그러나 연구참여자들의 참여를 독려하여 그들의 시선을 통해서 연구 사안을 짚어보는 일은 연구자가 보지 못했던 또는 볼 수 없었던 방향에서 연구 주제를 이해하고 접근하는 데 큰 시사점을 준다. 그 안에서 연구자는 자신의 한계를 발견할 수 있고, 동시에 연구참여자의 도움을 통해 그 한계를 넘어설 수도 있다. 그러므로 참여자 행동 연구 방법은 연구자 중심의 질적 연구 방법의 방법론적 약점을 해소할 수 있는 대안으로, 보다 적극적으로 활용되어야 할 것으로 생각된다.

1. 포토보이스 연구 방법을 사용한다면, 연구자와 연구참여자 간의 불평등한 권력 관계를 해소할 수 있다고 보는가? 이에 대한 자신의 의견을 제시해 보자.

2. 위의 질문과 관련하여 아래에 제시된 두 편의 논문을 읽어보자. 이들 논문에서 보이는 것처럼 포토보이스 연구 방법을 활용한 많은 연구에서 연구참여자들의 역할은 제한적인 경우가 많다. 이러한 한계는 왜 일어나게 되는가? 또한 이러한 한계를 넘어서 연구참여자의 보다 적극적인 참여를 독려할 수 있는 방법은 무엇인가?

3. 이 장에서는 연구자가 발주한 연구프로젝트를 중심으로 포토보이스 연구 방법의 진행에 대해서 설명하였다. 한편, 연구참여자들 스스로가 자신들이 당면하고 있는 문제를 공론화하기 위해서 자발적으로 프로젝트를 발의하여 연구를 진행할 수도 있다. 자신들이 속해 있는 공동체, 조직에서 관심을 두고 있거나 홍보하고자 하는 이슈를 생각해 보고, 이와 관련한 포토보이스 프로젝트를 진행해 보자.

🧠 함께 읽으면 좋을 책

Latz, A.P.(2018). 김동렬 역. <포토보이스 연구 방법: 참여적 행동 연구>. 학지사.

이 책은 포토보이스 연구 방법에 대한 개론서로서 이 방법을 처음 접하는 독자에게 유용한 정보를 전달한다. 포토보이스 방법이 어떻게 시작되었는지, 이론적 토대가 무엇인지, 실제 연구 진행은 어떻게 되는지, 그리고 포토보이스 방법의 장단점을 살피고 있어서 포토보이스 방법의 전반적인 이해에 도움을 준다.

강선경, 최윤(2021). 코로나19 이후 변화한 가족의 일상생활에 대한 포토보이스 연구. 한국가족복지학.

이 연구에서는 초등학교 1학년부터 중학교 3학년까지 총 32명의 학생을 연구참여자로 하여, 이들이 찍은 사진을 바탕으로 코로나19 이후 변화된 가족의 일상생활과 관련한 함의점을 도출하려고 하였다. 이 연구에서 연구 참여자들은 수집과정(사진 찍기)에는 적극적으로 참여하였으나 분석 과정에서는 별다른 역할을 하지 않았다. 연구자들은 그 이유로 '연구참여자들이 초등학생과 중학생이어서 다른 사람의 의견에 쉽게 동조하거나 논리적 추론이 다소 어려울 수 있는 점을 고려'했기 때문이라고 밝히고 있다. 대부분의 분석은 연구자들에 의해 이루어졌는데, 이를 통해 포토보이스 연구방법에서도 연구참여자들의 역할 수행은 한계가 있음을 알 수 있다.

임윤서(2018). 대학생의 시선을 통해 본 청년 세대의 불안경험: 포토보이스를 활용한 탐색적 연구. 민주주의와 인권.
이 연구에서는 대학생들의 참여를 통해 포토보이스 연구 방법을 활용하여 청년세대의 불안 경험을 살피는 한편, 심층면접을 통해서도 관련 이슈에 대한 청년층들의 생각을 수집하였다. 그러므로 이 연구의 데이터는 연구참여자들의 사진 자료와 연구자가 수행한 인터뷰 전사 자료, 두 유형으로 이루어진다. 한편, 연구의 진행과정에서 연구참여자들은 자신들이 찍은 사진과 그 의미를 발표하고, 토론을 하면서 주제에 대한 이해와 맥락을 가지는 시간을 가지기도 하였다. 그럼에도 불구하고 수집된 데이터의 분석은 연구자의 주도하에 이루어졌고, 연구참여자들의 의견은 연구자의 분석을 확인하는 정도에서 그쳤다.

제4부

사회학적 상상력을 통해
사회문제 살펴보기

제10장

사회학적 상상력을 통해 '인구문제'를 살펴보기

인구변화, 그리고 그에 따른 인구'문제'에 대한 관심이 높아진 것은 어제오늘 일이 아니다. "인구문제가 중요하다.", "인구문제에 대해서 더 철저히 연구하고 대비해야 한다."라는 이야기는 이제 익숙함을 넘어 피로감을 일으킬 정도로 자주, 이곳저곳에서 나오고 있다. 인구문제 중에서 가장 시급하고 중요한 문제는 '저출산' 문제라고 하는데, 그렇다면 이렇게 질문을 해보자. 왜 저출산이라고 하는 인구문제가 그렇게 중요한 것일까? 사실 저출산, 즉 사람들이 아이를 적게 낳는 것은 그 자체로서는 별 문제가 없다. 문제는 아이를 적게 낳는 선택이 다양한 방식으로 어떻게 영향을 미치는가 하는 것이다. 즉 인구 자체는 그 문제가 아닌데, 인구의 변동에 의해 나타나게 되는 여러 가지 사회현상이 시급한 사회문제가 되기 때문에 우리가 '인구'에 대해 관심을 가지고 이를 걱정할 수밖에 없는 것이다.

역사학자 아리에스는 '인구라고 하는 것은 우리 사회에서 나타나게 되는 어떤 문제의 징후'라고 본다(Hutton, 1999).[1] 즉 인구가 어떠한 양상을 보이느냐 하는 것에 따라 사회의 향방이 정해지고, 그에 의해 다양한 사회적 이슈와 문제가 일어나게 된다는 것이다. 앞에서 이야기한 '저출산'이라는 인구학적 특징을 생각해 보자. 왜 사람들이 아이를 적게 낳는가? 사람들이 아이를 낳는 것을 꺼리기 때문이다. 왜 아이 낳는 것을 꺼리는가? 아이를 낳는 것은 돈이 많이 들기 때문이다. 아이를 낳아 키우는 데 정말 돈이 많이 들기 때문에, 아빠뿐 아니라 엄마도 경제활동을 해야 한다. 그런데 아이를 키우는 것은 여전히 엄마, 여성의 책임으로 여겨진다. 과중한 이중 부담을 안아야 하는 것에 분노한 여성들은 결국 아이를 낳지 않는 선택을 한다. 아니, 결혼을 하려고 하지 않는다. 이처럼 저출산이라는 인구학적 특징은 다양한 사회문제와 관련되어 있으며, 새로운 사회문제를 만든다. 저출산 문제를 통해서 우리는 전통적인 성 역할과 변화된 노동시장 간의 마찰, 가족에 대한 가치관 및 가부장제 가치관의 변동 및 이로 인한 갈등 등 우리 사회의 다양한 이슈가 각축전을 벌이고 있음을 확인할 수 있다. 이처럼 노동, 교육, 여성(젠더), 가족, 직업, 범죄, 미래, 환경 등 다양한 사회문제와 밀접한 관련을 갖는 것이 바로 '인구' 이슈이다.

인구학에서는 무엇을 이야기할까?

인구문제는 다양한 사회학 영역과 밀접한 관련을 갖는데, 인구문제를 중심으로 다양한 사회문제에 접근하는 학문 분야가 바로 '인구학'이다. 인구학은 인구의 구조, 규모, 발전, 변동에 관한 과학적 연구분야로, 인구에 대한 통계적 연구와 인구현상 및 인구문제를 다루는 '실용적인 학문'이다.[2] 인구학은 다양한 인구의 동태를 정리해서 관련 사안을 이해하고, 그 안에서 문제를 발견하여 개선하는 것을 목적으로 한다. 이러한 목적하에 인구학에서는 인구의 동태를 요약/정의/정리할 수 있는 다양한 개념과 용어의 발전이 이루어졌다. 성비, 인구 피라미드, 노령인구, 중위인구 등은 이러한 인구학의 학문적 성격하에서 생성, 개발된 용어/개념들이다.

　앞에서 우리는 인구문제가 다양한 사회문제들과 연결되어 있다고 하였다. 이를 설명하기 위해 인구학의 중요 개념 중 하나인 '성비'를 소개하고, 성비가 현재 한국사회의 여러가지 사회문제와 어떻게 연결되는지를 이야기해 보고자 한다.

성비

　뉴스나 기타 소셜미디어에서 자주 언급되는 용어인 '성비'란 '성별 구조(sex composition)'로, 정확한 정의는 '여성 100명당 남성인구 수'이다. 예를 들어 성비가 124라고 하면, 100명의 여성당 124명의 남성이 있는 것으로 남성이 24명 더 많다는 것을 의미한다. 반대로 성비가 89라면, 남성의 수가 여성의 수에 비해 11명 적은 것이다. 이러한 기본 이해를 바탕으로 하여 다음 [그림 10-1]을 보자. 이는 생애발달에 따른 성비 변화를 보여주고 있다.

[그림 10-1]　5년 단위로 본 성비의 변화[3]

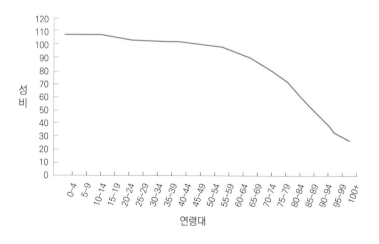

[그림 10-1]에 따르면, 출생 시의 성비는 107~108 정도로, 남아가 여아보다 7~8명 더 많이 태어난다. 출생 시의 높은 성비는 사회학적 요인이 아니라 생물학적/자연적 요소와 관련이 깊다. 그런데 청소년기와 청년 초기에 진입하게 되면 성비가 떨어지게 된다. 다시 말해 남성인구 수가 감소하는 현상이 나타난다. 청소년기는 질풍노도의 시기로 이 시기 남성 청소년들은 폭력 및 다양한 위험한 환경에 노출되는 일이 많고, 그로 인해 사망률이 높아진다. 그러다가 여성의 임신, 출산이 이루어지는 20~30대 연령대에 들어서면서, 남성과 여성의 사망률이 엇비슷해지게 되고, 따라서 더 이상의 성비 감소가 일어나지 않게 된다. 그 결과 40~50대쯤 되면 성비는 100에 이르게 된다. 그러나 50대 이후 남성의 사망률이 크게 증가하여, 이때부터 노년기에 이르기까지 성비는 지속적으로 감소한다. 물론 사회환경, 계급적 분포에 따라 그 차이가 있지만, 생애 발달에 따른 대략적인 성비 변화는 위와 같은 곡선을 보이게 된다.

한편, 저출산과 함께 우리 사회가 당면한 매우 심각한 인구 관련 문제 중 하나는 고령화, 노인문제이다. 그런데 이 문제를 성비와 연결해서 생각해 보면 어떨까? 흔히 노인문제는 젠더 문제와는 상관없는 것으로 생각한다. 사실 여성의 문제를 고민하고 여성의 인권과 사회적 지위를 위해 투쟁하는 경우에도, 노인문제를 여성문제와 연결하여 접근하는 시도는 별로 이루어지지 않고 있다. 우리가 흔히 접하는 여성문제는 상대적으로 젊은 여성과 관련된 문제라고 해도 과언이 아닐 정도로, 늙은 여성, 노인 여성의 문제는 여성/젠더 이슈와 관련하여 언급되지 않는다. 그러나 인구학적 시각을 가지고 노인문제를 본다면, 노인문제가 곧 여성의 문제, 그것도 매우 시급하고 절실한 여성문제라는 것을 알 수 있다. 다음 [표 10-1]에서 노인인구의 성비를 살펴보기로 하자.

[표 10-1] 노인 인구의 성비[4]

연령별	2020			
	전체(명)	여자(명)	남자(명)	상비(%)
계	50,133,493	25,160,905	24,972,588	99.3
65~69세	2,685,773	1,393,852	1,291,921	92.7
70~74세	2,009,542	1,070,632	938,910	87.7
75~79세	1,593,192	911,426	681,766	74.8
80~84세	1,115,804	698,050	417,754	59.8
85세 이상	801,197	581,346	219,851	37.8
85~89세	562,068	393,887	168,181	42.7
90~94세	192,149	149,324	42,825	28.7
95~99세	41,399	33,404	7,995	23.9
100세 이상	5,581	4,731	850	18.0

흔히 노인 세대를 연령에 따라 전기노인(65~74세), 후기노인(75세 이상)[5]으로 나눈다. 그런데 [표 10-1]에서 전기노인의 성비와 후기노인의 성비를 비교해 보면, 후기노인의 성비는 전기노인에 비해 매우 낮은 것을 확인할 수 있다. 다시 말해 고령 노인의 대다수는 여성이라는 의미이다. 이런 맥락에서 볼 때, 노인문제는 곧 여성 문제라고 해도 별로 틀린 말이 아니게 된다. 그럼에도 불구하고 지금까지 노인문제는 노인의 문제로, 여성문제는 여성, 특히 젊은 여성만의 문제로 구분하여, 이 두 문제를 통합적으로 보고자 하는 시도는 드물었다. 그러나 '노인'과 '여성'을 따로따로 구분하여 접근하는 것은 대다수 여성으로 구성되어 있는 노인문제를 인식하고 해결하는 데 별 도움이 되지 못한다. 노인과 여성의 문

제를 연결하여 고령화 문제를 접근해야 보다 구체적인 방안과 정책이 마련될 수 있다. 이처럼, 어떤 사회문제를 인구학적 동태를 기반으로 하여 통합적으로 접근하는 것은 문제의 본질을 파악하여, 그 개선 방향을 모색하는데 새로운 시각과 방향을 제공해 줄 수 있다.

"인구가 증가할까? 감소할까?"의 문제를 다루는 인구학

인구학에 있어서 가장 중요한 문제는 무엇일까? 너무 쉬운 질문일 것이다. 누구나 잘 알고 있듯이 인구학에 있어서 가장 중요한 문제는 "인구가 증가할 것인가, 또는 감소할 것인가?"의 문제이다. 따라서 인구학의 중요한 의제와 이슈들은 결국 인구의 증가/감소, 그리고 이로 인한 인구변화의 문제라고 해도 과언이 아니다. 이와 같은 인구학의 중요 의제, 인구의 증가 및 감소, 그리고 이로 인한 인구변천에 대한 논의는 오랫동안 다양한 방향에서 이루어졌다. 여기서는 그중 노테스틴(Notestein)의 인구변천이론을 중심으로 논의하려고 한다. 그는 1945년에 "근대화가 이루어진 사회는 모두, 예외 없이 내가 말한 인구의 변화를 겪게 될 것이야." 라고 선언하며, 자신의 이론을 제시하였다.[5] 그에 따르면, 산업화가 일어난 사회에서는 그 이전과는 달리 출생률과 사망률에 변화가 일어나는데, 이 두 요소 간의 상호작용에 의해 인구증가 및 감소가 이루어지게 되고, 시간이 지나면서 인구변천이 이루어진다고 주장하였다. 또한 그는 인구변천은 4단계를 순차적으로 밟아가게 될 것이라고 설명하였다. 그가 말한 인구변천의 4단계는 다음과 같다.

인구변천 1단계는 산업화가 일어나기 이전의 단계로 출생률과 사망률이 모두 높다. 산업화가 시작되기 전의 농업 중심의 사회에서 사람들은 아이를 많이 낳았다. 아이/자녀는 농사를 돕는 일꾼으로 가계에 보탬이 되기 때문이다. 한편, 이 시기는 과학/의학이 아직 발달하기 전이었으므로, 병이 나도 제대로 된 치료를 받지 못하고 사망하는 일들이 빈번히 일어났다. 또한 식량 부족, 위생시설의 미비도 사망률을 높이는 데 큰 역할을 하였다. 따라서 출생률도 높지만 사망률도 높아서 인구가 증가할 수밖에 없던 상황으로, 이 시기가 인구변천 1단계이다. 그 이후, 근대화/산업화가 시작되면서 사람들의 삶이 달라지기 시작한다. 기술개발에 의해 식량 생산이 증가하여 영양 부족의 문제가 어느 정도 해소된다. 한편, 상하수도 시스템이 마련되면서 위생 수준이 높아지고, 이로 인해 각종 전염병이 예방되면서 사망률이 감소하게 된다. 또한 의학의 발달로 인해 병에 걸렸다 하더라도 치료를 받고 건강을 회복하는 일도 많아지게 되어, 사망률의 감소는 더욱 가속화된다. 감소한 사망률과는 달리 출생률에는 별다른 변화가 없다. 사람들은 여전히 아이를 많이 낳기 때문에 출생률은 높은 추세를 유지한다. 즉 사망률은 급격히 낮아졌지만, 출생률은 변함 없이 높은 상태가 인구변천 2단계이다.

여기서 질문을 해보자. 사망률은 낮아졌는데 왜 출생률은 그대로 높은 상태를 유지했을까? 왜 사람들은 여전히 아이를 많이 낳았을까? 사망률의 감소는 식량생산의 증가, 위생시설의 개선, 의료기술/병원의 보급 등 기술 발전에 의해 인프라가 구축되면 단시간 내에 이루어질 수 있다. 반면, 출생률의 변화는 기술적인 시스템이 달라진다고 해서 자연스럽게 따라오는 것이 아니다. '아이를 낳는가, 낳지 않는가'의 결정은 기술적인 변화와 관련되기보다는 사람들의 생각이 달라지는 것과 깊은 연관을 맺는다. 그런데 사람의 생각이라는 것은 그렇게 쉽게 변하는 것이 아니다. 산업화 이전 농업 기반의 사회에서 아이는 노동력이었고 그렇기 때문에 아이를 많이 낳는 것은 집에 도움이 되는 자산이었다. 또한 직업의 선택이 그리 다양하지 않은 농업 중심의 사회에서는 굳이 자녀교육에 큰 돈을 들여 투자를 할 필요도 없었다. 그래서 '자기 먹을 것은 자기가 갖고 태어난다'라는 생각으로 아이를 많이 낳아 기를 수 있었다. 오랫동안 이러한 믿음을 가지고 살아오던 사람들이 하루 아침에 갑자기 "자녀의 장래를 위해서 교육적 투자를 장기간 해야 한다. 따라서 너무 많은 수의 자녀를 출산하는 것은 위험부담이 크기 때문에 그렇게 해서는 안 된다."로 생각을 바꿀 수는 없다. 생각과 행동이 변화하는 것은 단숨에 일어나는 것이 아니라 꽤 오랜 시간이 걸리는 일이기 때문이다. 따라서 인구변천 2단계에서 사람들은 과거의 생각을 바꾸지 못한 채 여전히 아이를 많이 낳았다. 그러므로 사망률은 감소하였으나 출생률은 여전히 높은 추세를 보이게 된다.

3단계에서는 이야기가 다르다. 그 이전의 변화들이 축적되었고, 이를 기반으로 산업화, 도시화가 어느 정도 자리를 잡고 궤도에 오른 상태이다. 이러한 사회변화를 겪으면서 사람들의 삶과 행동양식이 달라지고, 생각도 변화하게 된다. 무엇보다 중요한 것은 여성들의 변화이다. 그들은 여성 교육의 확산에 따라 과거과는 달리 교육을 받을 수 있었고, 가정에 안주하기보다는 노동시장에 참여하여 사회로 진출하고자 한다. 또한 그들은 자신의 삶과 가족, 그리고 자녀의 장래를 그 이전 세대와는 다른 각도에서 보기 시작했다. "아이를 많이 낳으면 나의 삶도 더 힘들어지고, 또 애들 각자에게도 좋지 않아. 적은 수의 아이를 낳아서 그 아이에게 집중하여 투자하자."라는 생각을 하면서 자녀 수를 줄이는 선택을 하게 된다. 이처럼 3단계에서는 사람들의 생각이 변화하면서 출생률이 본격적으로 감소하게 된다. 이미 감소한 사망률을 출생률이 따라잡으면서, 출생률과 사망률이 함께 감소하는 시기로 접어들게 된다.

그 이후 4단계는 3단계에서 일어난 변화가 더욱 가속화되는 시기이다. 출생률도 아주 낮아지고 사망률도 아주 낮아져서 인구가 더 이상 성장하지 않고, 저출산과 고령화가 사회적 이슈로 불거지게 된다. 지금까지의 설명을 다음 [그림 10-2]로 요약할 수 있다.

[그림 10-2] 인구변천의 4단계

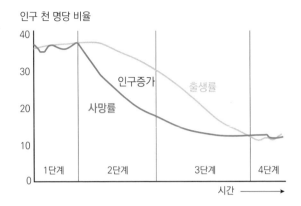

위 [그림 10-2]에서 제시된 것처럼, 인구는 출생률과 사망률의 증가
와 감소에 의해 1단계에서 4단계로 진행되면서 변화한다. 노테스틴에
따르면 아주 오랜 기간 동안 1단계에 머물러서 별다른 변화를 보이지 않
았던 인구 수는 산업화/근대화를 계기로 본격적으로 증가하기 시작했다.
출생률과 사망률의 급격한 변화가 일어나는 2단계와 3단계 구간에서 인
구는 크게 증가하게 된다. 그러나 4단계로 진입하게 되면, 더 이상 인구
는 늘어나지 않고 정체기에 진입하게 된다. 노테스틴은 인구변천의 4단
계를 제시하면서, 산업화를 경험한 사회는 예외없이 자신이 말한 단계를
경험하면서 인구변화를 겪게 될 것이라고 하였다. 물론 사례에 따라 차
이와 편차가 있으나, 큰 틀에서 보면, 산업화를 겪었던 사회들이 대체적
으로 그가 말한 단계적 진행을 밟아온 것이 사실이다. 그의 이론이 실제
일어난 인구변화를 어느 정도 예측했다고 볼 수 있다.

한국사회의 인구변화는 어떠했을까?

그렇다면 한국의 인구는 어떻게 변화했을가? 다음 [그림 10-3]을 살펴보도록 하자.

[그림 10-3] 한국의 출생률과 사망률(1925~2019)[7]

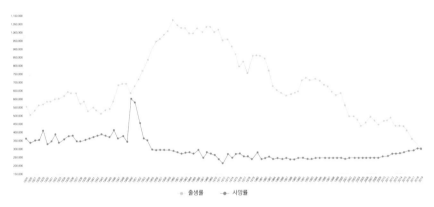

이 그래프에서는 1925년에서 2019년까지의 출생률과 사망률이 제시되고 있다. 이를 바탕으로 하여 앞에서 논의한 인구변천의 양상을 4단계로 구분해 보면, 1단계는 1925~1950년대 초반, 2단계는 1950년대 초반~1960년대 초반, 3단계 1960년대 후반~1990년대, 4단계는 2000년 이후 시기에 해당한다.

[그림 10-4]   한국의 인구변천: 단계별 구분[8]

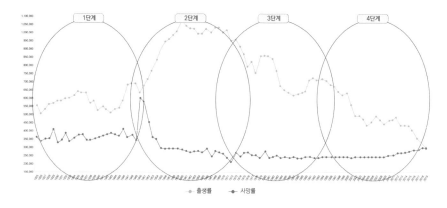

　　1단계는 산업화가 본격적으로 일어나기 전의 시기로, 출생률과 사망률이 비교적 높은 상태이다. 이 시기는 일제강점기에 해당한다. 일제에 의해 초보적인 수준의 산업화, 도시화, 근대화가 이루어지긴 했지만, 주된 산업은 농업이었다. 노동력 공급을 위해 아이를 많이 낳는 것이 일반적이었으므로 출생률은 높은 수준을 유지했다. 한편, 위생, 의료시설이 미비한 상태에서 사망률도 역시 매우 높았다. 특히 한국전쟁(1950~1953년) 시기에는 전쟁으로 인한 사상자의 증가로 사망률이 급격히 증가했던 것을 확인할 수 있다. 종합해보면, 산업화 이전 시기였던 1925~1950년 초반은 출생률과 사망률이 모두 높은 상태에서 인구가 증가하지 않는 상태에 머물렀다. 따라서 이 시기를 한국사회의 인구변천의 1단계로 볼 수 있다.

　　2단계는 한국 전쟁 이후 1960년대 초반까지이다. 이 시기의 사망률과 출생률을 살펴보면, 사망률은 급격히 감소하는 반면, 출생률은 여전히 높은 수준에 머물러 있음을 확인할 수 있다. 출생률의 경우 1950년대 후반부터 가파르게 증가하여, 1961년에는 6.0명에 달할 정도로 매우 높았다. 1961년 5·16 쿠데타로 정권을 잡은 박정희 정부는 이와 같이 높은 출생률이 경제개발에 부정적 영향을 끼칠 것이라고 판단하고, 산아제한을 기반으로 한 적극적인 인구정책을 실시하기 시작했다. 1961년 피임약과 피임도구의 수입을 금지했던 기존의 법을 폐지하면서 시작된 인구정책의 기조는, 1962년 보건사회부 관할하에 가족계획사업이 추진되면서 본격적으로 가동되었다. 1964년에는 자궁 내 피임기구(IUD)를 도입했고, 간호원(지금의 간호사)과 조산사로 구성된 가족계획현장 요원을 전국의 보건소 1,473개소에 파견하였다. 이들 가족 계획 요원들의 중요한 임무는 피임의 중요성을 사람들에게 알리고, 피임법을 전수하는 것이었다. 한편, 1973년에는 낙태가 위법인 상태에서 여성으로 하여금 임신중절을 쉽게 받을 수 있도록 길을 열어주는 「모자보건법」이 통과되었다. 1976년에는 두 명 이하의 자녀를 가진 가족들에게 소득세를 면제해 주었고, 불임수술을 받은 부부에게 공공주택 우선권, 주택융자의 우선권을 제공하였다. 저소득층의 경우에는 무료로 불임수술을 받을 수 있었고, 일정 정도의 보조금도 받을 수 있었다.[9]

　박정희 정권은 인구정책을 시행하면서 이것을 법을 통해서가 아니라 국민들 스스로의 계몽을 통해서 추진하겠다는 기조를 가지고 진행하였다. 이에 따라 가족계획 사업은 법적인 차원에서의 강제성을 띄는 것이 아니라 '아이를 적게 낳는 것은 모던하고, 현대적이며, 서구적인 것'이라는 메시지를 홍보하는 것에 총력을 기울였다. 이러한 메시지는 책, 잡지, 라디오, 그리고 새롭게 등장한 텔레비전을 통해 전방위적으로 사람들에게 전달되고 확산되었다. 전통적으로 아이를 많이 낳는 것, '다산'은 '다복'의 상징이었다. 그러나 이제 아이를 많이 낳는 것은 미개한 일, 현대적이고 새로운 가정을 이루기 위해서, 새로운 국가의 국민이 되기 위해서 절대적으로 피해야 하는 일로 홍보되기 시작했다. 텔레비전에서 보여지는 새시대, 새가정의 이미지들은 사람들로 하여금 자연스럽게 '나도 모던한 새 가정을 이루고 싶다. 그러려면 우선 아이를 적게 낳아야지.'

하는 생각을 하게 만들었다. 같은 맥락에서 아이를 많이 낳은 사람들은 '시대를 따라가지 못한 자'로서 스스로를 부끄러워하게 되었다. 즉 산아제한을 모던함 또는 현대적인 것과 결부시킨 박정희 정권의 인구전략은 여성들 스스로, 자발적으로 아이를 덜 낳아야 한다는 생각을 하게 만든 것이었다(조은주, 2018).[10] 그 결과 한국사회는 1960년대 중반 이후 1990년까지, 사망률이 감소한 상태에서 출생률이 급격히 낮아지면서(1960년 합계출생률 6.1에서 1990년 1.5로 감소), 인구변천의 3단계에 안착하게 된다. 국가의 적극적인 개입에 의해 여성들 스스로 자신의 자신의 몸과 출산력을 감시하고 통제한 결과라 할 수 있다.

한편, 2000년 이후 현재까지는 매우 낮은 출생률과 사망률로 특징지어지는 인구 변천 4단계에 해당한다. 지금 한국사회는 저출산과 고령화 문제를 경험하고 있는데, 특히 저출산의 경우에는 국가소멸을 걱정할 정도로 매우 심각한 상황이다. 이에 대해서 정부에서는 출생률을 높이고자 '다양한' 시도[11]를 하고 있지만 별다른 효과가 없다. 또한, '다양한' 시도라고 했지만, 정말 다각도에서 이 문제에 접근하면서 해결을 시도했는가 하면, '그렇다'라고 대답하기 힘들다. 왜냐하면 저출산 문제를 해결하고자 하는 정책의 방향이 여전히 여성의 몸을 국가가 통제하려고 했던 인구변천의 3단계의 기조에 머물러 있기 때문이다. 2016년에 불거진 대한민국 출산지도 도입[12]은 이를 잘 보여준다. 저출산에 대한 이해도를 높이고 지자체 간 출산 지원 혜택 자율 경쟁을 유도한다는 목적을 가지고 제공된 출산 지도는 지역 내의 가임기 여성의 숫자를 통해서 출산 문제를 접근하고 있다. 이는 잘못된 방향에서 인구정책을 논하고 있다는 것을 잘 보여주는 사례이다. 다행히도 출산 지도는 많은 비판에 직면하여 결국 철회되었으나, 이와 같은 인구정책의 방향은 아직도 별로 바뀌지 않은 상황이다.

2023년 여름 서울시가 추진한 '청년만남, 서울팅' 사업은 이를 잘 보여주는 또 하나의 사례이다. 서울시는 '서울팅' 사업을 공포하면서, 이 사업은 결혼 적령기의 미혼 청년들에게 만남과 소통의 장을 제공해 결혼문화조성을 유도하고 저출생을 해결하고자 하는 목적으로 추진되었다고 설명했다.[13] 이를 위해 예산 8,000만 원이 책정되었으나 비판여론이 거세지자 사업추진을 재점검하기로 결정했다. 그러나 2024년 서울시장이 언론과의 인터뷰에서 '서울팅' 사업 재추진을 검토중이라고 다시 이야기했다.[14] 청년들이 결혼을 미루고 출산을 하지 않는 것은 만남의 장이 없기 때문이 아니라 결혼/출산/육아를 할 만한 여건이 마련되어 있지 않기 때문이다. 극심한 취업난, 천정부지로 폭등하는 주택가격, 육아를 위한 인프라 부족, 널뛰는 교육정책(특히 대학입시 관련)으로 인한 혼란 상황 속에서, 결혼을 하고 아이를 낳는 결정을 하기는 지극히 힘든 일이다. 이러한 문제들에 대한 고민과 성찰없이 단순히 청춘남녀를 만나게만 하면, 저출생 문제가 해결될 수 있을까? 이에 대한 답은 분명하다. 인구정책의 방향에 대해서 좀 더 거시적이고 장기적인 차원에서의 토론과 모색이 절실히 필요한 시점이다.

한국사회 인구정책의 방향을 묻다

노테스틴의 인구변천 단계에 따르면, 한국사회는 1, 2, 3단계를 거쳐 현재는 4단계, 낮은 출산, 낮은 사망의 양상을 보이는 단계에 있다고 할 수 있다. 노테스틴은 그의 이론에서 인구변천의 4단계까지만 이야기하고 그 이후, 5단계에 대해서는 거의 언급하지 않았다. 그러나 그 이후의 단계란 4단계의 상태가 보다 심화된 초저출산, 초고령화 상황이 일어나는 단계이다. 이 단계에서는 결국 출생률이 사망률을 밑돌게 되면서, 본격적인 인구감소가 일어나게 된다. 2021년 한국의 총인구는 5,174만

명으로 2020년 대비 9만 명(0.2%) 줄었는데, 총인구 수가 감소한 것은 1,949년 센서스 집계 이후 사상 처음의 일이었다. 또한 2023년 합계출생률은 0.72명, 출생아 수도 불과 23만 명[15]에 그쳤으며, 이후에도 출생률의 반전은 쉽지 않을 것으로 보인다. 이러한 추이를 볼 때, 한국사회도 앞으로 인구변천의 5단계로의 전이가 불가피하다. 아니, 이미 5단계에 들어섰다고 해도 과언이 아닐지 모른다. 이렇게 되면 인구변천의 2, 3단계를 거치면서 성립되고 발전한 사회 시스템이 작동하기 힘들어지게 되고, 그에 따라 사회구조가 극적으로 변하게 된다. 지금까지 작동했던 사회제도와 시스템이 그 동력을 잃게 되어 기능 장애 상태에 빠지고, 산업체계 중 상당수는 소멸될 가능성이 높아진다.

이러한 변화는 이미 일어나고 있다. 먼저 인구변화와 밀접한 관련을 갖는 가족제도가 과거와 매우 다른 양상을 보인다는 점을 들 수 있다. 결혼을 하지 않고 아이를 낳지 않게 되면서, 결혼과 자녀 출생을 기반으로 하는 전통적인 가족구성의 변화가 일어나고 있다. 일례로, 혼자 사는 사람의 수가 증가하면서 1인가구는 가족 구성 형태 중 매우 높은 비율을 차지하게 되었다. 한편, 가족시스템의 변화에 의해 성 역할 규범이 달라지고 있고, 달라진 성 역할 규범을 기반으로 젠더 관계도 크게 변화하고 있다. 동시에 이러한 변화를 둘러싼 갈등과 혼란도 심화되고 있는 형편이다. 이처럼 인구변화에 의해 우리가 믿고 살아왔던 가족의 모습, 그리고 관련된 가치와 규범이 변화하고 있다. 그러나 인구 구성이 달라짐에 따라 변화하는 것은 이 뿐만이 아니다. 인구 변화, 정확히는 인구감소 사회에서는 가족 및 젠더 체계뿐 아니라 교육, 직업/산업, 문화/미디어 체계를 비롯한 다양한 시스템이 과거와는 전적으로 다른 사회환경에 맞추어 변화하고 있고, 또 변화할 수밖에 없다.

그런데 문제는 이러한 변화를 가져오는 중요한 원인인 저출산의 문제를 피할 수 없다는 점이다(우치다 외, 2023).[16] 저출산은 이제 혼인율과 출생률을 높이는 정도로 해결될 수 있는 차원을 넘어섰기 때문이다. 이러한 사회적 변화의 흐름 속에서 단편적이고 근시안적인 기존의 인구정책은 소용이 없게 되었다. 그렇다면 우리는 이에 대해 어떠한 방향에서 변화를 모색해야 할 것인가? 최근에는 이민정책을 통해 해결의 실마리를 찾고자 하는 목소리도 높아지고 있다. 단기간에 국내의 출생률을 높이는 것이 어렵다면, 해외의 젊은 인구를 유입함으로써 돌파구를 마련하자는 것이다. 한국의 인구구조가 저출산, 고령화 양상을 띄고 있으므로 다양한 영역에서 인력 부족이 일어나고 있고, 이를 해소하기 위해 외부로부터 유입되는 인력이 많이 필요하다. 이런 차원에서 이민정책을 적극적으로 펴면서 인력부족 해소와 인구 감소의 문제를 동시에 대처하자는 것이 논의의 핵심이다(이삼식, 2005; 세계일보, 2023).[17] 국내로 유입되는 외국인의 수가 증가하는 상황에서 이민정책을 체계화하는 것이 중요한 일이라는 것은 말할 필요도 없다. 그러나 젊은 인구의 유입을 통해 인구 감소를 해결하고자 하는 정책은 일시적인 도움이 될 수는 있으나 저출산으로 인한 인구 문제를 대처하기 위한 장기적이고 근원적인 해결책이 되기는 어렵다. 저출산의 근본적인 요인이 해소되지 않는다면 결국 유입된 인구도 아이를 낳지 않을 것이기 때문이다. 더구나 일정 시간이 지나면, 유입된 인구에 의해 고령화 문제가 보다 심화되고 가속화될 위험도 있다. 따라서 이민정책을 통해 저출산 문제를 해결할 수 있다고 보는 것은 사안을 너무 단순화해서 접근하는 것이다.

어려운 상황일수록, 가장 근원적인 차원에서 문제를 접근하는 것이 필요하다. 이런 점에서 지금의 '가족친화적 정책'을 보다 큰 폭으로 확대 시행해야 할 것이다. 결혼과 출산을 피하는 이유의 상당 부분은 경제적인 부담과 관련되어 있으므로, 경제적인 지원, 예를 들어 출산/육아 관련 지원금, 더 나아가서 자녀 교육 전반에 대한 지원을 늘리는 방안도 생각할 수 있다. 그러나 무엇보다 시급한 것은 여성들이 출산과 육아를 자발적으로 선택할 수 있는 환경을 만드는 것이므로 이 점에 주목하면서 '가족친화적 정책'을 마련해 가는 것이 중요하다.

새로운 '가족친화적 정책': 사회학적 상상력을 발휘해 보자

앞에서 논의한 것처럼 저출산 문제를 해결하기 위해서는 가족친화적 정책을 적극적으로 실시하면서 확대 개편하는 것이 중요하다. 그런데 여기서 사회학적 상상력을 발휘해서 조금만 더 들어가 보자. 가족친화적 정책이 중요하다고 했는데, 여기서 말하는 '가족'이란 무엇인가? 우리는 인구변화에 의해 가족의 모습이 달라지고 있다고 언급하였다. 개인화가 급속도로 진행되면서 가족 구성이 달라지고, 다양한 가족이 등장하고 있다고 논의했다. 다양한 가족이 등장하고 있는 것은 개인의 선택권이 증가했다는 것으로 한 편으로는 반길 일이다. 그러나 개인의 선택권 증가, 그리고 이로 인한 가족의 변화가 많은 문제를 일으키고 있는 것도 사실이다. 가족이 해체되면서, 부양과 돌봄 여력이 약화되었고, 그 결과 개인은 생존을 위협받게 되었기 때문이다. 자기 개인의 생존이 위협받는 상황에서 출산을 하고 양육을 하는 것은 생각할 수도 없을 것이다. 관련하여 저출산의 문제, 그리고 노인부양의 문제가 불거질 수 밖에 없는 상황이다. 그러나 이러한 문제를 해결하기 위해서 다시 전통 가족을 복원하는 것은 불가능할 뿐더러 올바른 해결책도 아니다. 가족의 변화는 거스를 수 없는 사회변화, 즉 개인화, 여성의 사회진출, 친밀감과 소속의식의 약화 등을 기반으로 일어난 결과이기 때문이다.

그렇다면 가족의 변화와 이로 인한 문제를 해결하기 위해서는 무엇을 해야 할까? 그 해결책은 공적 안정망, 즉 가족정책을 강화하여 '다양한 가족' 내의 개인이 위험에 빠지지 않도록 대처해야 하는 것이다. 그런데 한국의 가족정책에서 보는 '가족'이란 무엇일까? 한국의 가족정책은 오랫동안 4인 정상가족을 기준으로 유지되어 왔다. 따라서 현재의 가족정책으로는 변화하는 가족, 그리고 그 안의 다양한 구성원의 요구에 적절히 부응하고 대처하기가 힘들다. 앞에서 우리는 저출산 정책을 위한 '가족친화 정책'이 강화되어야 한다고 했는데, 저출산 문제와 관련하여 과연 어떤 '가족'을 위한 '가족친화 정책'이 될 것인가를 꼼꼼히 따져 보아야 한다. 4인 정상 가족을 대상으로 한 현재의 '가족친화 정책'의 기조가 지속된다면, 새로운 가족, 다양한 가족, 그리고 그 안에서 발생하는 문제(저출산 문제를 포함한)를 제대로 대처하기 어렵기 때문이다.

이와 관련하여 새로운 가족정책의 모델로 「생활동반자법」과 그 의의를 설명해 보고자 한다. 주지하다시피, 급속도로 감소하고 있는 혼인율의 원인은 한국사회에서의 삶이 너무나 불안정하고 위험 부담이 커서 많은 사람들이 결혼하기를 피하고 있기 때문이다. 이와 같은 혼인율의 감소는 출생률의 감소로 이어지고 있다. 혼인율의 감소, 출생률의 감소는 가족 구성을 불가능하게 하며, 이로 인해 가족 밖에 있는 개인은 돌봄 공백으로 인한 위험에 직면할 수밖에 없다. 이러한 상황에 대해 「생활동반자법」은 결혼을 해야만 가족을 이룰 수 있는 것이 아니라, 함께 살면서 서로를 돌보고자 하는 사람들은 누구나 가족을 구성할 수 있도록 지원한다. '생활동반자'란 혈연이나 혼인으로 이루어진 「민법」상 가족이 아닌 두 성인이 합의하에 함께 살며 서로 돌보자고 약속한 관계(황두영, 2020)[18]를 지칭하며, 「생활동반자법」은 이 관계를 국가에 등록하여 법적 권리를 보장받도록 하는 법을 의미한다. 따라서 이 법은 생활동반자 관계의 성립과 등록, 관계의 효력, 의무와 권리 등을 법률에 규정함으로써, 그 안에 있는 사람들이 가족 구성원으로서 법적 보호를 누릴 수 있도록 보장하는 것을 목적으로 한다. 이를 통해 결혼제도로 특권화되어 있는 가족 구성의 요건을 다각화하고자 하는데, 예를 들어 혼외 동거관계/친구관계를 생활동반자로 규정하고 법률적 보호를 제공함으로써 '가족'에 대한 새로운 방향을 제시하고자 하는 제도이다.

저출산 문제와 관련해서도 이 법은 대안이 될 수 있다. 우리 사회에서 출산과 양육은 결혼한 가족 내에서만 일어나는 것으로 인식되며, 결혼제도 밖의 출산, 양육은 법적인 보호나 복지 혜택을 제공받기가 매우 힘들다. 반면,「생활동반자법」을 통해서는 다양한 관계성 속에서 일어나는 출산 및 양육에 대한 법적 권리를 보장받을 수 있다. 따라서 결혼제도 밖의 사람들, 비혼자를 비롯한 다양한 가족 구성원들이 보다 긍정적으로 아이 낳기를 검토할 수 있다. 물론「생활동반자법」이 저출산 문제를 해결하는 만병통치약이 될 수는 없다. 그러나 변화된 사회의 변화하는 가족 내에서 저출산 문제를 대처하기 위해서는 새로운 가족친화 정책이 필요하다. 그리고 새로운 가족친화 정책의 방향을 찾는 데,「생활동반자법」은 적지 않은 시사점을 줄 수 있으리라 생각한다.[19] 사회학적 상상력을 가지고 가족의 범위를 확장시키는 일은 저출산 문제를 해결하기 위한 전환점이 된다.

🏵 생각해 볼 문제들

1. 우리 사회가 겪고 있는 인구 관련 문제, 즉 저출산 및 고령화 문제와 관련하여 각각의 문제들이 우리 사회 전반에 어떠한 영향을 끼치고 있는지에 대해서 이야기해 보자. 또한 이러한 문제들을 대처하기 위한 방안에 대해서도 생각해 보자.

🏵 함께 읽으면 좋을 책들

박형서(2018). <당신의 노후>. 현대문학.
초고령사회가 된 미래의 한국사회를 배경으로 노인문제, 그 가운데에서도 특히 노인혐오의 문제를 날카롭게 파고 든 작품이다. 고령인구가 급증하자 정부는 고령의 연금수급자를 처치하는 작전을 펼치는데, 주인공은 이를 수행하는 킬러이다. 그러나 킬러도 나이가 들어 노인이 되면서, 자기 자신이 처단의 대상이 되어버린다. 노인혐오의 칼날이 당신의 노후에 들이닥칠 수 있다는 메시지를 전한다.

알렉스 쉬어러(2019). <아이를 빌려드립니다>. 미래인.
출생률이 매우 낮아진 미래사회를 배경으로, 좀처럼 아이가 태어나지 않는 사회를 사는 인간들의 외로움과 고통을 담아낸 소설이다. 청소년 소설로 분류되지만, 불임, 저출산, 노화 그리고 죽음에 관한 묵직한 질문을 던지고 있어서 저출산, 고령화 사회를 살아가는 이 시대 사람들 누구에게나 일독의 가치가 있는 작품이다.

조영태, 장대익, 장구, 서은국, 허지원, 송길영, 주경철(2024). <초저출산은 왜 생겼을까? 복지 대책의 틈을 채울 7가지 새로운 모색>. 김영사.
2019년에 출간된 <아이가 사라지는 세상>의 개정판이다. 각 분야의 7인의 저자들은 합계출생률 1이 무너진 초저산율 상황의 원인을 분석하고 앞으로의 대책을 모색한다.

조은주(2018). <가족과 통치: 인구는 어떻게 정치의 문제가 되었는가>. 창비.

저자는 1960~1970년대의 가족계획 사업과 그 진행과정을 미셸 푸코의 '감시권력'을 통해 설명한다. 감시권력이란 다른 사람이 나를 감시하는 게 아니라 내 스스로 나 자신을 감시하게 만드는 근대 권력이다. 이러한 감시 권력의 통제 하에 당시 국민들은 아이를 적게 낳는 것에 자발적으로 동참하면서 스스로를 통제하였다. 즉, 가족계획 사업은 국가가 가족과 개인, 특히 여성을 통치의 도구로 전환시킨 프로젝트였던 것이다. 이 책은 과거와 현재, 그리고 미래의 인구정책에 대해 중요한 시사점을 던져주고 있다.

황두영(2020). <외롭지 않을 권리: 혼자도 결혼도 아닌 생활동반자>. 시사 IN북.

불안정한 사회변화에 직면하여 혼인율 및 출생률 감소, 이혼율의 증가, 1인 가구의 증가 등 가족구조조정이 일어나고 있으며, 이 과정에서 돌봄 공백의 위험이 커지고 있다. 돌봄 공백을 줄이고 안정망을 구축하기 위해서는 새로운 가족 구성과 삶의 방식이 필요하다. 저자는 그 방법을 「생활동반자법」에서 찾을 수 있다고 주장한다. 아울러 「생활동반자법」이란 무엇이며, 왜 필요한지, 그리고 입법화되었을 때 어떠한 변화가 일어날 수 있는지에 대해서 꼼꼼히 살피고 있다.

사회학적 상상력을 통해
'자아정체성 : 나란 누구인가?'에 대해 답하기

제11장에서 다룰 주제는 '자아정체성: 나란 누구인가?'에 관한 것이다. 그런데 이 주제는 사회학 주제라기보다는 사적/개인적인 차원의 변수를 다루는 심리학 주제로 보인다. 그렇다면 사회학 주제도 아닌 자아정체성에 대해서 '왜 여기서 굳이?' 하는 의문을 가질지 모른다. 이 의문에 답하기에 앞서, 자기 자신에게 다음의 질문을 해볼 것을 요청한다. 나란 누구인가?

우선 자신의 이름을 말할 수 있을 것이다. 그리고는 성별, 나이, 자신이 지금 하고 있는 일들을 열거할 수 있다. 또는 내가 맺고 있는 관계성을 통해서, 즉 "나는 누구의 딸이다, 누구의 친구이다, 누구의 연인이다."라는 식으로 타인과의 연결점을 통해서 나를 설명할 수도 있다. 이에 더하여 어떤 집단에 소속하는 자신, 즉 ○○학교의 학생, ○○동아리 회원, 또는 대한민국의 한 시민이라는 방식으로 자신을 정의할 수도 있다.

지금까지 열거한 '나'를 정의하는 이 모든 맥락을 생각해 보자. "나는 여성이다."라고 나를 설명한다면, 이는 내가 여성이기 때문에 경험한 일들이 나라는 사람의 많은 부분, 예를 들어 생각, 태도, 행동, 가치관에 영향을 주었다는 것을 의미한다. 거꾸로 이야기하면 내가 남자였다면 알지 못했을, 겪지 않았을 일들을 여성이기 때문에 경험했고, 그것을 통해서 나라는 사람이 만들어졌다고 할 수 있다. 이렇게 보았을 때, 내가 여성(성별), 20대(연령/세대), 학생(하는 일), 딸, 친구, 연인, 동아리 회원, 대한민국 시민이라는 것은, 이를 구성하는 다양한 '환경과 맥락'과 밀접한 관련을 갖고 그 안에서 경험을 쌓으면서 나를 만들어 왔다는 것을 의미한다. 따라서 나란 누구인가라는 자아정체성의 문제는 심리학과도 연관되지만, 동시에 환경과 맥락, 구조를 다루는 사회학의 중요한 주제가 된다.

자아정체성에 사회학적인 시각을 접목한 미드

사회학 영역에서 '나란 누구인가?'에 대해서 연구한 대표적인 학자로 미드를 들 수 있다. 그는 특히 '사회화' 과정에 주목하면서 개인의 자아정체성을 설명하려고 하였다. '사회화 과정'이란 아무것도 모르는 상태로 태어난 아이가 주변의 사람들과 상호작용하면서 말도 배우고, 행동방식도 익히면서 그 사회의 성원으로 성장해가는 과정을 의미한다. 미드에 따르면 개인은 이러한 사회화 과정을 통해서, 즉 '자신이 속한 사회의 기대와 요구를 익히고, 또한 그 기대와 요구에 어떻게 적절히 부응해야 할 것인가를 배워나가면서 비로소 내가 누구인가를 이해하게 된다'고 하였다.

이와 관련하여 제2장에서 언급했던 존댓말, 반말에 대해서 다시 생각해 보자. 우리는 한국에서 태어나서 한국어를 배우고, 이를 통해 다른 사람들과 상호작용하면서 어울려 살아가게 된다. 한국어는 까다로운 경어체계를 가지고 있는 언어이다. 경어체계는 우리가 일상에서 쓰는 단어/어휘에도 자리잡고 있으면서 이를 사용하는 사람의 행동과 사고방식을 통제한다. 학교, 직장에서 자주 사용하는 '선배', '후배'라는 단어를 예로 들어보자. 이 단어를 사용하는 사람은 내가 선배의 입장에 설 때, 또는 후배의 입장에 설 때 나는 어떻게 행동해야 하는가, 또한 상대는 어떻게 나를 대해야 하는가를 기대하고 생각하며, 많은 경우 이를 따르면서 행동한다. 이처럼 우리는 한국어를 배우고 사용하면서, 그 언어체계가 기반으로 하는 우리 사회의 '위계구조'에 대한 생각과 기대를 내면화한다. 이렇게 내면화된 기대, 규범, 가치관은 개인의 자아정체성 형성에 중요한 부분이 되는 것이다.

이 부분에 주목하면서 미드는 '개인이 자기가 이 속해 있는 사회에서 어떤 규범과 가치관이 통용되는가를 익히는 과정'이 곧 자아정체성 형성 과정이라고 설명했다(Ritzer, 2006).[1] 그는 이를 주체적 자아, 객체적 자아, 그리고 일반화된 타자라는 세 가지 개념을 제시하여 조금 더 자세히 설명했는데, 그것에 대해서 알아보자. 다음 [표 11-1]은 미드의 논의를 정리한 것이다.

[표 11-1]　미드: 일반화된 타자, 주체적/개체적 자아

일반화된 타자	주체적 자아(I)	객체적 자아(me)
행위자가 속해 있는 전체 공동체 또는 집단의 태도	타자에 대한 즉각적인 반응	대상적 자아
	계산불가능/예측불가능	공동체(사회)가 자신에게 어떠한 기대를 하고 있는지를 의식
	창조적인 측면/사회 변동을 가능케 함	사회는 개체적 자아를 통해 개인을 통제

먼저 '일반화된 타자'란 '행위자가 속해 있는 전체 공동체 또는 집단의 태도'로서 사회적 기대 및 태도, 규범이나 규칙 더 나아가서 사회구조

일반이라고 볼 수 있다. 우리는 살아가면서 이러한 일반화된 타자를 가족 내에서, 학교에서, 대중문화를 통해서, 배우고 익히며 내면화하게 된다. 이 과정을 통해 사회에서 무엇이 통용되고, 통제되며, 기대되는지를 습득하는 것이다. 위에서 한국어의 경어 체계와 한국사회의 위계구조에 대해서 이야기했는데 이것이 '일반화된 타자'의 예라 할 수 있다. 다음으로 미드의 '객체적 자아'를 살펴보자. '객체적 자아'는 '대상적 자아'로서 우리 사회가 나/개인에게 어떠한 기대를 하고 있는지를 알고 그에 따라서 행동하는 자아를 이야기한다. 상대를 만나서 이야기를 할 때, 즉 내가 이 사람에게 존댓말과 반말 중 어떤 방식을 선택할 것인가를 결정할 때 나는 '일반화된 타자'를 따르면서 나의 말하기 방식을 선택한다. 이 선택의 결과물이 '객체적 자아'인 것이다. 한편, '주체적 자아'는 일반화된 타자에 대해서 알고는 있지만, 그 기대와 규범에 따르지 않고 자기가 원하는데 대로 행동하는 자아이다. "내가 왜 이 상황에서 꼭 존댓말을 써야하지?" 또는 "한국어의 존댓말, 반말 체계가 문제야. 이것을 좀 바꿔나가면 어떨까?"라는 생각을 하는 자아가 '주체적 자아'이다. 그런데 이러한 주체적 자아가 제어되지 않고 밖으로 분출되면, 갈등과 분쟁이 생길 수도 있다. 이를 피하기 위해 때로는 객체적 자아가 주체적 자아를 통제하여 밖으로 드러나지 않게 만들기도 한다. 그러나 때로는 객체적 자아가 주체적 자아를 통제할 수 없게 되기도 한다. 그때 주체적 자아는 외부로 드러나게 되고, 그 결과 사람들과 갈등이 생길 수도 있다. 그러나 이러한 갈등을 통해 기존의 규범과 통제, 사회적 기대를 변화시키기도 한다. 평어쓰기 운동을 통해서 한국어의 존댓말, 반말 체계에 도전하고, 이를 바꾸려고 하는 시도가 그 예가 될 것이다.[2] 이처럼 주체적 자아란 사회의 통제와 규범에 도전하는 자아를 의미한다.

　미드의 '자아'란 사회적 기대, 규범, 통제를 기반으로 하여 이에 순종하는 '객체적 자아'와 이에 대해 도전하고 통제에서 벗어나고자 하는 '주체적 자아'를 모두 포함한다. 이 두 개의 자아는 개인 안에서 상호작용하면서 협력하기도 하고, 때로는 갈등하기도 하면서 한 개인의 자아정체성을 만들어간다. 이처럼 자아정체성이란 개인이 사회적 기대, 규범, 통제와 계속 협상하는 과정에서 형성된다. 이러한 점에서 자아란 단순히 사적이고 개인적인 차원에만 머무르는 것이 아니라 사회적인 성격을 갖게 된다.

사회심리학적 접근을 중심으로 본 자아정체성

지금까지 자아정체성의 사회적 성격에 대해서 강조를 했지만, 자아정체성이 우리의 내면/심리적 측면과 밀접한 관련을 갖는다는 점을 부인할 수는 없다. 따라서 여기서는 자아정체성의 사회학적 성격과 심리학적인 성격을 함께 이해하기 위해서 '사회심리학' 영역에서 진행되었던 자아정체성에 관한 연구들을 살펴보기로 한다. 사회심리학이란 명칭에서 보여지는 바와 같이 '사회학' 그리고 '심리학'이라는 서로 성격이 다른 두 학문들 사이의 접점을 찾고, 이를 통해서 사회현상을 이해하고자 하는 학문이다. 이러한 지향점을 가진 사회심리학을 기반으로, 사회학적인 면/심리학적인 면 중 어느 한 쪽을 배제하거나 과도하게 몰입하지 않고 자아정체성이라는 주제를 접근해 볼 것이다.

1) 나는 나를 어떻게 평가할까?

심리학 영역에서는 자아정체성과 관련한 많은 개념들, 즉 자기제시, 자기효능감, 또는 자아존중감 등이 개발되어 연구되어 왔다. 그중 가장 많이 연구에 사용되는 개념은 '자아존중감'이다. 자아존중감은 자아정체성의 한 영역으로, 스스로가 자신을 어떻게 보고 평가하는가와 관련된 개념이다. 예를 들어, '나는 참 괜찮은 사람이다', '나는 쓸모가 없다'라고 하는 자기가 자신에게 내리는 평가가 자아존중감을 구성하게 된다.

자아존중감이 이렇듯 '자기가 자기에게' 내린 평가이기 때문에 개인적이고 사적인 지표라고 생각되기 쉽다. 그러나 자아존중감이라는 개념은 개인적이거나 사적인 차원에만 머무는 것이 아니라 그 개인이 살고 있는 문화와 사회에 영향을 받는다. 이를 이해하기 위해 다음의 연구를 보도록 하자. 하이네(Heine)와 그 동료들(1999)[3]은 문화/사회적 맥락에 따라 자아존중감의 정도가 어떻게 달라지는가를 분석하였다. 이들은 유럽계 캐나다인과 일본인의 자아존중감 점수를 비교하였는데, 일본인의 자아존중감 점수의 분포(평균점수 31.1)는 유럽계 캐나다인의 자아존중감 분포(평균점수 39.6)와 비교해 보았을 때 훨씬 낮은 수준에 머무르는 것으로 나타났다.

[그림 11-1] 자아존중감 분포에서의 문화차이(하이네와 그 동료들, 1999)

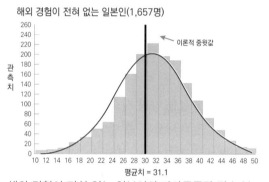

해외 경험이 전혀 없는 일본인의 자아존중감 점수 분포

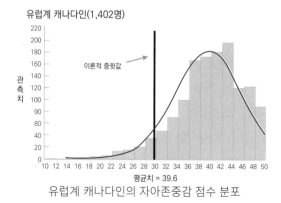

유럽계 캐나다인의 자아존중감 점수 분포

서구인에 비해 아시아인의 자아존중감 수준이 훨씬 낮다는 것은 이 연구뿐 아니라 다른 많은 연구에서도 확인된다(Gilovich, Keltner Chen & Nisbett, 2024).[4] 이러한 연구 중 하나인 <청소년기 사회화 과정의 국제비교 연구>[5]를 살펴보자. 이 조사에서는 한국, 일본, 독일, 스웨덴 청소년들의 자아존중감을 비교했는데 그중 스웨덴 청소년의 자아존중감이 가장 높았고, 그다음이 독일이었다. 그런데 스웨덴과 독일 청소년의 자아존중감은 모두 높은 수준으로 두 국가의 차이는 별로 크지 않았다. 한편, 한국과 일본 청소년들의 자아존중감은 모두 낮은 수준으로 스웨덴과 독일과 큰 차이를 보였다. 그런데 한국과 일본 청소년들의 자아존중감은 별다른 차이 없이 모두 낮은 수준을 보였으며, 높은 수준을 보인 스웨덴과 독일 청소년들의 자아존중감 수치와 큰 대조를 보였다. 하이네(Heine)와 그 동료들의 연구와 매우 유사한 결과이다. 그렇다면, 서구사회의 연구대상자들이 동양/아시아인들보다 더 높은 자아존중감 수치를 보이는 이유는 무엇일까?

자아존중감이란 '내가 나에게 내리는 나 자신에 대한 평가'로 언뜻 생각하면 매우 개인이고 사적인 사안처럼 보인다. 그러나 내가 나에게 내리는 평가 과정에는 어쩔 수 없이 내 자신이 몸담고 살고 있는 사회문화적 맥락이 개입하게 된다. 따라서 개인의 자기 평가는 사회문화적 영향력을 받지 않을 수 없다. 아시아 문화권에 비해 서구 문화권에서는 개인의 독립성을 중시하는 경향이 있다. 따라서 누가 뭐라 해도 내가 좋으면 좋은 것, 또는 내가 하는 일은 누가 뭐라 해도 옳은 것으로, 다른 사람의 시선을 그다지 의식하지 않는다. 이런 문화적 영향하에 있는 개인은 자기 자신을 평가할 때 긍정적으로 평가할 가능성이 높다. "남들이 뭐라 하든 나는 지금 잘 살고 있고, 그래서 나는 내가 기특해."라는 마음으로 자신을 평가하는 것이다. 반면, 한국이나 일본에서는 다른 사람들의 평가에 매우 민감하다. 다른 사람들과 자신을 끊임없이 비교하면서 엄격한 잣대를 들이대고, 자신이 그 잣대에 못 미치면 크게 실망한다. 그 결과 자기에 대한 평가가 매우 박해지게 된다. 거기에 더해서, 겸양과 겸손을 미덕으로 여기는 유교 문화의 영향력도 아시아인들의 자아존중감 지수를 낮추는데 중요한 역할을 한다. 유교문화권에서는 자신에 대해서 과시하고 자랑하기보다는 자신을 낮추어 생각하고 행동해야 한다고 가르친다. 이와는 달리 서구 문화권에서는 자신을 스스로 낮추는 겸양과 겸손을 중요한 덕목으로 여기지 않는다. 자신을 낮추는 사람은 정말로 능력 없는 사람으로 취급되기도 한다. 따라서 겸양과 겸손보다는 자신을 드러내고 홍보하는 것이 훨씬 중요하다고 본다. 이와 같은 아시아와 서구 문화권의 차이는 그 사회에 속한 개개인에게 영향을 미치게 된다. 따라서 아시아인은 남과 비교하고 자신을 낮추면서 자기를 평가하는 반면, 서구인은 보다 긍정적인 방향에서 자기 자신을 판단하게 된다. 그 결과 하이네(Heine)와 그 동료들(1999)을 비롯한 많은 연구에서 보여준 것처럼 서구인에 비해 아시아인의 자아존중감 수치는 낮은 분포를 보이게 된다. 즉, 자아존중감 역시 사회문화적 맥락과 관련하여 살펴보아야 하는 변수인 것이다.

2) 트라이앤디스: 개인주의와 집합주의 문화의 역할

이상에서 우리는 자아존중감이라고 하는 개인적인 자기 평가도 사회의 영향을 받아 형성된다는 것을 살펴보았다. '사회의 영향력하에 있는 개인의 자아정체성'이라는 주제에 관심을 가지고 연구를 한 대표적인 학자로 트라이앤디스(1926~2019)를 들 수 있다. 그가 이 주제에 관심을 가지게 된 것은 자신의 고향을 떠나 새로운 문화권으로 가서 살면서 다양한 경험을 했기 때문이다. 그는 그리스에서 태어나 자랐지만, 20세가 되던 해 엔지니어링을 공부하기 위해 캐나다로 유학을 가게 되었다. 캐나다에 도착한 그는 큰 충격을 받게 되는데, 그 이유는 캐나다 사람들의 사고방식, 행동방식, 그리고 삶의 전반이 그리스와 너무나 다르다는 것을 발견했기 때문이었다. 그리스는 가족과 친족, 공동체를 중시하는 사회이다. 이에 익숙한 트라이앤디스는 개인의 프라이버시, 상호 간의 거리감, 독립/자립을 중시하는 캐나다 사람들의 삶의 방식을 접하고 문화충격을 받게 된다. 놀라움과 함께 서로 다른 문화의 차이에 호기심과 매력을 느낀 그는 원래 공부하고자 했던 엔지니어링 대신 심리학을 연구하기로 결심하였다. 이후 새롭게 심리학을 공부하면서 인간의 심성, 인간관계와 상호작용에 대해서 이해하려고 하였다. 그러나 그는 공부를 하면 할수록 심리학적 접근이 뭔가 불충분하고 미흡하다고 느끼게 되었다. 심리학의 기본적 전제는 "인간의 심성/내면은 보편적(universal)이다. 인간의 심리, 인지, 감정은 인류 공통의 것이다."라는 것으로, 그 안에서 문화사회적 맥락은 그다지 중요한 문제가 아니다(물론 지금은 문화적 맥락의 중요성을 심리학 분야에서도 인정하고, 연구에 적극적으로 활용하고 있지만, 당시에는 그렇지 않았다). 그런데 문화의 차이와 그에 따른 인간의 심리에 관심을 가지고 이를 이해하고자 했던 트라이앤디스는 이러한 심리학적 전제를 온전히 받아들일 수 없었고, 그 안에서 답답함을 느꼈다. 결국 그는 개인의 심리를 문화적인 차원과 연결해서 탐구하기 위해 심리학뿐 아니라, 인류학을 함께 공부하게 되었고, 두 학문의 접근법을 통합하면서 자신의 생각을 발전시키게 된다. 1995년에 출간된 그의 저서 <개인주의와 집합주의>[6]가 그 결과물이다. 이 책에서 트라이앤디스는 개인의 자아정체성, 행동양식, 가치관, 그리고 인간관계와 상호작용이 그가 몸담고 살고 있는 사회문화적 맥락과 밀접한 관련이 있다는 것을 다양한 예와 함께 보여준다. 그는 이 책을 쓰기 위해 전 세계를 돌아다니면서 사람들을 만나고 인터뷰하면서 연구를 진행했다. 4개 이상의 언어에 능통한 그는 다양한 문화권의 사람들과 이야기하면서, 세상에는 수많은 문화가 존재하지만, 이를 크게 보면 개인주의와 집합주의로 구분된다고 보면서 각 문화의 특징을 제시하였다.

[표 11-2]   트라이앤디스의 개인주의와 집합주의[7]

구분	개인주의	집합주의
생활의 단위	개인("I" 의식)	집단("We" 의식)
이상적 사회상	자율적 개인의 집합	공동체의 모임
중요 가치	자율/자유/권리	자제/조화/의무/역할
지향점	쾌락 추구	욕망 통제/수련
평가의 준거	내재	외재

　　개인주의적 문화권에서는 나/개인에 대한 의식이 매우 강하며, 따라서 개인의 자율성, 감정적 독립성을 강조하고 중요시한다. 따라서 타인, 심지어는 가족으로부터도 분리하여 한 사람의 독립체로 성장하는 것을 자아정체성 형성의 중요 지표로 삼는다. 반면, 집합주의적 문화권에서는 공동체적인 삶을 지향하며, 개인이 속한 집단을 중시한다. 따라서 개인은 자신이 속한 집단에 충성하며 의무를 다할 것이 요구되며, 개인도 자기보다는 집단을 우선시하게 된다. 또한 개인의 삶이 공동체의 삶과 겹쳐지는 일이 많기 때문에, 개인의 자아정체성은 공동체의 정체성과 연결된다. 다음 [그림 11-2]를 통해 각 문화권의 자기 개념에 대해서 좀 더 살펴보도록 하자.

[그림 11-2]　개인주의와 집합주의 문화권에서의 자아와 인간관계

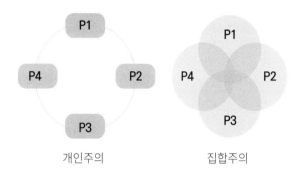

개인주의　　　　　집합주의

　위 [그림 11-2]의 그림에서 P는 PERSON, 개인을 의미한다. 개인주의적 문화권에서 각 개인은 자기를 규정하는 분명한 경계가 있고, 서로 간의 거리가 일정 거리가 있다. 이러한 상태에서 각 개인은 다른 사람들로부터 영향을 별로 받지 않으면서 자신의 고유한 자아정체감을 형성하게 된다. 반면, 집합주의 문화권에서 각 개인은 다른 사람과의 경계가 뚜렷하지 않으며, 자아의 일부를 다른 사람들과 공유한다. 또한 집단 안에 속한 개인은 집단 소속감을 기반으로 하여 자신의 상을 만들어 나간다. 이처럼 집합주의적 문화권에서 형성되는 자아정체감은 자기만의 고유한 영역을 기반으로 만들어지는 개인주의적 문화권의 자아정체감과 차이를 보인다. 그러므로 트라이앤디스는 자아정체성을 비교할 때는 단지 개인적 수준에서만 보기보다는 개인이 몸담고 있는 사회적 맥락을 함께 이해해야 한다고 강조하였다. 그의 시각은 개인적/사적 차원에서만 다루어졌던 자아정체성이라는 변수를 사회학적 맥락과 연결시켰다는 점에서 그 의미가 크다.

3) 문화적 맥락에 달라지는 자아의 크기

그렇다면 한국인의 자아정체감은 어떠한 성격을 가질까? 이 질문과 관련하여 심리학자 한규석의 논의를 살펴보도록 하자. 한규석은 그의 저서 <사회심리학의 이해>(2019)[8]에서 개인의 자아가 문화적 맥락에 따라 변화한다는 것을 설명하였다. 그에 따르면 자아는 '작은 자기'와 '큰 자기'로 나뉘는데, '작은 자기'란 '나 자신만 알고 있는 개인적이고, 사적인 영역으로 자기를 구성하는 자아'이다. 반면, '큰 자기'란 '다른 사람들에게 보여지는 자기, 사회적/공적으로 비춰지는 자아'로, 다른 사람들이 나를 인식하는 자기의 모습이다. 개인의 내면에는 이 두 가지 자아가 다 존재하는데, 개인 안의 '작은 자기'와 '큰 자기'의 상대적 크기는 문화적 맥락에 따라 달라지게 된다고 한다. 한규석은 이를 잘 보여준 연구의 사례로 서인국(2007)의 빙산실험을 소개한다. 이 실험에서는 한국과 미국의 대학생들에게 '작은 자기(개인적/사적 자아로 수면 아래 잠겨있는 부분)'와 '큰 자기(외부에 공개되는 사회적/공적 자아로 수면 위에 드러난 부분)의 상대적 크기가 다른 10개의 빙산을 보여주고 다음과 같은 질문을 한다. 어떤 빙산이 자신의 모습을 가장 잘 나타내는가? 이 질문에 대해 실험참가자들은 1번에서 10번까지의 빙산 중에서 하나를 선택하여 답변을 하였다. 그 결과는 다음 [그림 11-3]에서 제시된다.

[그림 11-3] 서은국(2007)의 빙산실험: 문화적 맥락에 따른 자기성 구성[9]

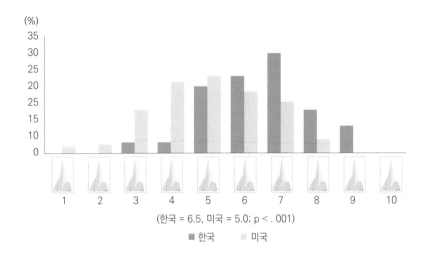

(한국 = 6.5, 미국 = 5.0; p < . 001)
■ 한국   ■ 미국

　　한국인들의 경우에는 수면 위로 올라오는 부분이 자신을 더 잘 표현
한다고 생각하였다. 즉 '큰 자기', 다른 사람들에게 비쳐지는 모습을 자
신의 자아로 선택하는 경향이 높았다. 반면, 미국인들의 경우는 '수면 밑
의 자기'가 자신의 모습이라고 답변했다. 즉 그들은 '작은 자기', 자기만
알고 있는 자신의 모습을 진정한 자신의 자아로 보는 경향이 있었다. 왜
이렇게 다른 결과가 나타났을까? 문화적 맥락과 관련하여 이 질문에 답
할 수 있을 것이다. 공동체/집단이 중시되는 집합주의 문화가 지배적인
사회에서는 타인과 더불어 살아가면서 좋든 싫든 타인의 시선을 의식하
지 않을 수 없다. 그런 면에서 집합주의적 성향이 높은 한국사회에서는
타인과 관련하여 자신을 가늠하는 일이 많다. 따라서 '큰 자기'의 모습이
곧 자기, 나의 자아정체성이라고 생각하게 된다. 반면, 개인주의적 성향
이 강한 미국에서는 다른 사람의 시선에 개의치 않고, 자신이 알고 있는
고유의 영역이 곧 나 자신이라고 생각하는 경향이 있다. 따라서 큰 자기
보다는 작은 자기를 통해 자신을 정의하게 된다.[10] 이처럼 개인의 자아

구성도 그 개인이 살고 있는 사회문화적 맥락에 따라 달라지고 변화하게 된다. 어떤 가치관이 중시되는 사회에서 살고 있는가는 내가 나를 인식하고, 평가하며, 정의하고 설명하는데 있어서 큰 영향을 미치게 된다.

4) 달라지는 사회문화적 가치와 자아정체성

지금까지 사회문화적 맥락과 관련된 자아정체성 형성에 대해서 살펴보았다. 한국사회의 경우 오랫동안 집합주의적 가치관이 지배적이었고, 그 결과 한국인의 자아정체성 형성에는 집단을 중시하는 사회적 가치가 많이 반영되어 있다. 그런데 사회/문화적 가치나 규범은 고정된 것이 아니라 시간이 지나면 변화하게 된다. 특히 요즘처럼 교통, 통신이 발달하고, 온라인상에서 전 세계 사람들 간의 교류가 활발히 일어나는 시대에는 더더욱 그러하다. 관련하여 이러한 질문을 해 보도록 하자. 그렇다면 지금 한국사회의 지배적인 가치는 무엇인가? 여전히 집합주의적 가치일까?

한국사회에서 문화와 가치관은 급속도로 빠르게 변화하고 있다. 따라서 집합주의적 가치는 여전히 중요하지만, 점점 그 영향력이 감소하고 있다는 사실을 부인할 수 없다. 한 예로, 요즘 직장에서는 '회식'자리가 많이 없어졌다고 한다. 과거에 회식이란 조직의 단합을 도모하는 중요한 의례로서, 아무런 예고도 없이 갑자기 집단/상사의 결정으로 빈번하게 개최되곤 했다. 싫어도 빠질 수 없었는데, 회식에 빠진다는 것은 상사의 눈 밖에 나고, 동료들로부터 눈총을 받는, 즉 조직으로부터 배제되는 것을 각오하는 행위로 절대 해서는 안 되는 것으로 여겨졌다. 그러나 요즈음은 분위기가 많이 달라졌다. 이제 사람들은 자신의 업무를 마치고 난 이후에는 직장과 무관하게 자유로이 자신의 시간을 보내고자 한다. 따라서 회사 일의 연장인 회식을 기피하는 추세이다. 또한 이것이 당연하게 받아들여지고 있어서, 이제는 회식을 주도하는 사람들이 눈총을 받게 되었으며, 이에 따라 회식문화 자체가 사라지고 있는 형편이라고 한다.

또한 새로이 등장한 단어들인 '혼밥', '혼술' 등을 통해서도 우리 사회의 가치관의 변화를 짐작해 볼 수 있다. 10~15년 전까지만 하더라도 혼자서 밥을 먹거나(혼밥), 술을 마시거나(혼술), 놀거나(혼놀), 또는 영화을 보는 일(혼영)은 매우 드문 일이었다. 혼자서 식사를 하는 행위는 '무리에 끼지 못하는 외톨이', '같이 밥 먹을 사람이 없는 사람'의 표식으로 인식되었다. 따라서 사람들은 이러한 낙인을 피하기 위해 되도록이면 다른 이들과 어울려서 함께 행동하고자 하였다. 그런 상황에서 혼자서 식사를 한다거나 노는 행위를 지칭하는 개념이나 단어가 달리 필요할 리 없었다. 그러나 지금은 다르다. 많은 사람들이 혼자 살고, 혼자 먹고, 혼자 놀고, 또 혼자 죽는다. 1인가구는 가파르게 증가하고 있다. 2000년 가족구성 통계를 보면, 1인가구 비율은 15.5%에 불과해 다른 가족형태보다 훨씬 낮은 양상을 보였다(통계청, 2000). 당시에는 4인 이상 가족이 보다 일반적(44.5%)인 형태였었다. 그러나 2022년 통계치를 보면, 1인가구의 비율은 34.5%로 증가한 반면, 4인 이상 가족의 비율은 13.8%로 급감한 사실을 확인할 수 있다. 이제 1인가구는 가구원수별 가구 비율 중 가장 비중이 큰 가구 형태로, 많은 사람들이 혼자 살면서 먹고, 마시고, 즐기는 행위를 하게/할 수 밖에 없게 되었다. 그 과정에서 사람들은 과거와는 다른 생각과 가치관, 행동양식을 스스로 익히고 받아들이게 되었다. 이에 따라 새로운 가치관과 행동양식을 지칭하고 표현하는 새로운 개념과 언어가 필요하게 되었다. 그 결과 혼밥, 혼술, 혼놀, 혼영 등 많은 '혼'의 단어들을 만들고 배우고 사용하게 되었다. 신조어가 만들어지는 이유는 그 사회의 가치관과 행동양식이 변화하여 이를 표현할 새로운 단어가 필요해졌기 때문이다. '혼' 단어들의 빈번한 사용은 그만큼 우리 사회가 집합주의적 가치관과 그에 따른 생활방식에서 멀어지고, 개인주의적 가치관 및 행동양식을 적극적으로 받아들이게 되었다는 것을 보여준다.

한편, 개인주의적 가치가 과거보다 많이 확산되었다고는 하지만, 아직 우리 사회에서 개인주의적 가치가 집합주의적 가치를 대체했다고 볼수는 없다. 대체라기보다는 집합주의와 개인주의라는 두 개의 서로 다른 가치들이 공존하고 동시에 경합하고 있는 상황이다.

또한 이 두 가치가 공존하는 양상도 세대별, 지역별, 성별, 그리고 집단별로 매우 다르고 또 다양하다. 이 과정에서 오해와 갈등, 그리고 분쟁이 불거지기도 한다. 이런 면에서 오랫동안 개인주의적 가치를 기반으로 살아 온 서구사회와는 매우 다른 맥락이 만들어지고 있다. 공존하는 두개의 가치체계는 지역, 세대, 젠더, 계층 등 다양한 요소들과 연계되면서 우리 사회의 독특한 문화 지형도를 만들어 간다. 변화무쌍한 사회적 맥락은 자아정체성, 그리고 개개인의 내면에 어떠한 영향을 미치게 될까? 앞으로 우리가 꼼꼼히 살피면서 답해야 하는 중요한 질문이다. 사회학적 상상력을 발휘해 보자.

🧠 생각해 볼 문제들

1. '나란 누구인가?'에 대해서 생각해 보자. 나는 나 자신에 대해서 어떻게 이해하고 평가하며, 정의내리고 있는가? 한편, 이 장에서는 개인의 자아정체성이란 사회적 맥락과 관련하여 설명될 수 있다고 하였다. 나란 누구인가에 대한 자신의 답변을 다시 한 번 살펴보고, 나의 자아정체성은 사회적 맥락과 어떠한 관련을 갖고 있는지에 대해서 이야기해 보자.

2. 이 장에서는 서구의 개인주의와 아시아의 집합주의를 비교 설명하고, 서로 다른 문화적 가치가 개인의 심리에 어떠한 영향을 미치는지를 논의하였다. 이러한 접근은 지역, 즉 공간개념을 중심으로 문화적 맥락을 비교한 것이다. 한편, 공간개념뿐 아니라 시간개념을 사용하여 문화적 맥락을 비교하고, 그 영향을 고찰할 수도 있다. 시간개념을 도입하면, '나란 누구인가?'에 대한 생각은 크게는 역사적 맥락에 따라 달라지기도, 하고, 작게는 개인의 생애단계에 따라 변화하기도 한다. 생각나는 예시를 들면서 이에 대한 설명을 시도해 보자.

📖 함께 읽으면 좋을 책들

히라노 게이치로(2021). <나란 무엇인가>. 21세기 북스.
소설가 히라노 게이치로의 철학 에세이이다. 이 책에서 저자는 '나란 누구인가?'라는 질문에 대해 '진정한 나'를 찾는 작업은 무의미하다고 본다. 그 이유는 각자는 자신이 맺는 관계성에 따라 자신의 모습을 변화시키기 때문이다. 이를 위해 그는 분인(分人)이라는 개념을 제시한다. 이를 통해 개인(individual)은 나누어질(divide) 수 없는 개체가 아니라 관계성에 따라 자신의 모습을 나누어 재현하는 분인의 합이라고 설명한다.

리차드 니스벳(2004). <생각의 지도: 동양과 서양, 세상을 바라보는 서로 다른 시선>. 김영사.
동양은 전체에 주의를 기울이고, 사물을 독립적으로 파악하기보다는 사물과 사물 간의 관계성에 주목한다. 반면, 서양에서는 전체보다는 개별 개체,

개별 사물에 좀 더 집중하는 분석적 사고체계를 추구한다. 어떤 쪽이 좀 더 낮고, 가치가 있는가가 아니라 두 사회가 어떻게 다른가, 또 이러한 차이는 어떻게 만들어졌는가에 주목하면서 서로 다른 두 문화권에 대한 독자의 이해를 돕는 책이다.

🧠 볼거리

한 남자(2022). 이시카와 케이.

히라노 게이치로의 동명의 소설 <한 남자>를 영화화한 작품이다. 성실하고 자상한 남편이 사고로 죽었다. 그런데 알고보니 그 사람은 이름도, 과거도 다 가짜였다. 그는 도대체 누구였을까? 언뜻보면 흥미로운 미스테리물로 보이지만, 그 안에 자아정체성에 대한 묵직한 질문을 담아낸다. 원작 <한 남자>와 함께 보아도 좋다. 영화 속, 또는 소설 속 인물을 따라가다 보면, 위에서 언급한 '분인'의 개념을 만날 수 있다.

제12장

사회학적 상상력을 통해
'개인의 생애발달'을 이해하기

사회학 영역에서 생애발달은 그다지 자주 언급되는 분야가 아니다. 생애발달은 심리학, 유아교육 또는 노년학에서 다루어야 하는 주제로, 사회학 영역에서 논의될 필요성이 크지 않다고 보기 때문이다. 시중에 나와 있는 많은 사회학 개론서에서도 생애발달을 포함하는 경우가 별로 없다. 그러나 '생애발달'은 개인과 사회가 어떻게 연결되는가를 잘 보여주는 주제로서 사회학적 시각을 설명하기 위해 반드시 짚고 넘어가야 하는 이슈이다. 이와 관련하여, 제11장 인구에서 언급한 '평균수명의 증가'를 떠올려 보자. 평균수명의 증가는 생애발달에 대한 인식을 크게 변화시켰다. 한 예로 사람들이 '환갑'을 어떻게 받아들이게 되었는지를 생각해 보자. 환갑은 자신이 태어난 해의 갑자(甲子)가 다시 돌아온다는 의미로, 나이 60세를 뜻한다. 평균수명이 지금보다 훨씬 짧았던 옛날에는 60세를 넘기는 일이 매우 드물었다. 따라서 60세 생일을 맞는 것은 경사스럽고 축하할 일이었다. 그러나 지금은 다르다. 평균수명이 80세 이상이 된 지금, 환갑은 이전처럼 드문 일도, 경사스러운 일도 아닌 그냥 모두가 겪는 일이 되었다. 따라서 누구나 겪는 일을 굳이 기념하고 축하 받을 필요가 없어졌다. 이제 환갑을 넘긴 사람들 중 많은 수가 자신을 노인, 또는 어르신이라고 생각하지 않고, 그렇게 취급되기를 원하지도 않는다. 실제로 이들은 과거와는 달리 젊고 건강하며 활동적인 모습을 보이며 살아간다. 이제 환갑의 의미는 과거와 비교해 볼 때 정말 달라졌다. 사회적 맥락이 달라졌기 때문이다. 이처럼 개인의 나이, 생애발달의 의미는 인구의 변화를 포함한 사회역사적 구조 안에서 살펴보아야 한다. '생애발달'을 개인적이고 심리적인, 또는 생물학적 측면에서만 접근한다면, 사회환경에 따른 영향을 제대로 이해할 수 없다. 이런 면에서 '생애발달'은 중요한 사회학 주제이다.

발달심리학자 에릭슨을 넘어서기

유명한 발달 심리학자 에릭슨에 따르면, 인간의 생애는 영아기, 유아기, 아동기, 청소년기, 청년기, 중년기, 노년기로 나뉘어져 있다. 각 단계에서는 그 단계에서 해야 할 업무와 역할이 주어져 있다. 예를 들어, 아동기에는 학교에 들어가서 공부를 하게 된다든지, 청소년기에는 방황도 하고 질풍노도의 경험을 하게 된다든지, 중년기에는 가정을 이루어서 자녀를 양육한다든지 하는 것이다. 에릭슨에 따르면 인간은 누구나 각 단계별로 주어진 업무를 수행해 가면서 삶을 살아가게 된다고 본다.[1] 이처럼 그의 이론에서는 '어렸을 때 배움을 시작해서 공부를 하고, 학업을 마친 후 어른이 되어서는 직장을 잡고, 가정을 이루면서 아이들을 기르고, 은퇴를 한 후에는 삶을 조망하게 된다'는 것을 인간 삶의 기본값으로 본다. 그런데 지금 우리의 삶을 보면, 그가 말한 단계별 진행을 하기에는 너무나 많은 장애와 난관이 도사리고 있다는 것을 알 수 있다. 반면, 에릭슨이 자신의 이론을 발표한 것은 1950~1960년대로, 당시에는 이러한 삶을 모델로 삼아 살아가는 데 (물론 그렇지 못한 사람들도 일부 있었지만) 큰 무리가 없었다. 따라서 삶의 '순조로운 진행'을 기반으로 한 그의 생애발달 이론은 크게 각광을 받았다. 당시 사람들의 삶을 포착하는 데 안성맞춤이었기 때문이다.

에릭슨이 이야기한 생애모델은 자본주의 산업 사회의 노동인구의 보편적인 생애발달, 즉 '교육-직업 활동(및 가정형성/양육)-은퇴'를 전제로 하여 형성된 것이다. 그러나 지금은 상황이 많이 달라졌다. 좋은 일자리가 사라지고 취업 경쟁이 극심해지는 현재 상황에서, 학업을 마치고 바로 직장을 잡는 것은 꿈 같은 일이다. 동시에, 은퇴 후 경제적 여유를 가지고 여생을 즐길 수 있는 사람의 수도 점점 줄어들고 있다. 평균수명이 크게 늘어나서 과거와 비교했을 때 상상할 수 없을 정도로 많은 노후 자금이 필요하기 때문이다. 따라서 사람들은 은퇴 후에도 어떤 식으로든 경제활동을 계속하고자 한다. 은퇴가 은퇴가 아니게 된 것이다. 이제 교육-취업-은퇴를 기반으로 하는 삶의 진행 모델은 더 이상 유지되기 힘들어졌다.

이렇게 되자, 개인 각자는 기존의 단선적이고 보편적인 삶의 방식 대신 독자적인 삶의 방법론을 스스로 만들어 갈 수밖에 없게 되었다. 과거에는 학업을 마치고, 직장을 잡은 후 결혼을 하고 아이를 낳는 것을 누구나 받아들이고 그렇게 살았지만, 지금은 그렇지 않다. 아니, 그럴 수 없다. 학업을 마치고 직장을 잡으려고 해도, 적절한 직장을 잡을 수가 없고, 직장을 잡을 수 없으면 결혼하기도 힘들기 때문이다. 따라서 가정을 이루기보다는 혼자 사는 사람들의 수가 많아진다. 새로운 삶의 방식이다. 이처럼 사회의 변화는 사람들이 믿고 따르면서 '정상적'이라고 생각해 온 생애발달에 대한 인식을 변화시킨다. 그에 따라 살아가는 방식도 달라지게 된다. 이처럼 개인의 생애발달은 결코 개인적이고 사적인 것에만 국한되는 것이 아니라, 역사 사회적 맥락에 따라 변화하고 그에 영향을 받으면서 계속 달라질 수밖에 없다.

아동기는 어떻게 발명되었는가?

앞에서 언급했던 것처럼, 에릭슨의 생애발달 단계 모델은 인간 역사에서 보편적인 것이 아니라 '자본주의 시스템'을 기반으로 한 산업화 사회의 인간발달 모델이다. 이를 염두에 두고 그의 이론을 다시 한번 살펴보도록 하자. 에릭슨의 생애발달 단계는 유아기, 아동기로부터 시작하는데, 여기서 '아동기'를 생각해 본다. '아동', '어린이'라고 하면 먼저 무엇이 떠오를까? 작다, 귀엽다, 사랑스럽다, 천진난만하다 등의 이미지일 것이다. 그런데 우리가 어린이와 관련하여 갖는 생각은 그들이 '어른에 비교해 볼 때' 작고 약하고, 천진난만하다는 것이다. 그러므로 어린이는 어른으로부터 '보호받아야' 하는 존재로 여겨진다. 따라서 부모/보호자는 어린이/자녀를 책임지고 보호하면서 양육해야 한다는 것에 누구나 동의하고 이를 받아들인다.

아리에스(2003)는 이와 같은 아동의 이미지와 생각들은 자본주의 시스템이 만들어진 후에 비로소 나타나게 된 것이라고 보았다.[2] 자본주의 시스템이 확립되기 전 농업 중심의 사회에서는 남녀 모두 자신의 집을 기반으로 한 노동을 하면서 삶을 살아갔다. 집 근처에서 일을 하고, 집에서 아이를 키우고 교육시켰다. 그런데 산업화가 본격적으로 시작되면서 남편은 집을 떠나 직장에 나가서 일을 하고 그 대가로 임금을 받게 되었고, 아내는 집에 남아서 아이들을 돌보게 되었다. 즉 성별에 따른 노동의 분업이 생겨난 것이다. 성별분업에 따른 핵가족은 자본주의 체제를 구성하고 유지하는데 매우 효과적인 모델이었다. 미래의 노동력인 자녀를 가정에서 잘 보호하고 키워서 노동 시장에 내보내야 자본주의 시스템이 원활하게 돌아가기 때문이다. 따라서 성별분업을 기반으로 한 핵가족은 자본주의 사회에서 적극적으로 홍보되고 지원되었다.[3] 다음 세대를 잘 키우는 것이 가족의 중요한 미션이 되자, 가정에 머무르는 여성, 엄마의 역할이 크게 강조되었다. 이제 양육의 책임은 여성에게 오롯이 지워졌으며, 그 과정에서 모성은 '신성하고 천부적인 자연의 섭리'로 홍보되었다. 동시에, 홍보된 '모성'을 유지하고 강화하기 위해 아이/어린이에 대한 새로운 상, 즉, '아직 약하고, 작고, 귀엽고, 누군가로부터 보호받아야 하는 존재'로서의 이미지가 만들어지고 확산되었다. 다시 말하면, 모성을 기반으로 하여 양질의 노동력을 공급받아 자본주의 체제를 유지하기 위해 '보호/양육을 받아야 하는' 생애발달 단계, 아동기가 탄생된 것이다.[4] 에릭슨의 생애발달 이론, 그리고 그 안에 포함된 아동기 개념은 이러한 자본주의 시스템을 기반으로 형성된 것이다.

[그림 12-1]　아이들의 놀이(1560)[5], 피터 브뢰헬(Pieter Bruegel)

그러므로 에릭슨이 설명하는 아동에 대한 상과 아동기 개념은 산업화 이전 사회에는 해당하지 않는 것이다. 그에 대한 아리에스의 설명을 살펴보자. 그에 따르면 고대나 중세 시대의 그림을 보면, 지금과는 다른 아이에 대한 생각을 발견할 수 있다고 한다. [그림 12-1]은 피터 브레헬의 '아이들의 놀이'인데, 아리에스는 이에 대해 "아이들은 자기들끼리, 때로는 어른들과 어울려 어른과 똑같은 놀이를 했다."라고 설명을 한다(아리에스, 2003). 사실, [그림 12-1] 속의 인물들은 몸의 크기나 얼굴 표정 등에 별 차이가 없어서 누가 아이인지, 누가 어른인지를 구별하기가 힘들다. [그림 12-1]뿐 아니라 고대나 중세의 그림들을 보면, 어른과 구별되는 아이의 모습을 찾아 볼 수가 없다. 아리에스는 이 그림들을 분석하면서 고대나 중세 시대에는 지금과 같은 아동의 이미지가 존재하지 않았다고 설명한다. 당시 아이들은 부모를 도와 다양한 일을 했으며, 그런 점에서 어른과 별 차이가 없었다. 따라서 노동에서 면제된, 양육/교육을 받는 시기인 '아동기'라는 별도의 생애발달 단계도 필요하지 않았다(Postman, 1982).[6] 그러나 이후 산업화, 자본주의화 시스템이 확립되면서 '아동은 새로이 탄생'되었고,[7] 그들의 생애단계인 아동기 개념도 나타나게 되었다. 이처럼 생애발달은 사회적 필요에 따라 '발명'되기도 한다. 생애발달을 생물학적, 심리적 측면 뿐 아니라 사회적 맥락에서 보아야 하는 이유이다.

청소년기는 어떻게 등장하게 되었을까?

생애발달 단계에서 아동기 다음으로 오는 시기는 청소년기이다. 청소년기란 아동기와 성인기 사이에 위치한 발달단계로, 청소년기를 뜻하는 영어 adolescence는 adolescere라고 하는 라틴어 단어에서 왔다.

이 단어는 '성장한다, 성장해서 성인기로 진입한다'라는 의미를 갖는다. 앞에서는 아동기의 탄생을 자본주의 시스템의 도래와 연관해서 살펴보았는데, 그렇다면 성인기로 진입하는 시기로 알려진 청소년기는 어떨까? 아동기와 마찬가지로 산업화/자본주의화와 함께 나타난 발달단계일까? 이 질문에 답하기 전에 먼저 청소년, 청소년 및 청소년기에 대한 이미지를 살펴보자. 청소년은 자기 중심적인 경향을 보이면서 어디로 튈 줄 모르는 생각과 행위를 하고, 때에 따라서는 일탈행동도 서슴치 않는다고 알려져 있다. 그래서 청소년기는 질풍노도의 시기로 일컬어진다. 또한 청소년들은 또래관계를 중시하면서 동시에 부모로부터 벗어나려 한다고 여겨진다. 이런 면에서 부모에 의존하는 아동기와 다르다고 본다. 한편, 청소년들은 부모로부터 벗어나려고 하지만, 아직 성인이 될만한 자질 및 능력은 충분하지 않다. 따라서 청소년기는 아동기와 성인기 사이에 있는 중간 단계의 시기라고 생각한다. 이상이 청소년 그리고 청소년기에 대한 일반적인 인식이다.

　이러한 청소년에 대한 인식이 어떻게 나타나게 되었는가에 대해, 미국의 사례를 중심으로 살펴보도록 하자. 베이칸(1971)[8]은 19세기 후반의 혼란스러운 미국사회에서 기존의 아동기를 연장하고, 동시에 성인기로의 진입을 지연시킬 필요가 있었으며, 그로 인해 새로운 생애발달 단계인 '청소년기'가 만들어졌다고 주장한다. 19세기 초중반까지 미국은 농업 중심의 사회였다. 그러나 19세기 후반에서 20세기 초반에 걸쳐 산업화 기반이 마련되면서 사람들은 농촌을 떠나 도시로 몰려들기 시작하였다. 한편, 공장이 지어지고 가동되기 위해서는 많은 인력이 필요했지만, 남북전쟁(1861~1865) 이후 노예제가 철폐된 상황에서 노동력이 크게 부족해졌다. 정부는 이 문제를 해소하기 위해 적극적인 이민자 유입정책을 가동시켰다. 그 결과 노동력 부족은 어느 정도 해소되었으나, 산업화, 도시화, 이민인구 유입으로 인해 과거 농업사회에서는 볼 수 없었던 실업,

빈곤, 범죄, 폭력 등 새로운 사회문제가 나타나게 되었다. 정부는 이에 대처하기 위해 교육 및 기타 시스템을 정비하게 되었는데, 그것은 크게 세 가지 방향, 즉 의무교육 실시, 아동노동 금지, 「소년법」 제정으로 이루어졌다고 한다(Bakan, 1971; Cobb, 2001).[9]

산업화, 도시화가 진행되자 농촌에서 살던 가족들이 도시로 이주해와 공장에서 일하기 시작했는데, 부모들은 이전에 농장에서 하던 대로 자녀들을 공장으로 데려와서 함께 일하고자 했다. 그러나 기계화에 의해 노동력 수요가 점점 떨어지는 상황에서 값싼 아동 노동력은 성인 임금노동자에게 위협이 되었고(Bakan, 1971), 큰 반발을 가져왔다. 이에 대처하고자 정부는 「의무교육법」을 제정하여 부모들로 하여금 자녀들을 공장이 아닌 학교로 보내도록 강제하였다. 미래 노동력 육성을 위한 대중 교육시스템이 본격적으로 시작된 것이다. 한편, 부모들은 자신의 아이들을 공장에 취직시켜 경제적 이득을 얻기를 원했으나 어린 아이들은 약하고 미숙해서 기계가 돌아가는 공장에서 다치거나 병드는 일이 많았다. 정부는 더이상의 상해를 방지하기 위해 아동노동을 금지하는 법을 마련하였다. 이에 더하여 「소년법」 체계도 마련되었다. 산업화 과정에서 범죄률이 증가하였는데, 성인뿐 아니라 아이들도 다양한 범죄에 가담하는 일이 많이 발생했다. 이에 대해 '아이들을 성인과 똑같이 처벌하기보다는 별도로 다루어야 한다, 그래서 올바른 시민으로 성장하도록 지원해야 한다'라는 논리가 힘을 얻게 되었다. 이에 의해 「소년법」 체계가 마련되어 성인이 아닌 미성년자에게는 즉각적인 처벌이 아닌 교화의 기회를 제공하게 되었다. 그런데 이러한 정책과 제도, 즉 「소년법」 체계뿐 아니라, 의무교육, 그리고 아동노동 금지 제도 모두 구체적으로 '몇 살'까지의 사람들이 이 제도와 법에 해당하는가를 규정하는 것이 중요한 문제로 부상했다. 이를 위해 다양한 해석과 토론이 이루어졌고, 그 결과 '아직 성인이 아닌 사람들의 법적 보호를 위한 연령규정'이 만들어지게 되었다. 이 과정에서 서서히 연령을 기반으로 하는 청소년기 개념이 나타나게 되었다.

한편, 위의 정책들은 청소년들을 보호하고 실업, 빈곤, 범죄 등 다양한 사회문제를 해결하는 데 효과적이었다. 그러나 10대의 입장에서는 매우 불만스러운 것이다. 법제와 제도가 마련되기 전에는 경제활동을 하면서 성인으로서의 삶을 누려왔는데 그것이 금지되었기 때문이다. 자유롭게 살아왔던 십대들에게 학교라는 공간에 장 시간 머물면서 행동을 규제 당하는 일은 낯설고 힘든, 견디기 어려운 일이었다. 주지하다시피, 10대는 생물학적으로 호르몬 분출이나 신체적 활동의 정점을 찍는 시기이다. 이러한 시기에 한정된 공간에 갇혀 통제를 받고 감시당하는 것에 대한 분노와 저항이 생기지 않을 수 없었다. 이러한 십대 인구층의 분노와 저항이 확대되고 가시화되자, 학계에서는 이를 분석하고 설명하려는 시도가 이루어졌다. 연구 결과, 학자들은 '청소년기는 도전과 반항, 분노와 저항이 일어나는 시기이고, 통제 불가능한 에너지가 분출되는 생애발달 시기'라고 결론내렸다. 스탠리 홀(Stanley Hall, 1844~1924)이이의 대표적인 학자이다. 그는 1904년 출판된 자신의 저서 <청소년기(adolescence)>에서 청소년기를 '질풍노도의 시기'라고 명명하였다. 그러면서 청소년의 특징으로, '제멋대로이고, 어디로 튈지 모르며, 자기 중심적이고, 에너지 통제가 안 되는…' 등을 열거하였다. 그의 책은 청소년을 이해하는 바이블로 각광을 받았고, 이후 그의 이론은 정설로 받아들여지게 되었다.

여기서 잠깐 생각해 보자. 청소년들을 학교 공간에 가두고 통제하지 않았다면, '제멋대로 날 뛰는', '질풍노도의 행동'들이 이처럼 광범위하게 나타나지 않았을지도 모른다. 청소년들의 난폭한 행동들은 이들을 통제하고 감시 체계 안에 둔 특수한 상황에서 나타난 돌발적인 행위였을지 모를 일이다. 그런데 그 특수성은 별로 고려하지 않고, 그 돌발 행동을 10대들의 생래적인 특징으로 간주해 버렸던 것은 아닐까 하는 질문을 할 수도 있다. 정말 그럴지도 모른다. 그러나 지금의 상황에서 이를 검증하기란 매우 힘든 일이다. 위의 질문에 답하기 위해서는 학교 공간을 떠난 청소년기를 분석해야 하는데 지금의 시스템하에서는 그것을 시도할 수 없기 때문이다. 현재 산업 자본주의 사회에서 10대 시기에는 일정 정도의 교육을 받아야 성인이 된 후 안정적으로 노동시장에 진출할 수 있다. 이러한 시스템이 바뀌는 것은 불가능하다. 그러므로 청소년들은 어쨌든 통제/규율을 전제로 한 학교 공간에서 성인 주도의 감시와 지도를 받게 된다. 당연히 청소년들은 자신의 에너지와 분노를 분출할 것이다. 그렇게 되면 결국 청소년기에 대한 기존의 정의/이미지는 반복해서 확인될 수밖에 없다.

그런데 옛날 어른들의 이야기를 들어보면, 그 분들의 10대 시절은 위에서 열거한 청소년들의 특징과는 거리가 멀다는 것을 알 수 있다. 예를 들어 국사편찬위원회에서 진행한 구술생애사 녹취록[10]을 살펴 보자. 위 프로젝트에 참여한 1920년대생 구술자 세 사람(각각 1920년, 1925년, 1927년 생)은 자신의 10대 때를 회상하면서 "부엌일을 물론이거니와 빨래, 바느질, 텃밭 가꾸기를 하였으며, 농사일로 바쁜 부모님을 대신하여 동생 기저귀도 갈았고, 때로는 동네를 돌아다니면서 (동생을 위한) 젖동냥 까지 했다."라고 이야기했다. 경제활동은 물론 가사, 육아, 돌봄 노동까지 했던 것으로, 지금은 상상하기 힘들지만, 당시에는 그런 일이 매우 흔했다. 한편, 남녀 모두 이 시기에 결혼을 하고 아이를 낳는 일도 드물지 않았다. 위의 구술자들도 이른 나이에 결혼을 했다고 이야기하였다. 따라서 지금 우리가 알고 있는 청소년 상을 가지고 과거 10대들의 삶을 이해하기란 불가능하다. 생애발달 단계란 사회적 맥락과 불가분의 관계를 갖기 때문에 지금의 잣대로 과거에 살았던 사람들의 삶을 가늠하기 힘든 것이다.

이를 통해 개인의 생애발달과 그에 대한 생각들은 사회적 맥락과 밀접한 관련을 갖는다는 것을 다시 한번 확인할 수 있다. 아동기, 청소년기라고 하는 생애발달 단계는 인간이기 때문에 누구나, 어느 시대나 상황에 상관없이 자연적으로 거치는 삶의 진행 단계가 아니다. 사회적 맥락 안에서 생애발달 단계는 새롭게 만들어지고, 또 변화해 간다. 앞에서 살펴본 것처럼 근대 이후, 산업화/자본주의화가 이루어진 후 형성된 핵가족 체계하에서 아동기가 새롭게 만들어졌고, 산업화 시대의 제도와 정책이 정비되면서 청소년기가 출현하였다. 이러한 단계 개념들은 근대 자본주의 시스템이 확립된 후 통용되기 시작한 생애모델이다. 개인의 생애발달이 사회적 맥락과 관련을 갖는다면, 근대 자본주의 시스템하에서 만들어진 생애모델은 지금의 사회 상황에, 또는 미래에는 잘 맞지 않을 수도 있다. 그렇다면 생애모델은 또 다시 새로운 방향으로 재편될 것이다. 우리는 지금, 그것을 경험하고 관찰할 수 있는 새로운 시기에 와 있다.

20대 청년층은 '성인 됨'을 모색 중이다

현대사회에서 생애모델이 또 한 번 재편되고 있음을 주장하는 연구들이 나오고 있다. 여기서는 그 한 예로서 아네트의 연구를 살펴보고자 한다.[11] 지금까지 발달단계를 연구하는 학자들은 20대를 '성인'으로 보고, 학업, 취업, 결혼, 출산이라는 네 가지 발달 과제를 성취하는 기간으로 간주하였다. 즉, 20대는 학업을 마치고 직업을 가져서 성인으로 기능하기 위한 출발점을 통과하며, 결혼과 출산을 통해 사회재생산의 기능을 담당하면서 안정적인 성인기로 진입하는 시기라는 것이다(Arnett, 2007).[12] 그러나 지난 30년간 일어났던 산업구조의 변화는 학업과 취업에 대한 기존의 양식을 붕괴시켰고, 이에 따라 결혼과 출산에 대한 가치관과 행동양식은 크게 변하게 되었다. 이 모든 변화에 의해 20대의 발달과업 수행은 과거와 매우 다른 양상을 띠게 되었다.

이것은 우리 사회에서도 마찬가지이다. 1990년대 초반까지 우리 사회에서 20대는 성인의 역할을 큰 무리 없이 수행하였다. 이것은 통계적으로도 확인된다. 1990년 당시 한국사회의 대학진학률은 33.2%에 불과했다. 대학진학을 선택하지 않은 20대의 대다수는 직업 군으로 편입되었다. 이들은 경제활동을 하면서 가족과 사회를 위해 성인의 임무를 해나갔다. 한편, 대학에 진학한 20대들은 대학에 다닌다는 사실만으로 엘리트로 간주되었다. 그러므로 엘리트로서 사회적 책임을 수행할 것을, 사회를 위한 성인으로서의 역할을 요구받았고, 이들도 실제로 그렇게 행동하였다. 이처럼 1990년대 초반까지 당시 20대 인구층은 가정, 학교, 직장, 사회에서 성인의 역할을 착실히 수행해나갔다. 그들은 성인으로 인식되고, 성인으로 인정받는 자타공인 '성인'이었다. 그러나 고등교육이 일반화되고 산업구조가 변화하기 시작한 2000년대 이후부터 이러한 인식에 변화가 일어났다. 현재 시점에서 20대를 과거에서처럼 경제적, 사회적 자립을 이룬 '성인'으로 보기는 사실 쉽지 않다.

후기 산업화 시대로 올수록 사회가 복잡해지고 경쟁이 심화되었다. 대학에 진학하는 사람들은 과거에 비해 크게 늘어났으나 대학 졸업 후에 취업을 하고 경제적 자립을 하는 것은 점점 힘들어지고 있다. 그럼에도 불구하고, 교육 기간은 계속 연장된다. 취업을 하기 위해서는 계속 스펙을 쌓아야 하기 때문이다. 그 결과 학업을 마치고 취업을 하기까지의 시간은 한정없이 길어진다. 그만큼 성인기 진입이 연기된다. 이 시기에 20대들은 "나는 과연 무엇을 하면서, 어떤 분야로 진출하여, 어떻게 살 것인가?"에 대해서 심각하게 고민하고 방황한다. 과거 20대들은 성인기 진입이 수월했으므로, 이런 고민과 방황이 덜 했지만, 지금은 다른 상황에 있기 때문이다. 이제 20대 청년들은 자신에 대해서, 진로에 대해서, 삶에 대해서 심각하게 고민한다. 에릭슨은 청소년기에 자아정체성 혼란을 겪는다고 했는데, 이제는 20대가 그 혼란을 경험하는 시기로 재구성되고 있다.

어떻게 보면, 현재의 20대는 과거 20대가 했었던 성인기 과업을 미루고 있는 것처럼 비칠 수도 있다. 방황을 하고, 혼란해 하면서 모색의 시간, 유예의 시간을 갖는 그들의 모습이 기성세대가 보기에는 사치스러운 행위이거나 현실감이 떨어지는 행위로 인식될 수도 있다. 하지만, 현재의 인구학적, 사회구조적 상황에서 이십 대들에게 이러한 시간을 갖는 것은 어쩔 수 없는 것이 되었다. 설령 의지가 있다고 하더라도 피할 수가 없다.

따라서 학업의 종료, 경제적 안정, 가정 형성이라는 성인기 과업 수행을 무난히 했던 과거의 20대를 기준으로 현재의 20대를 평가하고, 판단할 수는 없다. 이에 대해 아네트는 현재의 새로운 20대를 이해하기 위해서는, 20대 연령집단을 성인으로 정의한 생애 발달과업에 대한 재정의가 필요하다고 주장한다. 이것은 곧 과거 20대를 설명하고 정의했던 방식이 지금 사회적 맥락에서는 적합하지 않다는 것을 의미한다. 따라서 그는 현재 후기 자본주의 사회에 맞는 방식으로 20대를 이해하는 새로운 생애발달 단계 개념이 필요하다고 이야기한다. 그러면서 후기 산업사회에서 성인기 이행의 지체 현상을 분석할 수 있는 새로운 발달 단계, 즉 성인모색기(emerging adulthood)라는 새로운 단계를 제안한다. 그는 이러한 '성인모색기'가 생애발달 단계 상에서 청소년기 이후 성인기 이전 사이에 새로이 포함되어야 한다고 말한다. 과거에는 청소년기를 지난 후 20대에 들어서면서 성인기로 진입하는 것이 가능했으나 지금은 그것이 불가능해졌기 때문에, 새로운 생애발달 단계인 성인 모색기를 삽입해서 20대 시기를 새롭게 분석하고 설명해야 한다는 것이다.[13]

그가 제시하는 성인모색기란 청소년기 이후 성인기로 진입하기 이전에 존재하는 중간 단계인데, 다음의 다섯 가지 특성을 갖는다.[14] 그것은 '자아정체성 탐색의 시기(the age of identity exploration)', '불안정한 시기

(the age of instability)', '자기 중심성의 시기(the most self-focused age of life)', '중간에 낀 느낌이 드는 시기(the age of feeling in-between)', 그리고 '가능성의 시기(the age of possibilities)'이다(Arnett, 2010). '자아정체성 탐색의 시기'로서의 20대란, 과거에는 정체성/혼란 및 탐색의 시기는 청소년기라고 여겨졌으나,[15] 지금은 20대 시기에 정체성 탐색과 모색 작업을 하는 것이 일반적이 되었다는 것을 의미한다. 이제 20대 청년층은 학업, 직업, 사랑, 인간 관계 측면에서 다양한 실험과 모색을 하면서 자신이 누구인가에 대한 탐구를 해 나간다. 둘째, 이 시기는 '불안정한 시기'이다. 20대들은 자아정체성을 찾아가는 과정에서 불안과 갈등, 혼란과 방황을 겪는 불안정한 시기를 겪게 된다. 셋째, 20대 시기는 '자기 중심성의 시기'이기도 하다. 20대들은 청소년만큼, 무책임하며 자기 멋대로의 행동을 하지는 않는다. 그럼에도 불구하고, 그들은 여전히 남을 배려하기 보다는 자신에게 모든 관심을 집중하는 자기 중심적인 사람들이다. 진로를 비롯한 삶의 문제가 해소되지 않았기 때문에 다른 사람을 신경 쓸 여유가 없기 때문이다. 넷째는 '중간에 낀 느낌이 드는 시기'이다. 20대들은 스스로를 '청소년'도 아니지만, 동시에 '성인'도 아니라고 생각한다. 특히 경제적인 면에서 성인의 역할을 하는 것은 상상하기조차 힘들다. 그러나 동시에 자신을 미성년으로 보지도 않고, 사회적으로 그렇게 취급되지도 않는다. 그 결과, 20대들은 청소년도 아니고 성인도 아닌 그 가운데에 선 중간자로서의 느낌을 가지게 된다. 마지막으로 이 시기는 '가능성의 시기'이기도 하다. 이 시기에 그들은 자신들의 미래에 대해서 많은 꿈을 가지면서 긍정적이고 낙관적으로 생각하는 경향이 있다고 한다. 아무것도 이루어진 것은 없기 때문에 오히려 어떤 것도 시도할 수 있는 무한한 가능성이 있는 시기라는 설명이다.

이를 통해 아네트는 현재의 20대가 성인기의 과업을 수행하지 못하는, 즉 성인기 이행의 후퇴를 겪고 있는 것이 아니라, 새로운 사회 역사적 맥락 안에서 과거에는 존재하지 않았던 발달단계를 경험하고 있는 것이라고 설명한다. 그러나 이러한 주장에 대해 비판도 만만치 않다. 가장 강력한 비판 중 하나는 자아모색을 할 수 있는 여유를 가진 20대들을 중심으로 생애발달 단계를 논하는 것은 무리라는 것이다. 사회경제적 지위, 국가별 빈부차 등에 따른 다양한 청년 집단을 제대로 조명할 수 없는 상태에서 생애모색기를 20대 청년층이 겪는 일반적인 현상으로 보기 힘들다는 비판이다. 이러한 비판은 일리가 있기도 하다.[16] 비판에서 나온 것처럼 사회경제적 위치, 젠더, 국가별 차이에 따라 20대 청년들 내에서 차이가 있는 것은 사실이다. 그러나 보다 중요한 것은 현재의 20대는 확실히 과거의 20대와 매우 다른 특징을 보인다는 것이다. 현재의 20대는 과거와는 달리 성인기 이행 작업을 천천히 할 수밖에 없는 역사적 시간을 살고 있기 때문이다. 그렇다면, 현재의 20대가 이러한 역사적 시간에 제대로, 잘 대처하면서 성인기로 이행해갈 수 있도록 이들을 지원하는 사회적/제도적인 장치들을 마련하는 일은 무엇보다 중요하다.[17] 그런 맥락에서 생애발달 단계를 현재의 사회적 맥락에 따라 개편하고자 하는 아네트의 시도가 의미가 있다고 본다.

이상에서 개인의 생애발달이 사회역사적 맥락과 어떠한 연관을 갖는지에 대해서 설명하였다. 저출산, 고령화 시대이다. 이제 사람들은 결혼을 늦게 하거나 안 하기도 하고, 결혼을 하더라도 아이를 낳지 않으려고 한다. 이에 따라 혼자 사는 사람들의 수도 급증하고 있다. 또한 과거와는 달리 수명도 크게 연장되었다. 이제는 오래 사는 일이 드문 일이 아니라 일반적인 일이 되었다. 그 가운데서 삶의 방식은 매우 다채로워지고 있다. 삶의 방식이 다양해지면서 사람들의 요구와 필요도 급변했는데, 기존의 정책과 제도는 이를 제대로 포착하지 못하고 있다. 미진한 정책개발과 제도개선을 위해서는 여러가지 형태의 생애발달을 분석하는 작업[18]이 꼭 필요하다. 개인과 사회를 잇는 사회학적 상상력이 요구되는 시점이다.

1. 평균수명이 증가하게 되면서 생애발달에 대한 기존의 생각과 인식이 달라지고 있다. '40세'를 생각해 보자. 평균수명이 50세가 안 되었던 시대(조선시대에는 평균 23세 정도로 추정되며, 인구조사가 처음 이루어진 1937년 평균수명 33.4세라고 함)의 40세는 매우 늙은 나이로 여겨졌을 것이다. 그러나 평균수명이 80세 이상이 된 지금(2022년 평균수명 82.7세), 40세는 아주 젊지는 않지만, 그래도 늙음과는 거리가 먼 나이로 인식된다. 연장된 수명을 염두에 두면서 생애발달 단계(유아기, 아동기, 청소년기, 성인기, 노년기)를 다시 한번 살펴보자. 자신은 생애 발달의 각 단계가 연령상 몇 살부터 몇 살까지에 해당한다고 보는지, 그리고 각 단계의 특징이 무엇이라고 생각하는지에 대해서 이야기해 보자. 또한 그 근거에 대해서도 논의해 보자.

2. 전체 인구 대비 65세 이상 노인인구 비율은 1997년 6.3%였으나 2024년에는 19.2%로 크게 증가하였다. 급증하는 노인인구는 기존의 노인정책을 유지하기 어렵게 하고 있다. 일례로 1984년에 제정된 만 65세 이상을 대상으로 한 지하철 무료 승차제를 들 수 있는데, 노인인구가 폭발적으로 증가하고 있는 지금의 상황에서는 이 정책을 유지하기가 매우 힘들다. 그러나 이를 폐지하는 것에 대한 반발도 매우 크다. 이 문제는 단순히 무임승차가 아니라 노인을 몇 세 이상으로 보고, 사회가 이들에게 어떠한 서비스를 제공해야 하는가 하는 복잡한 문제가 얽혀있기 때문이다. 그렇다면 고령화가 가속화되는 지금의 시점에서 노인은 어떻게 정의되어야 할 것인가? 노인을 새로이 정의한다면 그것은 연령상 몇 살부터가 되어야 할까? 또한 현대사회에서 노인의 역할은 무엇이며, 사회는 또 그들에게 어떠한 지원을 제공해야 하는 것인가?

김혜경(2006). <식민지하 근대가족의 형성과 젠더>. 서남동양학술총서 5.
한국의 '아동기의 탄생'에 대해서 고찰하고 있다. 특히 제3부에서 이를 중
정점으로 다루고 있는데, 식민지 시기에 근대 가족이 형성되면서 '어린이
기'가 나타나게 되었음을 설명한다. 근대 시기 가족 내 성별 분업이 본격화
되면서 이를 기반으로 한 핵가족 개념이 확립되었고, 그 안에서 '어린이/아
동'이 새롭게 인식되었다는 것을 풍부한 관련 자료를 활용해서 잘 보여주
는 책이다.

조영태(2021). 인구 미래 공존: <인구학의 눈으로 기획하는 미래>. 북스톤.
이 책은 저출산, 고령화가 변할 수 없는 추세가 된 지금의 시점에서 개인과
가족, 그리고 공동체의 미래가 어떠할 것인가를 이야기한다. 지금의 삶의
방식으로는 인구감소로 인한 정해진 미래를 제대로 대비할 수 없을 것이라
는 것을 보여주면서 미래를 준비하는 방식에 대해서 논의하고 있다.

필리프 아리에스(2003). <아동의 탄생>. 새물결.
이 책에서 저자는 다양한 자료를 활용하여 아동이 언제나 (우리가 지금 알
고 있는) 아동으로서 존재한 것은 아니며, 계층과 문화의 차이, 사회적, 역
사적 관습의 차이에 따라 아동과 아동기는 발명되고 창조되었음을 보여
준다.

제13장

사회학적 상상력을 통해
'허구의 이야기, 소설'을 읽어보기

제12장에서는 인구, 자아정체성, 그리고 생애 발달 등, '실제로' 일어
나고 있는 사회현상에 대해 논의하였다. 제13장에서는 방향을 조금 바
꿔서 사람들이 만들고 소비하는 '허구'의 이야기들을 사회학적 상상력을
가지고 접근해 보고자 한다. '허구'의 이야기라면 그 예로 '소설'이나 '영
화' '드라마', 더 나아가 '웹툰/웹소설'까지 들 수 있다. 이들은 딱딱하고
재미없는 방식이 아니라 쉽고 재미있게 우리의 삶을 재현하고 전달(조주
은, 박한경, 2019)[1]해 주는 매체들이다. 우리는 이러한 매체들을 통해, 지금
우리 사회에서 무엇이 문제가 되고 있는가, 그리고 그것은 사람들의 삶
에 어떻게 영향을 주고 있는가를 이해할 수 있다. 때로는 소설이나 영화
가 어떤 사회학 서적보다도 훨씬 효과적인 방식으로 개인의 삶과 사회에
대한 많은 것을 깊고 풍부하게 전달해 주기도 한다. 따라서, 소설을 읽고
영화를 보는 것은 사회를 분석하고 성찰하는 데 큰 도움을 준다. 사회학
적 상상력을 기를 수 있는 좋은 방법인 것이다.

한편, 사회학적 접근을 통해 소설을 읽고 영화를 보는 것은 소설을

문학적 관점에서 분석하는 '문학비평', 그리고 영화를 영화전문가의 시각에서 평가하는 '영화비평'과는 다르다. 주지하다시피, 문학비평/영화비평이란 문학작품 또는 영화 그 자체의 완성도를 평가하고 분석하는 일이다. 문학비평가들은 소설을 분석하기 위해 소설 텍스트의 구조, 즉 이야기의 흐름/짜임새 또는 등장인물 간의 관계 설정에 주목한다. 때로는 소설을 풀어가는 저자의 문체에 집중하여 그 소설 내에서 이러한 요소들이 얼마나 잘 구현되는가를 중심으로 분석을 시도한다. 영화비평도 마찬가지이다. 영화의 짜임새나 이야기의 흐름, 해당 배역을 연기하는 배우의 연기력, 또는 감독의 연출 스타일 등에 주목하여 작품을 분석하고 평가를 내린다. 이처럼 문학비평이나 영화비평은 모두 해당 소설/해당 영화 그 자체에 집중하여 분석이 진행된다. 그러나 사회학적 관점을 통해 소설과 영화를 분석하는 것은 그 작품 자체의 완성도를 평가하기보다는 이 소설, 영화에서 전달되는 이야기가 우리 사회의 어떤 문제를 주목하고 있는가, 그리고 이를 통해 우리는 사회를 어떻게 바라보고 이해할 것인가에 보다 집중한다. 이처럼 소설이나 영화 속 이야기를 통해 우리가 살고 있는 세상(실제)에서 무슨 일이 벌어지고 있는가를 살펴보고, 왜 이러한 일이 일어났는가의 원인을 밝히려고 하는 것이 사회학적 상상력을 가지고 문학작품을 읽고, 영화를 보는 방법이다.

왜 소설을 읽는 것인가?

여기서는 허구의 이야기를 하는 다양한 매체 중, 인쇄매체인 소설을 중심으로 사회학적 상상력이 어떻게 발휘될 수 있는가를 살펴보고자 한다. 영상매체가 우리의 삶을 지배하고 있는 현재, 사람들은 글을 읽지 않는다고 한다. 인쇄매체는 영상매체에 비해서 그 영향력이 매우 작고 협소하다고들 한다. 맞는 말이다. 정보나 지식을 얻는 데 있어서 이제 인쇄매체의 힘은 보잘 것 없이 축소되었다. 클릭 한 번만 하면 유용하고 생생한 정보를 얻을 수 있다. 보다 압축적이고 효과적인 방식으로 정보가 전달된다. 그런데 시간을 들여서 읽어나가야 하는 인쇄매체라고? 더구나 내 이야기도 아닌, 남이 지어낸 허구의 이야기, 소설이라니. 소설을 읽는 것이 도대체 무슨 소용이 있나, 이런 생각이 들지 모른다. 어떤 점에서 맞는 말이다. 그럼에도 불구하고 소설을 읽는 것은 의미가 있다. 이에 대해서 이야기해 보자.

영상매체를 이용할 때, 특히 요즘 대세가 되고 있는 유튜브를 볼 때 그것을 시청하고 있는 '나'는 별다른 할 일이 없다. 내용과 정보, 지식뿐만 아니라, 느낌과 생각까지도, 모두 그대로 '주어지기' 때문이다. 영상에서 전달되는 '이미지'는 책 안의 '글자'들과는 달리 매우 강력한 방식으로 나의 상상력을 제한한다. 그러므로 나는 그냥 전달되는 내용을 받아들이기만 하면 된다. 이처럼 영상매체는 편리하고, 효율적이고 강렬하지만, 그 안에서 나는 수동적인 역할에 머무를 수밖에 없다. 그러나 소설을 읽는 작업은 이와 다르다. 소설을 읽을 때 나는 '능동적'인 역할을 하게 된다. 책을 펼치고, 한 장 한 장 넘기고, 눈으로 읽고, 읽은 내용을 생각하고, 느끼며 음미하는 능동적인 '나'의 역할과 참여가 필요하다. 이러한 '나'는 영상매체를 이용할 때의 '나'와는 다른 방식의 '나'이다. 그렇다면 스스로에게 질문을 해 보자. 나는 어떠한 '나'를 선택할 것인가? 수동적인 나 또는 능동적인 나 중에서 어떤 쪽을 고를 것인가? 만약, 별다른 일을 하지 않는 수동적인 '나'를 택한다면 소설 읽기는 별 소용이 없다. 시간 낭비이다. 그러나 '능동적인 나'를 원한다면? 즉, 나 스스로 세상을 바라보고 판단하며 이해하는 힘, 즉 '사회학적 상상력'을 갖춘 나를 원한다면, 소설 읽기는 꽤 도움이 된다.

사회학적 상상력과 함께 소설을 읽는 방법들

그렇다면 사회학적 상상력과 함께 하는 소설 읽기란 어떤 것일까? 첫째, 그것은 소설에서 재현된 인물, 사건들을 통해 우리 사회의 문제와 쟁점들을 새롭게 접근하고 이해하고 성찰해 나간다는 것을 의미한다. 이과정에서 자신이 미처 생각지도 못했던 지점들을 발견할 수 있고, 그것을 통해 관련 쟁점을 새로운 시각에서 바라보는 기회를 갖게 될 수도 있다. 이처럼 소설은 허구이지만, 사회에서 일어나고 있는 일들을 다각도로 보고, 고민하고 성찰할 수 있도록 도와준다. 한편, 사회학적 상상력과 함께 소설을 읽는 또 하나의 방법은 사회학의 개념이나 이론을 통해 소설을 분석해 보는 것이다. 흔히 사회학 책이나 수업에서 사회학 개념이나 이론은 그 자체로만 머물고, 원래의 목적인 사회/현실을 분석하는 작업은 뒷전이 되기도 한다. 사회학 이론/개념을 책이나 수업 안에만 머무르게 두지 않고 우리의 삶을 이해하는 도구로 활용할 필요가 있다. 앞에서 우리는 소설이란 우리 사회의 문제와 이슈를 재현하는 매체라고 정의하였다. 그렇다면, 사회학 개념/이론을 사용하여 소설을 읽는 것은 사회와 실재를 이해하는 데 유용한 방법일 수 있다.

이상, 사회학적 상상력과 함께 소설을 읽는 방법 두 가지를 짧게 소개해 보았다. 다음에서는 각각의 방법들에 대해서 논의해 보고자 한다.

1) 사회학적 상상력과 함께 소설을 읽다 1: 소설 속 재현을 통해 사회
   문제를 이해하고 성찰하기

경희(1918)[2]

앞에서 사회학적 상상력과 함께 소설을 읽는다는 것은 소설 속에서 재현된 인물, 줄거리, 사건, 배경을 통해 그 사회가 당면한 문제를 이해하고 성찰하는 것이라고 이야기하였다. 이를 설명하기 위해 소개하는 첫

번째 소설은 나혜석의 <경희>이다. 이 소설을 쓴 나혜석은 작가이자, 화가였으며, 또한 여성운동가였다. 그녀는 식민지 조선의 대표적인 신여성 중 한 사람이었다. 신여성이란 1920~1930년대 식민지 조선에 새롭게 나타난 여성으로 근대적인 교육을 받고 전통적인 가부장제에서 요구하는 여성과 다른 생각과 행동, 그리고 스타일을 갖춘 여성들을 말한다. 이들은 당시에 근대적인 새로운 시대의 아이콘으로 여겨졌으며, 따라서 경외와 존경의 대상이 되기도 하였다. 그러나 이러한 대중의 관심과 경외, 존경은 잠시일 뿐 금방 사라졌다. 대신, 가부장적이고 보수적인 사회 분위기 하에서 질투와 질시, 혐오의 대상이 되어 대중으로부터 공격과 질타를 받게 되었다(서지영, 2015).[3] 대표적인 신여성인 나혜석도, 날선 공격과 비판에 직면하여 어려움과 고충을 겪을 수밖에 없었다. 그러면서 그녀는 여성의 역할과 사회적 위치에 대해서 치열하게 고민하게 되었다. 또한 그녀는 이를 그림과 글로 표현하면서 자신의 생각과 입장을 대중에게 알리고자 하였다. 나혜석의 이러한 고민과 고통의 산물 중 하나가 바로 이 소설 <경희>이다.

소설 속 주인공 경희는 교육을 받은 신여성으로, 결혼해서 집에 머무르는 대신 직업활동을 하면서 꿈을 펼치려는 욕망을 가지고 있다. 그러나 그녀 주변 사람들, 부모, 이웃, 친지 모두가 경희에게 꿈을 포기하라고 설득하고 또한 압박한다. 그녀는 자신의 바람과 주변의 압력 사이에서, 과연 어떻게 살아야 할 것인지에 대해서 깊이 고민하게 되었다. 그녀 앞에는 두 가지 길이 있다. 한 가지는 '그냥 사람들이 하라는 대로 좋은 곳에 시집가서 편하게 사는 것'이며, 다른 한 가지는 '직업을 구하고 사회활동을 하면서 이 나라에 보탬이 되는 것'이다. 그러나 당대의 분위기는 여성이 직업을 구하고, 사회활동을 하면서 꿈을 펼칠만한 기본적인 여건이 전혀 마련되어 있지 않았다. 더구나 그러한 시도를 하는 여성들을 비난하고 통제하며 억압한다. 그럼에도 불구하고 경희는 교육받은 여성으로서, 자신의 삶을 스스로 개척하는 시도를 해야 한다고 생각한다. 그러나 동시에 그 길을 선택해서 살아간다는 것은 너무나 힘들고 어려운 일이라는 것을 잘 알고 있다. 그렇기 때문에 선뜻 그 힘든 길을 가는 선택을 할 수가 없다. 고민은 깊어지고 괴로움은 벗어날 길이 없다.

소설은 여기에서 끝난다. 경희의 방황과 혼란, 괴로움은 다름 아닌 나혜석 자신의 방황, 혼란, 괴로움이었다. 소설 속 경희는 선택을 하지 못한 채 괴로워하는 데서 그치지만, 나혜석은 두 가지 선택 중에서 '어렵고 힘든 길'을 선택했다. 그 대가는 상상할 수 없을 정도로 컸다. 그녀는 엄청난 비판과 공격을 받았고, 매도의 대상이 되었다. 글과 그림을 통해서 자신의 생각을 전달하고자 하였으나 그러한 통로도 모두 봉쇄되었다. 끝내 가족, 친지, 그리고 사회로부터 배제되고 매장되어 버리고 말았다. 나혜석의 고독한 말년과 쓸쓸한 죽음은 가부장적이고 보수적인 당대 사회에서 이를 거역하고 도전하는 여성이 어떻게 취급받고 처벌당하였는가를 잘 보여준다. 분명히 100년도 더 지난 이야기지만, 어쩐지 낯설지 않다. 아직도 우리 사회가 페미니즘에 어떻게 반응하고 그것을 이야기하는 사람들에게 어떻게 대응하고 있는가를 생각해 보면 이 '낯설지 않음'의 이유를 이해할 수 있다.

82년생 김지영[4]

현대로 넘어와서 <82년생 김지영>이라는 작품을 보자. 이 작품 역시 주인공 이름이 곧 작품 제목이고, 여성문제를 다루고 있다는 점에서 소설 <경희>와 맥을 같이 한다. 이 소설은 김지영이라고 하는 화자가 자신의 삶에 대해서 이야기하는 형식을 취한다. 1980년대생 여성이 한국사회에서 살아오면서 경험하고 느꼈던 차별, 부당함, 그리고 이로 인한 좌절에 관한 이야기이다. 이 대목에서 소설의 제목을 다시 한번 살펴보도록 하자. 82년생 김지영. 왜 굳이 1982년생일까? 1952년, 1962년, 1972

년생 여성들도 우리 사회에서 차별받고, 부당한 대우를 받았었다. 그들의 어려움은 1982년생 여성들보다 더 하면 더 했지 결코 덜하지 않았을 것이다. 그럼에도 불구하고 1952년, 1962년, 1972년 여성들은 침묵을 지켰다. 그런데 왜 1982년생 여성 김지영은 그 이전의 여성들과 달리 자신의 어려움을, 억울함을, '갑자기', '굳이' 이야기하는가?

이 질문에 답하기 위해 우리는 먼저 여성교육의 변화를 살펴볼 필요가 있다. 1980년대 여성들의 경우, 그 이전 세대와는 달리 여성교육에 대한 인식이 많이 달라진 사회적 환경 속에서 학교를 다녔다. 그 이전 세대 여성들, 즉 1960년대생, 1970년대생들만 하더라도 오빠를 위해서 또는 남동생을 위해서 진학을 포기해야 한다는 이야기를 들으면서 자란 여성들이 많았다. 그러나 1980년대생들의 경우는 이와는 달랐다. 달라진 사회적 분위기하에서, 이들의 부모들 중 많은 수가 딸도 아들과 다름없이 교육시켜야 한다는 생각을 가지고 딸들의 교육에 열성을 보였다. 따라서 1980년대에 태어난 여성들의 상당수는 다른 면에서는 몰라도 적어도 교육적인 측면에서는 윗세대와 비교해 보았을 때 별다른 차별을 경험하지 않았다. 이와 관련하여 다음 [그림 13-1]을 살펴보자.

[그림 13-1] 성별 대학진학률(2000~2018)[5]

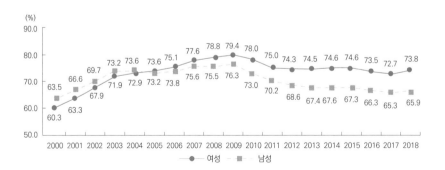

[그림 13-1]에서는 2000년에서 2018년까지의 대학진학률을 남녀별로 비교하여 제시한다. 2004~2005년까지는 남성의 대학진학률이 여성을 상회하지만, 그 이후 점점 그 격차가 감소하면서 2008년에는 사상 처음으로 여성의 대학진학률이 남성의 대학진학률을 상회하게 된다.[5] 여기서 우리는 '2000~2008년'사이의 구간을 주의깊게 살펴볼 필요가 있다. 이 구간에서 남녀에 따른 대학진학률의 격차는 점점 감소하다가 마침내 남성의 대학진학률이 여성의 대학진학률에 역전당하게 된다. 그런데 이 구간은 바로 1980년대생 여성들이 대학에 진학하는 시기이다. 이를 종합해 보자. 1980년대생 여성들은 그 이전 세대와는 달리 '여성도 배워야 한다'는 메시지를 가정에서, 학교에서, 그리고 대중매체에서 보고 들으면서 자라났다. 그리고 실제로 상당수가 대학에 진학함으로써, 한국의 여성 교육이 그 이전과 달라졌음을 경험하고 증명하였다. 그리고는 대학 교육을 마친 후 본격적으로 사회에 진출하여 자신의 능력과 꿈을 발휘하고자 하였다. 그러나 가정과 학교에서 별다른 차별을 받지 않았던 그들은 사회에 진출하면서 그 이전에 경험하지 못했던 남녀차별과 장벽에 처음으로 부딪히게 되었다. 여성 교육이 발전한 것과는 달리 직장의 관행이나 분위기, 여성 노동에 대한 지원들은 여전히 좋지 않은 수준에 머물러 있었기 때문이다. 이런 상황에서 그들은 직장과 가정을 양립하는 것이 너무나 어렵고 힘든 일이라는 것을 깨닫게 된다.

<82년생 김지영>의 주인공 김지영도 아이가 태어나면서 일을 지속할 수 없어서 자신의 꿈을 접고 직장을 그만 둔다. 이 소설은 이러한 김지영이 겪는 갈등, 즉 대학교육을 받고 커리어를 쌓으면서 사회활동을 하고자 하였으나 결국 아이를 돌보기 위해 직장을 그만두고 자신이 하고 싶은 일들을 포기하게 되면서 겪었던 심적 갈등에 대해서 이야기한다. 또한 이러한 심적 갈등에 더하여 아이를 기르는 여성을 '맘충'으로 보는 여성혐오적인 시선에 의해 상처받고 혼란스러워하는 1980년대생 여성

의 모습을 그리고 있다.

　이 외에도 이 책에서는 2000년대 이후 한국사회에서 자주 목격되는 여성 혐오와 관련한 에피소드들이 많이 포함되어 있다. 우에노 지즈코 (2022)[7]에 의하면 여성 혐오란 '여성에 대한 증오, 분노 그리고 멸시'의 정서이다. IMF 사태 이후 가족임금제가 붕괴되고, 여성의 사회진출이 증가하게 되었다. 그러면서 많지 않은 일자리를 두고 서로 경쟁하는 가운데, '나보다 못해야 마땅한 여성'들이 그렇지 않음에 대한 분노의 정서, 혐오의 정서가 가시화되었다. 1980년대생 김지영은 이러한 부정적인 정서에 여과없이 노출될 수밖에 없는 여성들의 난감함, 좌절, 열패감을 묘사하고 있다.

　그러므로 이 책의 제목에서 제시되는 '82년생'이라는 출생연도는 1980년대생 여성들의 경험이 그 이전의 여성들, 즉 1940년대, 1950년대, 1960년대, 1970년대생 여성들과 다르다는 것을 드러내고 강조하는 장치이다. 1980년대생 여성들의 위치는 독특하다. 교육적 성취에 있어서 남녀 차별을 경험하지 못한 첫 세대이면서, 동시에 여성에 대한 '혐오' 정서를 대면한 첫 세대인 것이다. '여성은 이제 무엇이든 할 수 있다'는 메시지와 '뭔가를 하고자 하는 여성은 욕을 먹는다'는 상반된 메시지를 함께 접하면서 나는 누구인가, 어떻게 살아야 할 것인가에 대해서 고민하고 성찰하고 좌절했던 1세대 여성들이 바로 1980년대생 여성들이다.

　이 책이 출간된 2016년 강남역 살인 사건이 발생했고, 이 사건을 기화로 하여 페미니즘 리부트가 본격화되었다. 이 책이 베스트셀러로 등극한 데는 이러한 사회적 분위기가 큰 역할을 하기도 하였다. 또한 이 책을 통해 많은 사람들이 페미니즘 이슈에 관심을 가지게 되었고, 페미니즘 리부트에 적극적으로 동참하기 시작하였다. 이처럼 소설과 사회적 맥락은 서로 상호연관성을 갖는다. 2016년 이후 젠더 이슈는 우리 사회의 가장 중요하고 논쟁적인 주제가 되었다. 이에 따라 페미니즘 이슈에 관심이 높아졌고, 이러한 분위기하에서 여성/젠더 관련 이슈를 다룬 소설들이 잇달아 출간되고 있다. 정세랑의 <시선으로부터>,[8] 강화길의 <음복>,[9] <다른 사람>,[10] 윤이형의 <붕대감기>,[11] 그 외에도 정말 많은 작품들이 지금까지 당연시했던 관행과 관습을 여성들의 시선을 통해 뒤집는 작업을 시도하고 있다. 물론 이러한 소설들은 한계도 있고, 따라서 심각한 비판과 논쟁의 가운데에 서기도 한다. 이로 인해 때로는 예기치 않은 갈등과 분쟁을 일어나기도 한다. 그러나 이러한 작업들이 중단되어서는 안 될 것이다. 이를 통해서 우리 사회가 과거를 돌아보면서 성찰할 수 있고, 또한 앞으로 나갈 수 있기 때문이다.

지금까지 우리는 <경희>, <82년생 김지영>이라는 문학 작품을 통해서 우리 사회의 가부장제를 점검하고, 여성 혐오의 양상이 우리 사회에서 어떻게 나타나고 있는가, 그리고 여성들은 이에 어떻게 대응하고 있는가를 살펴보았다. 즉 소설 속 재현을 통해 우리 사회의 문제와 이슈를 분석하는 작업을 시도해 보았다. 이 작업이 사회학적 상상력과 함께 소설을 읽는 첫 번째 방법이다. 다음에서는 사회학적 시각을 가지고 소설을 읽는 또 다른 방법, 즉 사회학의 개념과 이론을 통해 소설 속에 재현된 세계를 분석하는 것에 대해 이야기할 것이다.

2) 사회학적 상상력과 함께 소설을 읽다 2: 사회학 개념과 이론으로 소설을 분석하기

본책의 제2부에서 고전사회학자 세 사람의 이론을 살펴보면서 이론을 공부하는 이유는 이론을 통해 사회를 분석하는 일이 중요하고 시급하기 때문이라고 밝혔었다. 이것은 사회학 이론이 사회를 분석하여 이해하기 위한 유용한 잣대이자 측정도구라는 것을 의미한다. 한편, 제13장의 서두에서 '소설은 사회의 재현'이라고 이야기하였다. 그렇다면, 사회학 이론이라는 도구를 사용하여 소설 속으로 들어가 보면 그 속에서 재현되는 사회를 분석하는 데 도움을 받을 수 있을 것이다. 사회학 이론이라는 도구를 들고 소설 속으로 들어가 보자.

<사랑의 이해>[12]를 일루즈를 통해 읽기

<사랑의 이해>에서는 같은 은행에서 일하는 네 사람, 상수, 수영, 종현, 미경이 나온다. 이들의 로맨스, 서로 간의 밀당과 뒤얽힘, 만남과 헤어짐이 이 소설의 주된 내용이다. 한 사람씩 살펴보자. 먼저 상수, 그는 이 은행의 정규직 직원으로, 특별한 집안 배경은 없지만, 적절한 학력과 경력의 소유자이다. 한편, 그가 짝사랑하는 수영은 계약직 지원인데, 학력이나 경력, 집안은 보잘것없지만 대신 매우 아름답고 매력적인 외모를 가진 사람이다. 상수를 비롯한 많은 남성들이 아름다운 그녀에게 관심을 갖는다. 그러나 그녀는 육체 자본 이외에는 '별 볼 일 없는' 사람이다. 따라서 많은 남자들이 수영에게 관심을 가지기는 하지만, 그것은 어디까지나 그녀의 육체에 대한 관심일 뿐, 그녀를 진지한 결혼의 상대자로 여기는 것은 아니다. 이것을 잘 알고 있는 수영은 자신에게 관심을 보이는 상수도 그런 사람들 중 하나일 것으로 생각하여 경계한다. 문제는 상수 자신도 자신의 관심이 단순한 성적 매력에 의한 것인지 아니면 더 먼 장래까지 포함한 것인지 잘 모른다는 것이다. 한편, 미경은 좋은 학력과 집안 배경, 거기다가 뛰어난 업무 능력까지 갖춘 금수저 여성이다. 미경과 상수는 같은 프로젝트를 맡아서 일을 하게 되는데, 그 과정에서 미경이 상수를 좋아하게 된다. 상수로서는 미경을 거절한 이유가 딱히 없다. 미경은 좋은 집안 출신으로, 상수 자신의 미래를 생각해 볼 때 어쩌면 도움이 될 수도 있다. 그러나 상수는 미경에게 수영에게처럼 끌리지는 않는다. 그러나 미경은 계속 상수에게 다가오고, 상수는 결국 미경과 사귀게

된다. 그러면서도 상수는 수영에 대한 관심을 완전히 끊지 못한다. 한편, 수영은 미경처럼 정규직 직원이 되는 꿈을 꾸면서 열심히 일을 한다. 일을 잘 한다는 평가를 받기도 하지만, 내세울 만한 학력과 경력이 없는 그녀는 결국 정규직 직원으로 발탁되지 못한다. 그러면서 수영도 연애를 시작하는데 상대는 종현으로 은행의 치안을 맡고 있는 임시직 직원이다. 그도 집안 형편이 매우 좋지 않다. 그러나 외모가 출중하다. 수영과 종현의 공통점은 두 사람 모두 외모가 매우 훌륭한 육체자본을 소유하고 있지만, 그 이외에는 아무것도 내세울 수 없는 사람들이라는 것이다. 어쩌면 이 유사점이 이들을 연인으로 만들었을지도 모른다.

이 소설은 이 네 사람의 연애의 시작, 관심과 엇갈림, 연애 과정에서의 갈등, 그리고 파국을 기본 얼개로 진행된다. 이를 통해 신자유주의 사회에서 감정과 사랑, 연애의 문제가 어떻게 계급과 사회적 지위, 그리고 문화적 자본과 연계되고 작동하는가를 보여준다.[13] 일루즈는 현대 사회에서 사랑, 연애의 문제는 사회적 지위, 자본의 유무와 밀접한 관련을 갖는다고 말했다. 그 이유는 사람들이 상대를 선택할 때 육체/경제/문화 자본에 대한 사회의 기준과 잣대에 영향을 받기 때문이다. 사회의 기준과 잣대에 영향을 받는다는 것을 일루즈는 사람들이 사회의 '규칙'을 따르면서 상대를 선택하고 사랑을 하는 것이라고 설명한다. 따라서 사랑은 개인적이고 사적인 산물이 아닌 '규칙을 따라야 하는' 사회적이고 문화적인 구성물이 된다(일루즈, 2010).[14]

그렇다면 일루즈가 이야기하는 사람들이 따르는 '규칙'이란 무엇인가? 첫 번째 규칙은 '몸'의 섹시함이다. 우리가 살고 있는 소비 자본주의 사회에서 개인의 신체적 매력이 갖는 가치는 과거에 비해 폭발적으로 증대되었다. 인터넷을 기반으로 하는 우리들의 삶 속에서 신체적 매력을 강조하는 이미지는 여과 없이 노출되고 있으며, 그 영향력은 막강해졌다. 이러한 상황에서 신체의 아름다움, 섹시함은 일종의 신분의 상징이 되었다(일루즈, 2020).[15] 수영과 종현이 매우 아름다운 사람들이라는 것이 소설 곳곳에서 강조되는데, 이 두 사람은 일루즈에 따르면 '신체적 매력을 갖춘', 육체자본의 소유자이다. 이들은 계약직, 임시직 직원에 불과하지만 출중한 외모 때문에 사람들의 관심을 받고 눈길을 끈다. 이들에 대한 사람들의 관심과 추앙은 사람들의 감정이 '소비 자본주의 사회에서 아름다운 육체는 곧 자본'이라는 사회적 규칙에 따라 작동하고 있음을 잘 보여준다.

그러나 안타깝게도 아름다운 육체는 사람들의 관심을 일시적으로는 살 수 있지만, 그것을 오랫동안 유지하기는 어렵다. 미에 대한 관심이 더 깊은 연애 감정으로 발전하기 위해서는 '돈', '경제적 자본'이 뒷받침되어야 하기 때문이다. 소비 자본주의 사회에서 연애를 하는 데 돈은 필수적이다. 극장에 가거나, 레스토랑에 가거나, 선물을 주고 받거나 하는 연애의 모든 과정에서 끊임없이 돈이 필요하다. 돈을 통해서 연애 관계가 유지되는 것을 일루즈는 '로맨스의 상품화', '상품의 낭만화'(일루즈, 2013)[16]라고 명명한다. 로맨스의 상품화/상품의 낭만화는 사람들이 연애/사랑을 할 때 따르게 되는 또 하나의 규칙이다. 소비자본주의 사회에서는 다양한 연애 이벤트(선물 교환, 기념일 축하파티, 멋진 여행 등)를 통해 사람들에게 돈을 쓰게 만든다. 그런데 돈이 없으면, 여기에 동참할 수가 없다. 돈이 없기 때문에 마땅히 따라야 하는 사랑의 규칙을 따르지 못하면, 결국 내가 하는 것은 사랑이 아닌 것이 된다. 상대는 사랑의 규칙을 따르지 못하는 나를 원망한다. 원망하는 상대를 보면서 나는 상대에게 실망하고 화가 난다. 갈등이 생기고 싸움이 잦아지면서 원래 가지고 있던 사랑이란 감정은 점점 약해진다. 이 소설에서 종현과 수영은 이를 잘 보여준다. 아름다운 그들은 열렬히 사랑하지만, 그들에게는 그 사랑을 지속하고 유지하기 위한 경제적 자본이 턱없이 부족하다. 이것을 상대에게 숨기기 위해서 거짓말을 한다. 상대는 내가 거짓말을 하고 있는 것을 눈치 채지만 모른척 한다. 나는 그가 모른 척하는 것을 알지만, 민망하고 부끄러운 나머지 사실을 털어놓지 못한다. 그 과정에서 오해와 원망은 계속 쌓여간다. 돈의 문제는 결국 서로를 힘들게 하고, 숨막히게 하면서 지치게 만든다. 결국 이들은 관계를 끝낼 수밖에 없다.

한편, 미경과 상수의 관계도 위태롭다. 상수를 사랑하는 미경은 대단한 집안 배경과 문화자본을 가진 사람이다. 반면, 상수는 그냥 보통 중산층 집안 출신이다. 상수가 미경과 만나는 중요한 이유 중의 하나는 미경이 가진 배경 때문이다. 그는 (결혼을 통해) 자기도 미경의 배경/계급에 진입하고자 하는 욕망을 가지고 미경과의 관계를 지속한다. 그러나 동시에 미경과의 사귐에서 여러 가지 취향의 차이를 느끼고, 그로부터 스트레스와 좌절감을 느낀다. 미경이 일상적으로 좋아하고 즐기는 물건, 장소, 취미가 자신과 맞지 않는다. 그래서 같이 있으면 불편하고 자괴감이 든다. 미경과 같이 있으면 있을수록, 미경의 가족이나 친구를 만나면 만날수록, 자신의 모습과 취향이 촌스럽게, 투박하게, 열등하게 느껴지기 때문이다. 이 과정에서 그는 좌절감과 열패감, 그리고 미경을 향한 알 수 없는 분노를 느낀다. 이처럼, 그는 자신이 소유하지 못한 경제적, 문화적 자본을 가진 미경에게 매우 다양한 감정을 갖는다. 즉, 미경에게 위화감을 느끼면서도 동경하며, 동경하면서도 불쾌감과 열등감을 가진다. 그러면서도 그 관계를 지속해 나가는데, 그것은 그가 미경과의 결혼을 통해 계급 상승을 할 수 있다는 희망과 욕망을 가지고 있기 때문이다. 이처럼 다양한 감정이 교차함을 보면서 우리는 상수의 미경에 대한 감정이 단순히 그의 사적 내면에 국한된 것이 아니라는 것을 알 수 있다. 그것은, 경제적, 문화적 자본이 서로 갈등하면서 투쟁하는 장에서 만들어진 사회적 산물이다. 한편, 상수는 수영에게 지속적으로 관심을 두면서, 미경 몰래 그녀와 일을 빙자한 만남을 갖는다. 상수가 이런 행동을 하는 것은 수영의 육체적 매력 때문이기도 하지만, 그것이 전부는 아니다. 상수는 수영과의 만남에서 왠지 모를 편안함, 미경과의 만남에서는 느낄 수 없는 안도감을 느낀다. 그 이유는 자신보다 학력, 경력, 사회적 지위가 낮은 상대와 함께 있으면서 미경과 있을 때의 열패감이 아닌, 우월감과 자신감, 그리고 위로를 받기 때문이다. 여기서도 다시 한번, 현대사회에서 살고 있는 개인의 감정이란 계급과 자본, 사회적 위치와 밀접하게 연결되어 있음(일루즈, 2010)을 확인할 수 있다.

소비 자본주의 사회에서 개인은 사랑과 연애를 하면서 감정적으로, 사회적으로 그리고 경제적으로, 모든 면에서 자신의 이익을 최대화하고 손실을 최소화하고자 한다. 이 소설의 네 사람도 마찬가지로 연애를 하면서 끊임없이 손익계산을 하면서 관계 지속 여부를 결정한다. 이들은 연애를 하면서 어느 순간 "아, 내가 이 관계에 더 머물면 손해를 보겠구나."라는 판단이 서면 그 관계를 종료시키는 선택을 한다. <사랑의 이해>에서 결국 상수, 수영, 종현, 미경 모두 헤어지게 된다. 그 이유는 각자가 이 관계를 계속 유지하면 자신이 감당할 수 없는 피해를 입게 된다는 것을 깨닫고 그것을 피하는 전략을 사용했기 때문이다. 이처럼 장기적이거나 영속적인 관계성을 피하고, 손해를 보겠다 싶으면 쉽게 관계에서 벗어나는 상태를 일루즈는 '부정적 관계(negative relations)'라고 부른다. 여기서 부정적이라는 말은 나쁘다는 의미가 아니라 '많은 대안이 있으며, 그 안에서 쉽게 관계를 만들어가지만 언제든지 빨리 해소될 수 있다'는 것을 의미한다. 일루즈는 이를 불확실한 시대의 관계성의 특징이라고 이야기한다.

또한 이러한 부정적 관계는 unloving, 즉 관계성을 의도적으로 시도하지 않는 상태, 더 나아가 관계성을 만들 수 없는 상태를 의미한다(일루즈, 2020). 이것이 사람들이 연애를 할 때 따르는 또 하나의 사회적 규칙이다. 소설에서는 이 규칙에 따라 네 사람의 관계가 모두 종료된다. 이들이 새로운 관계를 만들기는 쉽지 않아 보인다. 이를 통해 소설 <사랑의

이해>는 '현대사회에서 사랑이라는 것은 불확실하고, 불안정하기 때문에 이제 사람들은 그것을 더 이상 시도하지 않게 되었다는 것'을 이야기한다. 그런 점에서 이 소설은 일루즈가 이야기한 unloving한, 더 이상의 관계를 만들 수 없는 상태, 부정적 관계로 인한 사랑의 종말을 잘 보여주고 있다, 즉 '사랑은 끝났고, 더 이상 존재하지 않게 되었음이 바로 현대 사회의 사랑을 이해하는 방식'이라는 일루즈의 논의가 이 소설 <사랑의 이해>에서 재현되고 있는 것이다.

이상에서 소설 <사랑의 이해>를 일루즈의 이론을 바탕으로 분석해 보았다. 이를 통해 소설 속 인물들의 생각과 행동에 담겨있는 사회적 맥락을 이해할 수 있었다. 이처럼 사회학 이론과 개념을 통해 소설 속에 재현된 사회를 점검하고, 분석하는 작업이 사회학적 상상력을 가지고 소설에 접근하는 방법이다. 그런데 소설뿐 아니라 다양한 콘텐츠, 즉, 드라마, 영화, 웹툰 속의 '이야기'들을 등을 같은 방식으로 사회학적 상상력을 통해 접근하고 이해하는 시도가 가능하다.[17] 한편, 다른 사람이 만든 영화, 드라마, 웹툰 속의 이야기가 아니라 '나의 이야기'를 사용하여 이 작업을 도전해 볼 수도 있다. 즉, 나는 누구인가, 어떻게 살아갈 것인가를 사회학적 상상력을 통해 접근할 수 있다. 앞에서 설명한 것처럼 사회학 이론과 개념을 동원하여 이 작업을 시도해 보면, 자신의 이야기를 좀 더 명확하게 접근하고 성찰 할 수 있을 것이다. 또한 이러한 시도를 통해 사회학적 시각이 우리의 삶에서 동떨어진 추상적인, 구름 잡는, 그래서 쓸모없는 논의가 아니라 내게 주어진 이야기를 좀 더 냉철하게 분석하고 분명하게 이해할 수 있도록 도와주는 유용한 도구임을 확인할 수 있다. 한번 시도해 보자. 사회학적 상상력을 발휘해서 나 자신의 이야기를 가만히, 그리고 꼼꼼히 살펴보자.

🖐 생각해 볼 문제들

1. 이 장에서는 '사회학적 상상력과 함께 소설을 읽는 두 가지 방법'을 제시하였다. 이 두 가지 방법을 활용해서 소설뿐 아니라 기타 문화 콘텐츠(영화, OTT, 예능, 음악, 아이돌, 미술작품, 웹소설/웹툰) 영역에서 자신이 관심을 두고 있는 작품을 선택하여 분석해 보자.
2. 자아정체성의 문제를 논의한 제11장을 다시 한번 읽어 보고, 내 삶의 이야기를 사회학적 상상력과 함께 만들어가는 작업을 시도해 보자.

🖐 함께 읽으면 좋을 책들

조주은, 박한경(2019). <소설에서 만난 사회학: 픽션보다 재미있는 사회학 이야기>. 경북대학교출판부.
이 책에서 저자들은 소설과 사회학이 어떻게, 그리고 어떤 지점에서 만날 수 있는가를 이야기한다. 이를 위해 다양한 소설들을 소개하면서, 문학작품으로서의 소설들이 사회학적 접근을 통해 어떻게 해석되고 이해되는지에 대해서 설명한다. 소설과 사회학의 조우를 통해 얻을 수 있는 즐거움과 영감에 대해서 말하는 책이다.

정수복(2015). <응답하는 사회학>. 문학과 지성사.
이 책에서 저자는 추상적인 이론/통계적 방법론으로만 이루어진 논문만 양산하고 있는 사회학의 풍토를 비판한다. 그러면서 사회학이 '사회가 어떻게 작동되는가, 그리고 그 안에서 사회구성원들은 어떻게 살아가는가를 성찰하고 그 방향을 제시하는', 원래의 임무로 돌아가야 한다고 주장한다. 이러한 논의 속에서 소설과 사회학의 만남이 왜 필요한가에 대한 답도 찾을 수 있다.

서우빈, 조윤희, 김지현(2023). '이성과 감정 사이, 심리상담 토크쇼를 통한 치유적 에토스의 구성: <오은영의 금쪽 상담소> 텍스트 분석을 중심으로. 한국방송학보.

이 논문에서는 <오은영의 금쪽 상담소>를 기든스와 일루즈의 이론을 통해 분석하면서 힐링 담론이 폭넓게 확산되는 원인을 밝히고, 그 사회적 영향을 설명한다. 사회학적 상상력을 가지고 문화 콘텐츠를 분석하는 작업이 어떻게 진행되는가를 잘 보여주는 논문이다.

나가며

사회학의 쓸모

사회학을 해서 뭐 먹고 살아요?

지금까지 우리는 사회학이라는 학문에 대해서 다양한 방향에서 살펴보았다. 제1부에서는 사회학이란 무엇인가를 사회학적 상상력과 연관하여 설명하였고, 제2부에서는 고전 사회학자들의 이론을 살펴보면서 그들의 사회학적 상상력이 우리를, 그리고 우리 사회를 분석하는 데 어떠한 도움이 될 것인가를 알아보았다. 제3부에서는 사회학 연구를 진행하는 방법론들에 대해서 논의하였으며, 제4부에서는 지금까지 사회학 영역에서 별로 언급되지 않았던 주제들을 사회학적 상상력을 통해 분석해 보기도 했다. 이제 글을 마치면서, 그렇다면 사회학적 상상력을 기르는 사회학을 공부하는 것은 도대체 나에게, 그리고 나의 삶에 어떤 쓸모가 있는가를 알아보고자 한다.

현대 사회에서 쓸모가 있느냐 없느냐의 문제란 그것이 자신의 일과 직업, 그리고 이를 통해 살아가는 데 얼마나 도움이 되는가의 문제이다. 따라서 사회학의 쓸모란 내가 사회학 공부를 하면 도대체 어떤 직종에서 일을 할 수 있는가, 나의 진로에 과연 도움이 되는가와 관련된 문제이다. 사회학이라는 학문에 흥미를 보이는 학생들도 자주 "사회학에 관심이 있기는 한데, 도대체 이게 나의 진로와 어떻게 연결되는지 모르겠어요." 라고 이야기하곤 한다. 사회학이라는 학문의 쓸모가 분명하게 전달되지 않기 때문에 그러한 의문이 생기는 것이리라. 그런데 이러한 의문은 최근 들어 갑자기 나타난 것이 아니다. 과거부터 지금까지 사회학과 관련하여 끊임없이 제기되어 온 질문이었다. 과거에는 이 질문에 대해 '사회학이라는 것은 모든 학문의 기본으로서, 먹고 사는 문제와는 상관없는 진정한 뿌리학문'이라는 동문서답식 답변을 하는 일이 많았다. 관련하여, 나의 학부 시절, 사회학 전공자의 진로에 관한 질문을 받은 사회학과 교수님이 "직업을 갖는 문제와 사회학을 연결시키지 마라."라는 요지의 말씀을 하시면서 질문을 일축시켰던 일도 기억난다. 그러나 지금은 시대가 변하였고, 먹고 사는 문제, 직업과 진로의 문제는 무엇보다 중요한 사안이 되었다. 따라서 위와 같은 답변은 절대로 통하지 않으며, 더 나아가 함부로 입에 올리기도 어려운 형편이 되었다. 그렇다면 지금, 이 질문, 사회학의 쓸모, 좀 더 구체적으로는 진로와의 관련성에 대한 질문에 어떻게 대답할 수 있을까? 정말 어렵고 대답하기 힘든 질문이 아닐 수 없다.

그런데 놀랍게도 이 질문에 대한 답변이 여기저기서 쏟아져 나오고 있는 것을 발견할 수 있다. 사회학 전공을 홍보하는 수험생 사이트나 대학의 사회학과 홈페이지, 또는 사회학 전공을 소개하는 유튜브에서 그 답변을 쉽게 찾을 수 있다. 이러한 사이트들에서는 사회학을 하면 이러이러한 '직업' 또는 '분야'로 진출할 수 있다고 하면서 그 목록까지 제공한다. 그 목록은 다음과 같다.

- 일반 회사/기업/공기업
- 공무원직
- 사회조사/리서치 회사
- 출판업계
- 작가/유튜버 등 문화콘텐츠 개발자
- 신문사/방송국
- IT 업계 기획자
- 국제기구
- NGO 단체
- 대학원 진학

이 목록을 보면서 생각해 본다. 정말 그렇다면 얼마나 좋을까. 사회학의 전망에 대해 묻는 학생들에게 "사회학을 하면, 위의 분야로 진출할 수 있어요." 하고 자신있게 이야기해 줄 수 있으면 얼마나 뿌듯하고 마음이 놓일까를 상상해 본다. 그러나 사회학을 전공한다고 해서 위의 직종에 다 진출할 수 있는 것도 아니고, 사회학 수업에서 위의 직종에 진출할 수 있도록 맞춤형 지식과 기술을 전수해 주지도 못한다. 그렇기 때문에 사회학을 공부하는 것이 위에서 열거된 직종에 직접적으로 도움이 된다고 말하기는 힘들다. 한편, 다른 전공의 상황과 전망은 어떨까? 사회학 이외의 전공들, 예를 들어 영문학, 경영학, 사회복지학, 식품영양학, 등도 이 전공을 공부하면 관련 직종으로 진출할 수 있도록 해당 관련 기술과 지식을 전수하고, 그것만 전수하면 관련 직종으로 바로 취업이 될 수 있을까? 아니, 취업이 된다고 하더라도, 그 직장에서 얼마나 오래 일을 할 수 있을까? 주변을 둘러보면, 최근까지 인기가 높던 직종들이 시대의 변화를 감당하지 못하고 시대의 뒤안길로 저물어 가는 것을 자주 볼 수 있다. 또한 인공지능이 빠른 속도로 진화하면서 지금까지 유지되어 왔던 많은 일자리가 사라지는 것도 목격할 수 있다. 이렇게 일자리의 변동이 많은 상황에서, 우리는 직업을 찾고, 또 일을 해야만 한다. 그것도 아주 오래 일하지 않으면 안 된다. 인간의 수명이 과거에 비해 크게 늘어났기 때문이다. 오래 일을 해야 하는데, 마땅한 일자리는 사라지고 있다? 이러한 상황에서는 전공과 직종에 상관없이 누구나 불안과 걱정에서 벗어나기 힘들다.

모든 것이 불확실하고 불안정한 시대이다. 그러므로 사회학을 공부하면 진출할 수 있다라고 관련 직업을 열거한 위의 리스트는 별 소용이 없고, 사회학의 쓸모에 대한 옳은 답변도 아니다. 그렇다면 이 불확실한 시대를 살아가는데 사회학의 쓸모란 도대체 무엇일까? 이 질문을 다시 해본다. 여전히 어렵고 대답하기 힘들다. 그래도 한번 시도해 보기로 하자. 이 질문에 답하기 위해 먼저 우리의 삶을 위협하는 불확실한 시대에 대해서 좀 더 이야기해 볼 것이다. 그리고서, 이러한 시대에 그럼에도 불구하고 사회학의 쓸모란 무엇인가에 대해서 생각해 보고자 한다.

불확실한 상황에서 모든 것을 선택해야 하는 의무

　불확실한 시대를 이야기한 사회학자가 있다. 그의 이름은 피터 버거이다. 우리는 본책의 제2장에서 사회학이란 무엇인가를 설명하기 위해 그를 언급하였으므로, 그의 이름이 그리 낯설지 않게 느껴진다. 그는 지금의 현대사회는 모든 것이 불안한 상황 아래에서, 어떻게 살아야 할까에 대해서 확신할 수 없는 시점에 와 있다고 설명한다. 그는 이렇게 불안하고, 삶의 방향을 제대로 잡을 수 없게 된 이유를 "우리들의 삶이 인간 생활의 영역이 선택이라고 하는 의무 앞에 거의 무한대로 개방되어 있기 때문"(버거, 1981)[1]이라고 설명한다. 도대체 이게 무슨 의미일까? 선택의 폭이 넓어졌으면 할 수 있는 것이 많아지고 좋아져야 하는데, 왜 우리는 더 힘들어지고 고달파하면서 불안해진 것일까? 이 질문에 대해서 답변하기 위해 먼저 '전통 사회에서의 삶이 어떠했는가?'에 대해서 살펴보도록 하자.

　전통 사회에서 살아갔던 사람들의 삶을, 우리가 익히 알고 있는 인도의 카스트 제도나 조선시대의 사농공상의 신분제도를 떠올리면서 상상해 본다. 과거 강력한 신분 제도하에서 사람들의 자리는 위계적으로 서열화되어 있었다. 태어나면서 자리가 정해진 것으로, 이러한 자리, 즉 신분은 내가 바꾸고 싶다고 해서 바꿀 수 있는 것이 아니었다. 내가 인도의 카스트 제도하에서 '수드라(비정복민/노예)'로 태어났거나 조선 시대의 '상놈'의 신분으로 태어났으면, 그것을 받아들이고 그 안에서 살아야 하며, 그 위계구조를 벗어나는 것은 불가능하다. 이러한 상황에서 나의 신분, 위계구조하에서의 나의 위치는 곧 나의 '숙명'이 된다. 그러므로 자신의 숙명을 받아들이고 그냥 그대로 살다가 죽는 수밖에, 다른 방법이 없다.

　이러한 전통 사회와 비교해서 지금의 현대 사회는 어떠한가? 버거는 이를 숙명에서 선택으로의 변화(버거, 1981)라고 설명한다. 과거 전통사회에서는 삶을 바꾸는 것이 불가능했기 때문에, 삶을 변화시키려는 시도조차 하지 않았다. 그러나 근대화, 자본주의화가 진행되면서 근대 이전 사회의 숙명적인 위계구조과 가치체계는 흔들리게 되었다(버거, 1981; 22). 과거에는 주어진 규범에 의해 인간 행위가 규제되었으며, 그 외의 가치가 병존하는 것을 상상할 수도 없었는데, 전통사회가 붕괴되면서 사람들은 제각기 서로 다른 가치관을 가지고 자신의 삶을 이전과는 다른 방향에서 보기 시작했다. 그 결과, 이제 현대사회의 사람들은 규범에 얽매이지 않고 자신의 의지에 의해서 삶을 선택하는 것이 가능해진 새로운 사회에서 살아갈 수 있게 되었다.

이런 변화를 보면서 혹자는 이것이 얼마나 멋지고 대단한 일인가에 대해 기뻐하며 감탄한다. 내 삶을 내 스스로 선택하고 결정해서 일구어 나갈 수 있다는 것, 과거에는 가능하지 않았지만, 이제 우리는 그것을 할 수 있으니 정말 근사하지 않은가? 그런데 이에 대해 버거는 "그게 정말 근사하고 멋진 일인가?"를 반문한다. 그에 따르면 전통 사회와는 달리 '근대성(modernity)'의 특징은 인간 생활의 모든 영역이 선택이라고 하는 의무 앞에 거의 무한대로 개방되어 있다는 것'이라고 설명한다. 현대 사회에서는 나의 숙명, 즉 내가 어디서 태어나서 어떤 위치에서 어떻게 살아야 돼, 라는 규제와 규범이 다 사라지고, 내가 모든 것을 선택하고 결정해서 내 삶을 만들어 가면서 살 수 있다. 좋은 일이다. 멋진 일이다. 그런데 문제는 내가 좀 망설여진다고 해서 선택을 안 하고 그냥 놔둘 수 없다는 것이다. 즉 선택을 할 수도 있고 안 할 수도 있는 것이 아니라, 반드시 선택을 하면서 자신의 삶을 만들어가야 한다. 과거에는 내가 선택을 하지 않는다고 하더라도 모든 것이 이미 정해져 있었기 때문에, 내가 굳이 힘들게 고민하고 괴로워하면서 나의 삶이 어떻게 될까를 전전긍긍할 필요가 없었다. 그러나 이제는 다르다. 모두 선택을 해야 한다. 그 선택을 통해서 자신의 삶이 어떠한 방향으로 갈 것인지를 결정해야 한다. 즉 우리는 선택이 옵션이 아니라 의무이고 필연이 된(버거, 1981) 사회에 살고 있는 것이다. 누구나 예외없이 자신의 삶을 선택해서 살아나가야 한다.

이처럼 나는 어쩔 수 없이, 선택을 해야만 하는데 그 선택지가 또 무한대이다. 선택지가 많으면 무엇을 선택해야 할지 상당히 불안하고 확신이 서지 않게 마련이다. 이게 맞는 것일까, 내가 제대로 길을 찾고 있나 하면서 고심하게 된다. 잘못 길을 들어섰다가 실패할 수도 있기 때문에 그 선택의 과정은 힘들고 두려울 수밖에 없다. 그럼에도 불구하고 해야만 한다. 문제는 그다음이다. 내가 선택을 잘 하면 좋겠지만 그렇지 않을 수도 있다. 그런데 이렇게 좋지 않은, 잘못된 선택을 하게 되면, 그 선택을 한 나는 그 실패의 책임을 오롯이 져야 한다. 다른 누구에게 그 책임을 묻거나, 과거에 그랬던 것처럼 운명, 숙명 탓을 할 수 없다. 이 상황을 버거는 '이단적 명령(The herectical Imperative)'이라고 부른다. 이단이라고 번역되는 heretical은 '전통/규범과는 다른, 일탈한'의 뜻을 가지지만, 그 어원은 '선택한다'의 의미를 갖고 있다. 주어진 삶만을 살아야 하는 근대 이전의 전통 사회에서 선택을 한다는 것은 규범과는 다른, 일탈적인 행위였을 것이다. 그랬기 때문에 언뜻 보면 서로 매우 다른 의미가 한 단어에 담겼을 것이라 짐작해 본다. 이처럼 근대 이전 사회에서 '이단'은 거리가 먼 가능성에 불과했으나, 현대인에게 이단, 즉 선택은 유별난 것이 아니라 일반적, 보편적인 것이 되었다. 이제 현대 사회에서 선택은 하나의 필요성, 절대 피해갈 수 없는 삶의 기본 전제이며, 누구나 따라야만 하는 명령이 되었다. 선택이 명령인 된 지금의 상태가 바로 버거가 이야기하는 '이단적 명령'이다.[2]

버거는 이러한 현대인의 모습이 마치 '불안한 프로메테우스'(버거, 1981: 31)와 같다고 본다. 프로메테우스는 제우스 신이 아끼는 불을 인간에게 몰래 전해준 자이다. 제우스는 자신을 속인 프로메테우스에게 노여움을 느끼고 그에게 큰 형벌을 내린다. 이 형벌로 프로메테우스는 카프

카스의 바위산에 강력한 쇠사슬로 묶여 매밀 매일 자신의 간을 독수리에게 쪼아먹히는 고통을 감내해야 한다. 간이 먹히면 당연히 죽게 되겠지만, 그는 죽지 않는 인간이기 때문에 그의 간은 매일 새로이 생성된다. 다시 생겨난 간은 또 독수리에게 먹히게 되며, 이러한 일은 끊임없이 반복된다. 기약 없이 행해지는 영원한 고통이다. 버거에 따르면 영원히 고통을 견뎌내야 하는 프로메테우스처럼, 현대인도 끊임없는 고통을 감내해야 한다. 숙명적인 삶에서 선택을 할 수 있는 삶으로의 변화는 거대한 해방이지만, 동시에 내 삶이 어디로 흘러갈 것인지 알 수 없다는 점에서 그것은 불안이고 소외이며, 심지어는 '공포'(버거, 1981: 31)이기도 하다. 선택이 의무가 된 현대 사회에서, 결국 우리는 '불안한' 프로메테우스의 운명을 피할 수 없다. 지금 우리들의 삶이 그렇다. 저출산, 고령화, 기후 위기, 인공지능의 발달로 인한 일자리의 위협, 양극화와 증오, 혐오, 그리고 상호 비방이 넘쳐나는 이 불안한 시대에 나는 어떻게 살 것인가를 생각하고, 어쩔 수 없이 나의 진로, 그리고 삶의 방향을 '선택'해야 한다. 그 끝에 무엇이 있을지 알 수 없는 상태에서 자신의 삶을 결정하고 만들어 나가는 과정은 정말로 힘들고 어렵고 위태로운 일이 아닐 수 없다. 그러나 멈출 수 없다. 이것은 명령이기 때문이다.

사회학의 쓸모: 불안한 시대를 살아가는 데 필요한 사회학적 상상력

선택이 명령이 된 현재의 삶에서 자신의 선택지를 찾아가는 것을 정말 어려운 일이다. 그럼에도 불구하고, 어쩔 수 없이 사람들은 다양한 시도와 선택을 해 간다. 그 과정에서 성공을 하기도 하고, 또 실패를 하기도 하면서 더듬더듬 자신의 삶을 불안하게 만들어가고 있다. 그렇다면, 이렇게 힘들고 어렵고 불안한 삶의 과정에서 사회학의 쓸모는 무엇일까? 앞에서 우리는 '쓸모'란 자신의 먹고 사는 문제를 어떻게 해결할 것인가, 또는 자신의 진로와 직업을 찾는 데 도움이 되는가의 문제라는 것을 설명했었다. 그런데 이와 관련하여 아쉽게도 '사회학을 공부하면 취직을 잘하고 어떤 어떤 직업 군에 진출할 수 있을 것'이라고 자신있게 이야기할 수는 없다. 안타까운 일이다. 그런데 이에 대해 누군가가 "그렇다면, 사회학을 왜 공부해야 하죠? 직업 진출에 별 도움이 되지 않는다면, 사회학을 공부하는 일은 아무런 쓸모가 없는 일이겠군요."라고 말한다면, 그에 대해서는 자신있게, "그렇지 않다. 사회학적 시각을 가지고 사회학적 상상력을 갖추는 일은 불확실한 시대를 살아가는 데 든든한 디딤돌로서, 진로를 개척하고 살아가는 데 큰 도움과 쓸모가 있다."라고 대답할 것이다. 이러한 답변의 이유를 설명하기 위해서 사회학을 전공하면 진출할 수 있다고 언급된 직업군 리스트를 다시 한번 살펴보도록 하자.

- 일반 회사/기업/공기업
- 공무원직
- 사회조사/리서치 회사
- 출판업계
- 작가/유튜버 등 문화콘텐츠 개발자
- 신문사/방송국
- IT 업계 기획자
- 국제기구
- NGO 단체
- 대학원 진학

맨 처음 제시된 일반회사/기업/공기업에 대해서 이야기해 보자. 앞에서 이야기한 것처럼 사회학 공부는 기업/회사에 취업하는 것에 직접적인 도움을 줄 수는 없다. 그러나 요즘은 기업취직에 특별히 유리한 전공도 없다. 기업/회사 측에서는 특정 전공자보다는 소비자의 필요와 비즈니스 환경을 잘 파악하여 그에 걸맞는 상품과 서비스의 방법을 발굴할 수 있는 사람을 필요로 한다. 즉, 사람들이 무엇을 필요로 하고 욕망하는지를 거시적이고 장기적인 안목을 통해 포착할 수 있는 사람을 찾는 것이다. 이 대목에서 본책에서 계속 이야기했던 '사회학적 상상력'의 의미를 상기해 보자. 사회학적 상상력이란 '즉각적인 판단에서 벗어나 보다 넓은 맥락에서 사물을 배치해서 생각하는 것'이며, '개인적이고 사적인 문제를 공공의 문제, 즉 사회적이고 거시적인 맥락과 연결해서 보는 힘(밀즈, 2004)[3]이다. 이러한 힘을 갖춘 사람들, 즉 사회학적 상상력을 가진 사람들은 급변하는 비즈니스 환경에서도 거시적이고 장기적인 안목을 통해 상황을 판단하고, 무엇을 할 수 있는가를 간파해 내며, 그것을 통해 새로운 기회를 스스로 만들어 나갈 수 있다. 이렇게 본다면, 사회학을 공부하고 사회학적 상상력을 기르는 일이 아무런 쓸모가 없다고 말할 수 없을 것이다. 오히려 지금의 불확실하고 불안정한 시대를 대처하기 위한 유용한 도구가 될 수 있다.

위 리스트에서는 사회조사, 리서치 분야도 함께 제시되고 있다. 사회조사/리서치 분야에 진출하기 위해서는 다양한 사회조사 경험과 통계패키지를 잘 다루는 기술이 필요하다. 사회학 전공 수업에서 관련 지식을 배우고 훈련을 받기는 하지만, 통계 지식과 테크놀로지를 다루는 기술만 놓고 보면, 사회학 전공자가 리서치 분야 관련 전공자에 비해 다소 뒤질지 모른다. 그러나 사회조사/리서치를 진행하는 데 필요한 것은 통계 지식이나 기술만은 아니다. 사회조사의 목적은 지금 사람들이 무엇을 생각하고 어떠한 행동을 하고 있는가, 그리고 앞으로 우리 사회는 어디로 갈 것인가를 가늠하기 위함이다. 따라서 조사가 집계된 후, 사회적 맥락을 고려하여 결괏값의 의미를 제대로 이해하는 일이 중요하다. 사회학적 상상력은 통계 수치에 나타난 사람들의 시각과 의견을 읽어내고, 앞으로 무엇을 해야 할 것인가를 예측하는 데 큰 도움을 준다. 정확한 예측을 하는 것은 사회의 정책 방향을 정하고, 관련 예산과 인력, 시간을 배분하는 데 매우 중요한 일이다. 조사 결과를 제대로 파악하지 못한 채 정책 방향이 정해진다면, 예기치 못한 사회적 손실이 일어날 수 있다. 이런 맥락에서 볼 때 사회학적 상상력은 사회조사/리서치 분야 진출을 준비하는 사람이 갖추어야 할 전제 조건이 된다.

같은 맥락에서 위의 리스트에서 언급된 또 다른 직종, 예를 들어, 작가/유튜버 등 콘텐츠 개발자, 이를 지원하는 관련 산업(과거에는 방송업계, 출판업계로 명명되었던) 또는 게임산업에 진출하는 데에도 사회학적 상상력이 필요하다고 생각한다. 사람들이 원하는 스토리와 콘텐츠를 제공하기 위해서는 사람들의 욕구와 욕망을 파악하고, 이를 공략할 상품을 개발할 수 있는 창의력, 즉 사회학적 상상력이 선행되어야 하기 때문이다. 이처럼 어떤 직종에 진출하든지 사회학적 상상력을 갖추는 것은 도움이 된다. 변화무쌍한 상황에 제대로 대처하고, 무엇을 해야 할 것인가를 판단할 수 있는 능력이 바로 사회학적 상상력이기 때문이다. 지금처럼 불확실한 시대를 살아가기 위해 꼭 갖추어야 할 자질인 것이다.

눈을 부릅뜨고 불확실한 시대에 도전하는 프로메테우스: 사회학적 상상력의 힘

요즘 모두가 인공지능에 대해서 이야기한다. 사람이 하던 일을 인공지능이 대체하고 있고, 따라서 사람들이 할 수 있는 일자리는 점점 사라져 버릴 것이라는 우울한 전망[4]이 나온다. 위에서 언급한 직업/직종들도 인공지능의 위력 앞에서 사라지게 된다면, 도대체 그 일들을 수행하는 데 필요한 사회학적 상상력이 무슨 소용이 있나 하는 생각이 들 수도 있

다. 이처럼 우리들의 삶은 매우 불안하고 매우 불확실하며, 매우 혼란스
럽다. 그럼에도 불구하고 여전히 우리는 선택을 해야 하고, 그 선택을 통
해서 우리의 삶을 만들어가야 한다. 이것이 바로 선택의 명을 받은 우리
현대인의 숙명이다.

　이것이 숙명이라면, 피할 수 없다면 침착하게 숨을 고르고 그에 잘
대처해야 한다. 선택하는 것이 불가피하다면, 신중하게 그리고 치밀하게
선택지를 살피고, 그중에서 가장 나은 대안을 골라야 할 것이다. 그런데
선택을 잘 하기 위해서 먼저 필요한 것은 내가 어떤 사람인가를 파악하
는 일이다. 옛말에도 적을 알고 나를 알면, 백전백승이라고 하지 않았나.
다양한 선택지가 있는 상황에서 실수를 줄이면서 신중한 결정을 하기 위
해서는 내가 누구인가를 제대로 이해해야 한다. 내가 누구인지를 잘 파
악하게 되면, 내가 어떤 분야로 진출해야 하는지, 그리고 앞으로 어떠한
삶의 방향과 목표를 염두에 두고 행동해야 하는지를 성찰할 수 있다. 또
한 힘들고 혼란스러운, 이해할 수 없는 전혀 뜻밖의 상황이 일어났을 때
에도, 덜 당황하고 덜 흔들리면서 그에 대응할 수 있다. 그런데 본책에서
여러 번 강조했던 것처럼 내가 누구인가를 이해하는 과정은 개인적이고
사적인, 그리고 심리적인 영역에 국한된 것이 아니다. 그러므로 개인적
이고 심리적인 차원에서의 나를 이해하는 동시에, 보다 큰 사회적 맥락
에서 자기의 위치(계급, 성별, 교육수준, 그리고 그 외 다양한 요인으로 만들어지
는 사회적 위치)를 가늠하면서 내가 누구인가를 알아가는 것이 필요하다.
이처럼, 거시적인 맥락에서 내가 어디에 있는가를 점검하는 일에도 역시
큰 맥락을 염두에 두고 사안을 살피는 사회학적 상상력이 개입되어야 한
다. 다시 한번, 불확실하고 힘들고 혼란한 시대를 살아가는 데 사회학적
상상력이 필요하다는 것을 확인할 수 있다.

　피터 버거는 힘들고 어려운 상황에서 선택의 명을 받고 고통을 받는
현대인의 모습을 독수리에 간을 쪼이는 고통을 당하는 '프로메테우스'에

비유하였다. 그런데 프로메테우스는 그 엄청난 고통을 당하면서도 한 번도 좌절하거나 포기하지 않았다. 루벤스(1577~1640)는 그의 작품 '쇠사슬에 묶인 프로메테우스(Prometheus Bound)'에서, 고통의 순간에 오히려 눈을 부릅뜨고 고통에 맞서는 의연하고 용기있는 그의 모습을 묘사하였다(이주향, 2011).[5]

　　우리가 프로메테우스의 숙명을 견뎌야 한다면, 이왕 이렇게 된 것, 프로메테우스가 그랬던 것처럼 눈을 부릅뜨고 그에 대처해야 하지 않을까. 물론 선택의 순간에 겪어야 하는 혼란과 불안, 그리고 두려움의 고통을 없앨 수는 없다. 그러나 사회학적 상상력은 그 고통을 우리가 견딜 수 있을 정도의 고통으로 조금은 덜어주는 데 도움을 줄 수 있다. 그것이 사회학적 상상력의 힘이다. 그것이 사회학의 쓸모가 될 것이다.

[그림 14-1] 루벤스의 쇠사슬에 묶인 프로메테우스(Prometheus Bound)[6]

지그문트 바우만, 키스 테스터, 미켈, H. 야콥슨(2015). 노명우 역. <사회학의 쓸모: 지그문트 바우만과의 대화>. 서해문집.

이 책은 야콥슨과 테스터라는 두 사회학자가 사회학계의 거장인 바우만과 나누었던 네 차례의 대담으로 구성되어 있다. 대담은 다음의 네 가지 질문 '사회학이란 무엇인가?', '사회학을 왜 하는가?', '사회학을 어떻게 할 것인가?' 그리고 '사회학은 무엇을 할 수 있는가?'에 대한 바우만의 답변으로 이루어진다. 저자들은 이 질문들에 대한 답을 찾는 독자가 이 책을 읽을 것을 기대한다고 말한다.

미주

제1부 사회학은 어떤 학문인가? ——————————

제1장 사회학이란 어떤 학문인가? 사회학적 상상력으로 답하기

1 여기서는 비교를 통한 이해를 돕기 위해 각 학문의 특성을 최대한 부각시켜서(나쁘게 말하면 단순화하여) 이야기하였다. 최근에는 통합적인 연구 방향에 대한 관심이 높아지면서, 사회학과 심리학이 서로 영향을 미치고 있고, 실제 연구에서는 두 학문 분과가 연결되어 연구가 이루어지는 일이 많다.

2 라이트 밀즈(2004). 강희경, 이해찬 역. <사회학적 상상력>. 돌베개.

3 한겨레, 2010.8.24. 무자식이 상팔자, 정신건강엔 아니올시다. https://www.hani.co.kr/arti/society/society_general/436548.html

4 위키백과. 아랑전설. https://ko.wikipedia.org/wiki/%EC%95%84%EB%9E%91%EC%A0%84%EC%84%A4_(%EC%84%A4%ED%99%94)

제2장 사회학의 의의란 무엇인가?

1 이 장의 논의를 발전시키기 위한 자료를 제공해주신 성균관대학교 김봉석 박사님께 감사드린다.

2 <B형 남자친구>. 2005년에 개봉되었던 영화로 혈액형 성격설을 기반으로 한 영화로 흥행에 성공했다. 영화를 홍보하는 카피 "사랑할 수밖에 없는 뭔가 색다른 피가 있다"는 혈액형이 그 사람의 많은 것을 결정한다는 영화의 메시지를 잘 드러내고 있다.

3 의학계에서 행해진 성격에 관한 연구에 따르면, 우리의 성격을 결정짓는 것은 뇌의 영역에 속하는 것이라고 한다. 그런데 우리의 피, 혈액이라고 하는 것은 뇌에서 만들어지는 것이 아니라 세포 속에서 형성되기 때문에 성격의 결정과는 상관성이 없다. 더구나 성격은 뇌의 영역과 관련된 동시에, 환경적인 요소들과 맞물리면서 만들어지기 때문에 계속 변화해 나간다. 그러므로 혈액형이 개인의 성격을 '결정짓는다'라는 전제는 그 근거가 매우 희박하다.

4 강태웅(2022). 일본인의 피는 다른가?. <일본역사연구>, 257-286.

5 정준영(2012). 피의 인종주의와 식민지의학: 경성제대 법의학교실의 혈액형인류학. <의사학>, 21(3), 513-550.

6 노미 마사히코(1999). 장진영 역. <혈액형 인간학>. 동서고금(절판).

7 한겨레신문, "B형 남자, 당신은 색다른 피가 아니다". https://www.hani.co.kr/arti/society/health/10893.htm

8 라이트 밀즈(2004). 강희경, 이해찬 역. <사회학적 상상력>. 돌베개.

9 랜달 콜린스(2005). <상식을 넘어선 사회학>. 경북대학교 출판부.

10 Boroditsky, L.; Schmidt, L.; Phillips, W.(2003), "Sex, syntax, and semantics", in Gentner, D.; Goldin-Meadow, S. (eds.), <Language in mind: Advances in the study of language and thought>, Cambridge, MA: MIT Press, pp. 61–80.

11 피터 L. 버거(2023). 김광기 역. <사회학으로의 초대>. 문예출판사.

12 이성민(2023). <말 놓을 용기>. 민음사.

13 사실 필자도 평어쓰기를 실천하는 이성민 대표가 한 인터뷰 프로그램에 나와서 사회자에게 "그래, OO(사회자 이름)은 내 의견에 어떻게 생각하니? 말해봐."라고 이야기를 했을 때 당황스럽고 뜨악했었다. 사회자 뿐 아니라 듣고 있는 청취자에게도 매우 무례하다고 느껴졌기 때문이다. 그러나 시간이 지남에 따라 그의 화법과 주장에 조금은 익숙해지면서 그러한 생각이 옅어졌다. 그 인터뷰를 통해서 우리말의 체계를, 그리고 그에 익숙해져 있는 자신의 모습을 뒤돌아 볼 수 있는 기회를 가질 수 있었다. 그 경험이 새롭고 흥미로웠기 때문에 필자도 수업 시간에 평어쓰기를 제안해서 학생들과 시도해 보기도 했다. 비록 한 주의 두 세션 동안이었지만, 호칭을 빼고 서로의 이름을 부르고 반말을 하는 경험을 통해 존댓말/낮음말 체계가 우리의 사고에 얼마나 영향을 미치는가 하는 것을 짐작해 볼 수 있었다.

14 조주은, 박한경(2019). <소설에서 만난 사회학>. 경북대학교출판부.

15 지금은 다양한 매체와 플랫폼이 만들어지는 시대이다. 새로운 시대에서 새로운 사람들과 만나기 위해서는 다양한 매체를 사용하는 것이 필요하다. 전통적인 인쇄 매체 뿐 아니라 유튜브, 인스타그램 등 많은 사람들과 폭넓게 이야기할 수 있는 매체의 적극적인 활용을 통해서 말하는 방식의 변화를 시도해 볼 수 있다.

제3장 사회학이라는 학문은 어떻게 시작되었을까?

1 조지 리처(2010). <현대사회이론의 고전적 뿌리>. 박영사.

2 메리 셸리(2021). 오수원 역. <프랑켄슈타인: 현대판 프로메테우스(무삭제 완역본)>. 현대지성.

3 영화 '프랑켄슈타인(1931)'에서 보여준 창조물(괴물)의 이미지가 매우 강렬했기 때문에, 프랑켄슈타인이 곧 괴물이라는 연상 작용이 만들어지게 되었다. https://en.wikipedia.org/wiki/Frankenstein_(1931_film)#/media/File:Frankenstein's_monster_(Boris_Karloff).jpg

4 강옥선(2005). 윌리엄 블레이크의 반제국주의: 산업화와 노동의 문제. <19세기 영어권 문학>, 9(3), 5-28.

5 찰스 디킨스(2024). 윤혜준 역. <올리버 트위스트: 창비세계문학 94>. 창비.

6 저자가 ChatGTP를 이용하여 생성·편집하였다.

7 이영석(2020). 근대 영국사회와 아동 노동. <영국 연구>, 43, 1-20.

8 실제로 이 소설이 발표된 후 아동 노동 및 아이들의 열악한 환경에 대한 사회적 관심이 생겨났고, 1803년 영국에서 아동 노동을 규제하는 법령이 통과되었다. 그러나 영국에서 14세 미만의 아동노동이 완전히 금지 된 것은 150년도 더 지난 이후인 1966년의 일이다. 현재, 유럽을 비롯한 많은 국가에서 아동노동은 금지되고 있으며, 아동기에는 학교에 다니면서 미래를 준비하는 시기로 가족과 국가가 이를 보장해 주어야 한다는 인식이 일반화되고 있다. 이러한 변화에 따라 아동 노동은 과거에 비해 감소하는 추세에 있지만, 전 세계적으로 보면 현재까지도 완전히 근절되고 있지는 않은 상태이다.

9 루이스 코저(2018). 신용하, 박명규 역. <사회사상사>, 한길사.

10 그러나 현재 사회학에서는 이러한 양적 연구(실증주의적) 패러다임뿐 아니라 의미를 해석하고 주관적인 분석을 중시하는 질적 연구(반실증주의적) 패러다임도 함께 다루고 있다. 이런 측면에서 콩트가 생각한 실증주의적 연구 방법이 사회학을 연구하는 단일한 방법론은 아니다.

제2부 사회학적 상상력을 발휘한 사회학자들 ─────────────

제4장 **마르크스: 희망 고문의 사회학적 상상력**

1 이재원(2005). 마르크스의 노동의 윤리성. <대동철학>, 29, 123-150.

2 박호성(2006). 마르크스의 인간론 소고. <철학사상>, 24, 253-288.

3 조지 리처(2010). <현대사회이론의 고전적 뿌리>. 박영사.

4 https://commons.wikimedia.org/wiki/File:Modern_Times_poster.jpg

5 한겨레. 2023.8.9. 2층 높이 반죽 기계에 사람이 끼였다… SPC 50대 직원 중상. https://www.hani.co.kr/arti/society/labor/1103470.html

6 조셉 추나라(2010). 차승일 역. <마르크스, 자본주의의 비밀을 밝히다>. 책갈피.

7 루이스 코저(2018). 신용하, 박명규 역. <사회사상사>. 한길사.

제5장 막스 베버: 이해할 수 없는 세상을 이해하는 데 필요한 사회학적 상상력

1 박홍원(2006). 칼 마르크스의 이데올로기 개념: 문화연구와 비판적 미디어 연구에 대한 함의. <한국방송학보>, 20(2), 157-196.

2 막스 베버(2018). 박문재 역. <프로테스탄트 윤리와 자본주의 정신>. 현대지성.

3 조지 리처(2010). <현대사회이론의 고전적 뿌리>. 박영사.

4 사실 유교는 힌두교 또는 기독교와는 달리 특정한 신을 믿는다든지, 죽음과 사후 세계에 대해 논의하지는 않는다. 그런 점에서 유교를 종교로 보는 데 의문이 있을 수도 있다. 그러나 종교를 사람들의 가치관, 세계관, 삶을 대하는 방식과 관련지어서 정의한다면, 유교를 종교로 분류하는데 이의가 없을 것이다. 이처럼 유교는 중국 및 동아시아 권에서 정말 오랫동안, 그리고 지금까지 사람들의 삶과 생각에 지대한 영향을 미친 중요한 종교라 할 수 있다.

5 막스 베버(2021). 김덕영 역. <문화과학 및 사회과학의 논리와 방법론>. 도서출판 길.

6 루이스 코저(2018). 신용하, 박명규 역. <사회사상사>, 한길사.

7 한편, 여기서 한 가지 짚어야 할 점은 이념형과 이상형은 다르다는 것이다. 이상형 이란 지향하는 것, 소망하는 것, 바라는 것을 의미하는 긍정적인 개념인 반면, 이념 형에는 그러한 가치판단이 포함되고 있지 않다. 단지 사회적으로 통용되는 일반적인 개념을 의미한다.

8 https://en.wikipedia.org/wiki/Ognissanti_Madonna

9 이것은 유럽 중세만의 일도 아니다. 우리 사회에서도 아이를 양육하고 교육시켜야 하는 대상으로, 일정 정도의 나이가 될 때까지 보호자/사회/국가의 보호를 받아야 하는 존재로 생각하게 된 것은 비교적 최근의 일이다. 20세기 초중반까지만 해도 어린이는 어른과 함께 농사일과 집안일을 나누어 했다. 이렇게 일을 하면서도 신체적, 사회적, 경제적 능력이 약했기 때문에 부당한 대우와 처벌을 받는 일이 빈

번하게 일어났다. 1920년대 초반에 아동문학가 방정환은 어린이라는 단어를 처음 만들고, 어린이날을 만들어 기념하는 등, 아동 관련 운동을 전개했다. 이러한 활동은 거꾸로 이야기하면 당시에 어린이가 제대로 된 보호와 교육을 받지 못했다는 것을 보여주는 것이다.

10 정형옥, 정수연(2024). 경기도 여성 취업구조와 변화. GWFF 2024, 1호. 경기도여성가족재단.

11 주지하듯이 김혜자 씨는 '국민엄마'의 이미지를 갖고 있는 배우이다. 봉준호 감독은 한 인터뷰에서 그녀를 마더의 주인공으로 캐스팅한 것은, 영화 세트장에서 연기를 하던 김혜자 씨가 휴식 시간에 담배를 피우고 있는 모습을 보았기 때문이라고 이야기하였다. 국민엄마의 이미지를 배반하는 김혜자 씨의 실제 모습이 자신이 그려내고자 하는 영화의 엄마에 적합하다고 판단했던 것이다. 이 영화는 아이를 죽이고자 시도 했던 엄마, 아이를 보호한다는 명목으로 살인을 저지른 엄마를, 담배를 즐기는 집밥의 대명사인 국민엄마(김혜자)를 통해서 보여줌으로써 우리가 이상화했던 엄마/모성에 대한 이념형에 문제를 제기하고 이에 도전한다.

12 김지연(2023). 30대 여성 경제활동 참가율 상승의 배경과 시사점. KDI. https://www.kdi.re.kr/research/analysisView?art_no=3519

13 막스 베버(2017). 전성우 역. <직업으로서의 학문>. 나남.

제6장 **뒤르켐: 나/우리/사회를 이해하는 데 도움을 주는 사회학적 상상력**

1 책의 제목에 '규칙'이 들어가 있는 것에서 알 수 있듯이 그는 사회를 분석한다는 것은 사회가 어떻게 돌아가는가의 원리, 규칙, 또는 법칙을 찾는 것이라고 생각했던 학자였다. 즉, 사회현상을 이해하고, 사회문제에 대처하기 위해서는 먼저 사회를 이해할 수 있는 법칙을 발견해야 하며, 이를 기반으로 하여 사회현상 제반을 분석하고, 실제적으로 증명하는 자세가 필요하다고 보았다.

2 조지 리처(2010). <현대사회이론의 고전적 뿌리>. 박영사.

3 <소셜스토리>. 언제 봤다고 반말이세요? https://www.youtube.com/watch?v=RINZ6xoPR4o

4 에밀 뒤르켐(2019). <자살론>. 청아출판사.

5 김덕영(2019), <에밀 뒤르켐: 사회실재론>. 도서출판 길.

6 박수진(2023). "대한민국의 자살문제와 사회과제." 월간복지동향. https://www.

peoplepower21.org/welfarenow/1953046

7 보건복지부(2022). "2022년 고독사 실태조사 결과 발표".

8 통계청. 사망원인통계. https://www.index.go.kr/unify/idx-info.do?idxCd=8040

9 한겨레21. 2011.1.27. 10년만에 어른거리는 카드대란 그림자. https://h21.hani.
co.kr/arti/economy/economy_general/28954.html

10 광고정보센터. 2000.4.18. "광고 뮤직비디오, LG레이디 2030 카드". https://
www.koreacf.or.kr/mobile/journal/column/info.mjsp?ukey=250656

11 통계청. 성별 및 연량 집단별 자살률. https://www.index.go.kr/unify/idx-info.
do?idxCd=8040

12 DiCristina, B.(2016). Durkheim's theory of anomie and crime: A
clarification and elaboration. Australian and New Zealand Journal of
Criminology, 49(3): 311-331.

13 매일신문. 2016.5.26. 여성혐오 논란 키우는 '범죄피해 통계'. https://www.
imaeil.com/page/view/2016052619315903835

14 NEWSTOF. 2021.12.16. 이수정 "강력범죄 피해자의 80%가 여성이다". https://
www.newstof.com/news/articleView.html?idxno=12323

15 김광기(2018). <뒤르켐 & 베버: 사회는 무엇으로 사는가?>. 김영사.

제3부 사회학적 상상력을 펼치기 위한 방법 찾기 ─────────────

제7장 **연구 패러다임과 연구 방법**

1 Creswell, John. W.(1994). Research Design: Qualitative & Quantitative
Approaches. Sage Publication.

2 Creswell(1994)에서 재인용하였다.

3 포토보이스 방법이 생소할 수 있는데, 이에 대해서는 제9장에서 다시 기술할 것이다.

4 Venkatesh, V., Brown, S. A., & Bala, H.(2013). Bridging the qualitative-
quantitative divide: Guidelines for conducting mixed methods research in
information systems. MIS quarterly, 21-54.

5 장인수(2020). 한국의 성별 가사노동시간 배분 양상 변화에 대한 실증분석: 2007,

2016년 맞벌이 부부를 대상으로. <한국보건사회연구>, 40(2), 446-476.

6 최영신(1999). 질적 자료 수집: 생애사 연구 사례를 중심으로. <교육인류학연구>. 2(2), 1-22.

7 김은정(2012). 1930-40년대 서비스직 여성의 노동경험을 통한 '직업여성'의 근대적 주체성 형성과 갈등에 관한 연구. <한국사회학>, 46(1), 64-100.

8 이현서, 박선웅(2018). <질적 연구자 좌충우돌기>. 한울아카데미.

9 김은정, 백혜정, 김희진(2019). 가정 밖 청소년들의 자립 모색 과정에 대한 질적 연구: 청소년복지시설 청소년을 중심으로. <한국청소년연구>, 30(2), 113-144.

제8장 **연구 방법의 선택**

1 Creswell, J.W.(1994). Research Design: Qualitative & Quantitative Approaches. Sage Publication으로부터 재구성.

2 이에 대한 보다 자세한 논의는 다음을 참조한다.
김은정(2018). '보다 나은 질적 연구 방법 모색기: 근거이론 연구 수행의 실패와 갈등 경험을 중심으로'. 문화와 사회, 26(3), 217-318.

3 Charmaz, K.(2013). 이상균 역. <근거이론의 구성: 질적 분석의 실천 지침>. 학지사.

4 이에 대한 보다 자세한 논의는 다음을 참조한다.
이현서, 박선웅(2018). <질적 연구자 좌충우돌기>의 제2장 '양적 연구자의 질적 연구 좌충우돌 경험'.

5 문화인류학자 기어츠가 소개한 개념으로, 사회현상이나 행동을 그 자체뿐 아니라 맥락과 함께 짚어서 분석하고 설명하는 것을 말한다.

6 Seidman, Irving.(2006). <Interviewing as Qualitative Research>. New York: Teachers College Press.

제9장 **참여연구 패러다임: 포토보이스 연구 방법**

1 최종렬, 김성경, 김귀옥, 김은정(2018). 제5강 참여연구 패러다임. <문화사회학의 관점으로 본 질적 연구 방법론>. 휴머니스트.

2 김성경(2016). '공감의 윤리, 그 (불)가능성: 필드에서의 연구자의 마음'. <북한한연구> 12(1), 107-146.

3 Latz, A.P.(2018). 김동렬 역. <포토보이스 연구 방법>. 학지사.

제10장 **사회학적 상상력을 통해 '인구문제'를 살펴보기**

1 Hutton, P. H.(1999). The postwar politics of Philippe Ariès.Journal of contemporary history, 34(3), 365-381.

2 성대신문. 2017.9.18. 세상을 보는 눈, 인구학. https://www.skkuw.com/news/articleView.html?idxno=13252

3 UN Population Division. *World sex ratio by 5-year age group.*

4 통계청(2020), <인구총조사>로부터 재구성하였다.

5 오세숙(2023). 전기노인과 후기노인 간의 여가생활 특성 비교 분석. 여가학연구, 21(1), 59-73.

6 Notestein F.(1945). 'Population - the long view' in T. Schultz(ed.), Food for the World, Chicago: Chicago University Press, 36-57

7 https://ko.wikipedia.org/wiki/%ED%8C%8C%EC%9D%BC:Live_births,_deaths_of_South_Korea_%281925-2019%29.png

8 단계 구분과 각 단계에 해당하는 연도/시기는 절대적인 것이 아니며, 시각에 따라서 매우 다양하게 설명될 수 있다.

9 대한가족계획협회(1975). <한국가족계획 십년사>.

10 조은주(2018). <가족과 통치: 인구는 어떻게 정치의 문제가 되었는가>. 창비.

11 저출산, 고령사회위원회 관계부처 합동. 2023.03.28. 윤석열 정부 저출산·고령사회 정책 과제 및 추진 방향. 대한민국 정책브리핑.

12 KDI 경제정보센터. 2016.12.29. 「대한민국 출산지도(birth.korea.go.kr)」 홈페이지 문연다. https://eiec.kdi.re.kr/policy/materialView.do?num=161419

13 서울경제. 2023.06.15. "미혼남녀 만남 돕는다" 추경안에 '서울팅' 예산 8000만원 포함. https://www.sedaily.com/NewsView/29QV5HJQ6F

14 뉴스핌. 2024.02.16. "오세훈, 청년 만남주선 '서울팅' 재추진 검토 중". https://www.newspim.com/news/view/20240216000070

15 통계청(2023). 출생, 사망 통계.

16 우치다 다쯔루 외(2019). <인구감소는 위험하다는 생각: 저출산, 저성장 시대를 맞

이하는 미래 세대를 위한 처방전>. 위즈덤 하우스.

17 이삼식(2005). 저출산 시대 인구정책의 기본방향. <보건복지포럼>, 127권, 7~15 /
    세계일보. 2023.07.05. 저출산 위기, 이민정책에서 찾자. https://www.segye.
    com/newsView/20230705519324

18 황두영(2020). <외롭지 않을 권리: 혼자도 결혼도 아닌 생활동반자>. 시사IN북.

19 「생활동반자법」은 가족에 대한 생각과 행동이 과거와는 매우 달라진 현재, 법제화
    가 매우 시급하다. 그러나 이 법은 2023년 5월 발의되긴 했으나 거센 반대에 부딪
    혀 아직도 입법화되지 못한 상태에 있다.

제11장 사회학적 상상력을 통해 '자아정체성: 나란 누구인가?'에 대해 답하기

1   Ritzer, G.(2006). <사회학이론>. 한올출판사.

2   평어쓰기 관련 자세한 사항은 제6장을 참조한다.

3   Heine, S. J., Lehman, D. R., Markus, H. R., & Kitayama, S.(1999). Is there a
    universal need for positive self-regard?. Psychological review, 106(4), 766-794.

4   Gilovich, T., Keltner, D., Chen, S. & Nisbett, R.(2024). Social Psychology.
    NY: Nortom & Company.

5   김현철, 김은정(2006). 청소년 사회화 과정의 국제비교 연구 1: 한국, 일본, 미국,
    독일, 스웨덴의 가족 내 자녀 사회화 과정 비교를 중심으로. 한국청소년개발원.

6   Triandis, H. C.(1995). Individualism & collectivism. Westview Press.

7   Triandis의 논의를 기반으로 재구성하였다.

8   한규석(2019). <사회심리학의 이해>. 학지사.

9   서은국(2007). 문화, 인간간과 행복. 한국심리학회 연차학술대회 기조강연.

10 Suh, E., Diener, E., Oishi, S., & Triandis, H. C.(1998). The shifting basis
    of life satisfaction judgments across cultures: Emotions versus norms.
    Journal of personality and social psychology, 74(2), 482-493.

제12장 사회학적 상상력을 통해 '개인의 생애발달'을 이해하기

1   에릭 H. 에릭슨(2019). <인생의 아홉단계: 나이 듦과 삶의 완성>. 교양인.

2   필리프 아리에스(2003). <아동의 탄생>. 새물결.

3 실비아 페데리치(2019). <캘리번과 마녀>. 갈무리.

4 '모성'과 관련해서는 제5장에서 베버의 이념형을 설명하면서 한 차례 언급하였다.

5 https://en.wikipedia.org/wiki/Centuries_of_Childhood#/media/File:Pieter_Bruegel_d._%C3%84._041b.jpg

6 Postman, N.(1982). The Disappearance of Childhood. NY: Delacorte.

7 Suransky, V.P.(1982). <The Erosion of Childhood>. The University of Chicago Press.

8 Bakan, D.(1971). Adolescence in America: From idea to social fact. Daedalus,, 979-995.

9 Cobb, N.(2001). Adolescence: Continuity, Change, and Diversity. CA: Mayfield Publishing Company.

10 국사편찬위원회(2008). <구술사료 선집 6: 모던 걸, 치장하다>. 국사편찬위원회.

11 이에 대한 좀 더 자세한 논의는 다음을 참조한다.
    김은정(2014), "20대 청년층의 새로운 생애발달단계로서 '성인모색기(Emerging Adulthood)'에 관한 탐색 연구". 담론, 17(3), 83-129.

12 Arnett, J. J.(2007). Suffering, selfish, slackers? Myths and reality about emerging adults. Journal of youth and adolescence, 36, 23-29.

13 Arnett, J. J.(2000). Emerging adulthood: A theory of development from the late teens through the twenties. American Psychologist, 55(5), 469–480.

14 Arnett, J. J.(2010). Emerging adulthood(s). Bridging cultural and developmental approaches to psychology: New syntheses in theory, research, and policy, 255-275.

15 에릭.H. 에릭슨(2022). <정체성: 청소년과 위기>. 교육과학사.

16 여기서는 생애모색기에 대한 비판에 대해서 더 이상의 논의는 하지 않는다. 좀 더 자세한 논의는 다음을 참조한다.
    정수남, 권영인, 박건, 은기수(2012). '청춘' 밖의 청춘, 그들의 성인기 이행과 자아정체성: 빈곤 청년을 대상으로: 빈곤 청년을 대상으로. 문화와 사회, 12, 35-103. / 김은정(2022). 아네트의 성인모색기 개념을 중심으로 본 취약계층 청년들의 성인기 진입에 대한 연구. 문화와 사회, 30(1), 7-58.

17 아네트의 이론이 비판을 많이 받기는 하지만, 새로운 시각에서 20대를 분석하고 이를 기반으로 정책과 제도 개선을 촉구했다는 점에서 큰 의미가 있다.

18 일례로, Postman(1982)를 들 수 있다. 그에 따르면 아동기는 근대 자본주의 사회에서 새로이 만들어졌지만, 대중문화의 영향하에 지금은 오히려 아동과 성인의 경계가 다시 사라지고 있다고 추세를 보인다고 주장한다. 현대사회의 아동기에 대한 새로운 해석을 가능케 하는 작업이다.

제13장 사회학적 상상력을 통해 '허구의 이야기, 소설'을 읽어보기

1 조주은, 박한경(2019). <소설에서 만난 사회학: 픽션보다 재미있는 사회학 이야기>. 경북대학교출판부.

2 <경희>(1918)는 나혜석, 김일엽, 김명순(2018). <경희, 순애 그리고 탄실이: 신여성의 탄생, 나혜석, 김일엽, 김명순 작품선> 속에 수록되었다.

3 서지영(2015). <경성의 모던걸: 소비, 노동, 젠더로 본 식민지 근대>. 여이연.

4 조남주(2016). <82년생 김지영: 오늘의 젊은 작가 13>. 민음사.

5 교육부 한국교육개발원. <교육통계연보>.

6 2005년 이후 지금까지 여성의 대학 진학률은 남성의 대학 진학률을 앞서고 있다.

7 우에노 지즈코(2022). <여성 혐오를 혐오한다>. 은행나무.

8 정세랑(2020). <시선으로부터>. 문학동네.

9 <음복>은 강화길의 <화이트 호스>(2020)에 수록되었다.

10 강화길(2021). <다른 사람>. 한겨레출판.

11 윤이형(2020). <붕대감기>. 작가정신.

12 이혁진(2019). <사랑의 이해>. 민음사.

13 박형신(2014). 감정자본주의와 사랑: 에바 일루즈의 짝 찾기의 감정사회학. 사회사상과 문화, 30(0), 39-82.

14 에바 일루즈(2010). <감정자본주의: 자본은 감정을 어떻게 활용하는가> 돌베개.

15 에바 일루즈(2020). <사랑은 왜 끝나나: 사랑의 부재와 종말의 사회학>. 돌베개.

16 에바 일루즈(2013). <사랑은 왜 아픈가: 사랑의 사회학>. 돌베개.

17 예를 들어, 소설 <사랑의 이해>를 원작으로 한 드라마 '사랑의 이해', 영화 '연애 빠진 로맨스' 또는 예능 '환승연애'를 시청하고 일루즈의 이론을 중심으로 분석하는 작업을 시도해 볼 수 있다.

나가며 사회학의 쓸모 ────────────────────

1 피터 버거(1981). <이단의 시대>. 문학과지성사.

2 피터 버거의 경우 선택의 문제를 종교를 중심으로 설명하였지만, 여기에서는 그보다는 삶의 방식, 직업과 관련한 선택의 문제로 다루고자 한다.

3 라이트 밀즈(2004). 강희경, 이해찬 역. <사회학적 상상력>. 돌베개.

4 우치다 타츠루(2019). <인구 감소 사회는 위험하다는 착각: 저출산, 저성장 시대를 맞이하는 미래 세대를 위한 처방전>. 위즈덤하우스.

5 경향신문. 2011.02.27. 이주향의 그림으로 읽는 철학(9): 루벤스의 사슬에 묶인 프로메테우스. https://www.khan.co.kr/article/201102271853475

6 https://en.wikipedia.org/wiki/Prometheus_Bound_%28Rubens%29

색인

저자 약력

김은정

덕성여자대학교 글로벌융합대학 사회학 전공 교수이다. 개인의 생애 발달, 가족 관계 및 사회심리학 관련 이슈들을 중심으로, 주로 질적 연구 방법을 이용하여 연구를 진행하고 있다. 언뜻 보기에 사적이고 개인적인 것처럼 보이는 이슈와 사안들이 역사·사회적인 맥락과 어떻게 연결되고 있는가를 살피는 데 관심이 많다.

사회학적 상상력을 통해서 보는 사회학

초판발행	2024년 11월 15일
지은이	김은정
펴낸이	안종만·안상준
편 집	이혜미
기획/마케팅	김한유
표지디자인	BEN STORY
제 작	고철민·김원표
펴낸곳	(주) **박영사**
	서울특별시 금천구 가산디지털2로 53, 210호(가산동, 한라시그마밸리)
	등록 1959.3.11. 제300-1959-1호(倫)
전 화	02)733-6771
f a x	02)736-4818
e-mail	pys@pybook.co.kr
homepage	www.pybook.co.kr
ISBN	979-11-303-2071-7 93330

정 가	17,000원